# 新中国宪法的历程

## ——问题、回应和文本

周安平　李旭东　赵云芬　主　编

人民出版社

# 自　序

周安平


　　"宪法"是一个外来词。亚里士多德是第一个提出宪法概念的思想家。在亚里士多德那里，"宪法"是公民之间关于公共职务的分配规则体系。用现在的话讲，"宪法"就是有关"政治权威"的规则安排。这样一种宪法观主导了西方两千五百年的政治生活。理解这个宪法观念的关键是理解两个概念：公民与国家。所谓公民，在亚里士多德的思想传统中，是与"外国人"以及"奴隶"相区别的概念：一是公民之间是平等的，由此，公民与奴隶是不同的；二是公民有参政的权利，由此，公民与外国人不同。所谓"国家"指公民的共同体。因此，从这个思想传统看，君主与臣民的共同体不是"国家"。

　　现代宪法是从亚里士多德主义宪法观基础上发展而来。这种发展主要体现在两个方面：一是国家的存在是否需要合法性论证；二是宪法是民族国家的生活形式。近代思想家如马基雅维利、霍布斯、洛克、卢梭、康德在宪法方面的一个重要思考是：国家的存在为什么具有合法性？各种自然状态学说以及自然权利理论皆是试图回答这一根本问题。美国《独立宣言》关于人的自然权利表述，及其与政府建制之合法性之间的关联的表述，是这些哲学理论的法律实践形态。但是，关于国家之合法性问题，在亚里士多德那里，是不存在的。因为国家之存在是自然而然的，不是人为约定的产物。现代宪法的第二个特点是突出"民族国家（nation）"的主体地位。"民族国家"而不是"公民共同体"成为宪法之载体。这是是现代宪法思想与古典宪法思想的根本区别。

清末变法，我们从西方接过"宪法"思想以及实践体系。所谓"三千年未有之大变局"，既是一种思想观念的变局，也是一种制度的变局。制度之大变局就是"立宪"。

20世纪，对于中国而言，是一个政治的世纪，一个宪法的世纪。中国人对"制定宪法"本身没有争议，主要的政治争议指向"宪法"的理解：我们应该制定何种意义上的宪法？ 1949年10月，中华人民共和国成立后，20世纪中国的宪法争议画上句号。

今天我们学习宪法，实质是理解我们自身的生活方式——与私的生活有关但超越私的生活的那种生活方式。就此而言，学习宪法也是在理解我们的"自我"，理解"自我"既是理解世界的一个部分，也是理解世界的开始。

是为序。

2017年1月6日

# 目　录

# 绪　论

## 一、西方近现代宪法发展概述

（一）近代宪法

"宪法"一词有着悠久的历史，但是作为国家根本大法的近代意义上的宪法，则是伴随着资产阶级民主革命制度的确立而出现的。毛泽东曾经指出："讲到宪法，资产阶级是先行的。英国也好，法国也好，美国也好，资产阶级都有过革命时期，宪法就是他们在那个时候开始搞起的。"[①]

近代宪法的发展可以 1848 年革命为标志分为两个阶段：第一阶段是从 18 世纪末到 19 世纪中叶，第二阶段是从 19 世纪中叶到第一次世界大战结束。第一阶段的宪法大致可分为两类：一是为数较少的民主共和制宪法，如美国宪法、法国 1793 年雅各宾宪法以及智利、乌拉圭等国宪法；二是占绝大多数的君主立宪制宪法，这类宪法又可分为英国式的君主立宪制宪法，如法国 1792 年宪法和比利时 1831 年宪法以及法国波旁型的君主立宪制宪法。第二阶段的宪法绝大多数是美国式的共和制宪法和英国式的虚君制宪法。其共同特点是承认主权在民原则，废除君主制度或对君主的权力加以严格限制。少数封建势力强大的国家，则以前一时期法国波旁型宪法为蓝本，颁布主权在君的钦定宪法。

英国通过"光荣革命"确立了君主立宪制。19 世纪 40 年代，英国完成

---

① 《毛泽东选集》第 2 卷，人民出版社 1991 年版，第 735 页。

了工业革命，工业资产阶级越来越壮大，工业无产阶级也随之发展起来，两个阶级的矛盾上升为社会的主要矛盾，英国进入自由资本主义发展时期。这一时期，责任内阁制逐步形成，议会至上的宪法原则得以确立，政党制开始兴起。19 世纪末至 20 世纪初，英国由自由资本主义向帝国主义转型，议会至上的信条受到挑战，议会制度开始走向衰落，内阁成为国家权力的核心，政党在宪政体制运行中的作用越来越大，甚至形成了政党把持政治的现象。

美国宪法的发展是通过宪法修正案、宪法解释和创设宪法惯例等方式实现的。1789 年宪法生效后，作为对宪法的补充，1791 年通过 10 条修正案，即《权利法案》。南北战争前，分别于 1795 年和 1804 年颁布生效了第 11 条宪法修正案和第 12 条宪法修正案。南北战争后，分别于 1865 年、1868 年和 1870 年颁行了第 13 条修正案、第 14 条修正案和第 15 条修正案。第一次世界大战前后，又先后通过第 16—19 条修正案。这些修正案的内容以涉及公民权利的居多，迄今一共有 27 条宪法修正案。联邦最高法院的宪法解释以及政党、总统和国会所创立的宪法惯例，对美国宪法发展也起着重要作用。

1804 年拿破仑称帝，共和宪法实际上变成了君主立宪宪法。1814 年波旁王朝复辟，路易十八继位，颁布了一个钦定宪法，法国宪法从形式到内容成了彻头彻尾的君主立宪宪法。1848 年巴黎人民发动"二月革命"，建立了第二共和国，颁布了第二共和国宪法。宪法赋予总统以很大权力，由模仿英国的内阁制转而效法美国的总统制。1851 年 12 月，路易·波拿巴发动政变，解散国民议会，并修改宪法，进一步扩大了总统的权力。1852 年 11 月波拿巴建立第二帝国。后因在普法战争中失败，第二帝国被第三共和国取而代之。1875 年国民议会陆续通过的《参议院组织法》《公共权力组织法》和《公共权力关系法》构成第三共和国宪法。这个宪法一直存续到二战后第四共和国建立及其宪法的颁布。

从世界范围来看，由英、美、法等国宪法所代表的近代宪法，主要有以下几个特点：(1) 确立了主权在民原则，民主共和是宪法的主流。(2) 强调公民权利，特别是自由权利。(3) 国家权力受到限制，国家的作用主要被限制在政治生活领域。(4) 从形式上看，成文宪法被普遍采用。

（二）现代宪法

第一次世界大战结束伴随着两个帝国的灭亡与两个新国家的兴起，一是德意志帝国的灭亡和魏玛共和国的建立；二是沙皇俄国的灭亡和俄罗斯社会主义联邦苏维埃共和国的建立。而宪法也在这两个国家得到了新的发展，并迈入现代宪法的门槛，"1919 年的德国魏玛宪法和 1918 年苏俄宪法的颁布，标志着现代宪法的产生"①。

1912 年德国魏玛共和国成立，同年 7 月，魏玛宪法在国民议会获得通过。魏玛宪法全文共 181 条，分两编。第一编共 7 章，规定了联邦的组织及其职责；第二编共 5 章，规定了德国人民的基本权利及基本义务。魏玛宪法规定德国是联邦制国家，同时明确规定了主权在民，人民享有普选权、创制权等权利。第二编对个人基本权利以及各类社会生活准则的规定凸显出该宪法的特点。魏玛宪法作为现代宪法产生的标志，其特点在于：(1) 魏玛宪法给予人民大量的社会公共福利，规定较多的民主权利，同时对近代宪法中的自由主义精神进行了一定程度上的限制；(2) 宪法扩大了行政权力，同时给予了国家广泛干预经济发展及社会文化生活的权力；(3) 魏玛宪法是现代时期的第一部资产阶级宪法，使现代宪法的原则和相关制度得到发展，对之后各国宪法产生重要影响。魏玛宪法的特点显示出"所谓管得越少的政府就是越好的政府的观念已趋于过时"②，"资产阶级宪法开始走上了改良的路线，因此魏玛宪法具有划时代的意义"③。

在推翻沙皇俄国的封建统治之后，苏俄于 1918 年 7 月 10 日的第五次全俄罗斯苏维埃代表大会上，通过了《俄罗斯苏维埃联邦社会主义共和国宪法（根本法）》。该宪法共 6 篇 90 条，包含了"国有化""无产阶级和贫民的专政"以及"劳动者权利及自由"等内容。苏俄宪法是世界上第一部社会主义宪法，也是一种新型的宪法。苏俄宪法对现代宪法有着与众不同的意义："首先，它突破了资产阶级宪法和宪政的局限性，使宪法成为无产阶级实现民主和组织国家政权的根本法；其次，它第一次系统地规定了经济制度，扩

---

① 参见周叶中：《宪法》第三版，高等教育出版社 2011 年版，第 58 页。
② 参见周叶中：《宪法》第三版，高等教育出版社 2011 年版，第 58 页。
③ 参见周叶中：《宪法》第三版，高等教育出版社 2011 年版，第 58 页。

大了宪法的调整范围，使宪法由传统的政治领域进入到社会经济生活领域；最后，苏俄宪法推动了社会主义类型宪法的发展。"①

第二次世界大战结束之后，现代宪法得到了新的发展。

1946年10月，法国资产阶级在人民民主力量高涨的情况下颁布新宪法，成立法兰西第四共和国。这部宪法的序言仍以《人权宣言》为基本内容，正文部分共12章106条。确定法国为议会制共和国体，议会由国民议会和共和国参议院组成。国民议会权力较大，它既有权修改宪法，通过法律决定财政预算，批准对外宣战，认可总统所批准的国际条约，还可会同共和国参议院选举总统，决定政府组成。当国民议会以半数票通过对政府的信任案或否决对政府提出的信任案时，政府就必须辞职。总统为名义上的国家元首，内阁总理为行政首脑，最高司法议会行使司法权。随着法国垄断资本主义的发展和国内阶级矛盾的尖锐，诞生了法国的现行宪法，即1958年在戴高乐主持下制定的法兰西第五共和国宪法。这部宪法的特点就是大大地扩大了总统权力，重新调整了总统、政府和议会之间的关系，削弱了议会的权力。② 使法国现行宪政体制兼具议会制和总统制的特色。

日本于1946年颁布"和平宪法"，这部宪法是在第二次世界大战后盟军占领时制定的，以自由民主的模式取代大日本帝国制度。正因如此这部宪法和明治宪法有着显著差异。"和平宪法"效仿资产阶级议会民主制，确认以"三权分立"原则的内阁制，虽然天皇制度依旧保存，但是仅作为一种象征，权利大大受到限制。国会为日本的最高权力机关和日本唯一的立法机关，不同于明治宪法的帝国议会仅是协助作用。内阁行使行政权力，对国会负责，不再是辅佐天皇的机关。司法权由法院行使，对国民的权利和义务作了专章规定，此外还规定了"放弃战争"的内容。后来随着日本国内形势的发展，垄断集团已感到这部宪法中有些规定越来越不符合自己统治需要。③ 因此，从20世纪50年代起，多次提出修改宪法。2016年3月22日，日本安倍晋三内阁不顾国内外反对决定于2016年3月29日起正式实施新修改的安保系

① 参见周叶中：《宪法》第三版，高等教育出版社2011年版，第58页。
② 参见俞子清：《宪法学》，中国政法大学出版社1999年版，第47页。
③ 参见张庆福：《宪法学研究述略》，天津教育出版社1989年版，第46页。

列法案，这标志着"和平宪法"中的"放弃战争"被实质废除，同时也标志着被称为"和平宪法"名存实亡。

随着现代宪法的进一步发展，现代宪法的走向呈现出以下几个趋势：首先，随着新自由主义在现实经济社会运作过程中问题不断地凸显，人民逐渐意识到，国家不能仅仅作为一个守夜人存在，在此情况下，宪法中的国家权力（行政权力）不断扩大，开始广泛地进入社会经济生活领域，国家权力的配置格局也开始改变；其次，宪法越来越重视对公民基本权利的保障，同时，公民基本权利的范围也随着社会经济的发展而扩大；最后，宪法监督逐渐成为一种潮流，宪法虽然具有政治宣言的色彩，但宪法并不仅仅是一种政治宣言，宪法同样需要得到实施与保障，在宪法实施的需求中，宪法监督愈加受到各国重视，各类宪法监督及保障机关或制度在多个国家设立，如美国的"司法审查制度"，法国的"宪法委员会"等。

## 二、中国近代宪法发展概述

我国古时已有诸多历史典籍曾对"宪""宪法""宪章"等词汇进行了记载，从中可以总结出，我国古之"宪法"有两重含义：一是泛指典章制度；二是指法令的颁布。

汉字的"宪法"一词，先在我国使用，后传入日本。明治维新以前，日本在改革救国思想熏陶下开始向西方寻求新思想、学习新技术，并于1889年《大日本帝国宪法》中使用"宪法"一词来专指国家根本法。清朝末年，仁人志士痛感清廷的腐败无能和西方的先进强大，进而向西方寻求救国救民之法。而日本是我国的近邻，文字相近，西方的理论、学说彼时在日本盛行，所以，留学日本的青年学生、资产阶级革命派人士将日本的情况及变化，甚至西方的理论、学说、制度介绍回国内，其中包括议会、宪法、宪法学及宪政制度。因此，近代意义上的"宪法"对于我国而言，是一种舶来品。

慈禧太后镇压维新变法运动以后，义和团运动与八国联军入侵使清政府内外交困。为挽救摇摇欲坠的统治，清政府不得不打出"变法""新政"招牌，派遣五大臣出洋考察，并宣布"预备立宪"，最后以光绪皇帝名义于1908年8月颁发《钦定宪法大纲》，但它并非真正意义上的宪法，仅是清王朝制定宪法的纲要，试图以根本法的形式使君权合宪化，以便巩固封建专制统治，其浓厚的封建色彩显而易见。

《钦定宪法大纲》使主张立宪的有识之士大为失望，其中一部分倒向革命派，革命的呼声此起彼伏。1911年10月，辛亥革命爆发，宣统皇帝下诏"罪己"，仅用三天时间就出台了一部宪法性文件——《宪法重大信条十九条》（即《十九信条》），并宣布立即施行，但转眼就被辛亥革命的浪潮所湮没。这是清王朝最后一部宪法性文件，其历史意义不可忽视，但它只字未提人民的权利自由，而后清王朝的垮台又注定了其必然破产。

1912年1月1日，中华民国临时政府成立，两千多年的中国封建制度灭亡，资产阶级民主共和国诞生。资产阶级革命派为了制约袁世凯的政治野心，于3月11日颁布了《中华民国临时约法》（以下简称《临时约法》），在正式宪法制定以前，其享有与宪法相等的法律效力，它是我国仅有的一部反映资产阶级意志和利益的宪法性文件，是资产阶级共和国方案的具体体现。它以根本法的形式，确立了主权在民、人人平等、三权分立等资产阶级民主原则，传播了民主观念，具有反封建的重大进步作用。但是，这部约法由于缺乏必要的民意基础和较强的工具性，在复杂的国内局势下，作用极其有限，未及真正实施。

辛亥革命失败以后，中国进入北洋军阀统治时期。1913年4月，中华民国第一届国会成立，10月31日，由国会宪法起草委员会三读通过的《中华民国约法（草案）》（简称"天坛宪草"）是北洋军阀统治时期的第一部宪法性法律草案。1914年1月14日，袁世凯因不满宪法起草委员会否决总统制，采用内阁制而正式下令解散国会，"天坛宪草"便"胎死腹中"。

袁世凯窃夺辛亥革命的胜利果实后，诋毁《临时约法》，摒弃"天坛宪草"，于1914年5月颁布袁记《中华民国约法》。"袁记约法"彻底否定了资产阶级民主共和国制度，确认了封建军阀专制。

袁世凯死后，中国进入北洋军阀混战时期，制宪之事一再搁置。直到

1922 年，恢复后的第一届国会开始着手制定宪法。直系头目曹锟以"恢复法统"为护身符，在帝国主义支持下，凭借武力夺取最高权力，演出了"贿选总统"和"贿选宪法"的闹剧，并于 1923 年 10 月 10 日颁布了人称"曹锟宪法"的《中华民国宪法》。这部宪法虽是"天坛宪草"和"袁记约法"的混合物，但其精神与《临时约法》一脉相承，不失为一部体现资产阶级民主愿望的宪法，然而其因贿选产生，自然没有正当性可言。

曹锟倒台后，段祺瑞当上了"中华民国临时总执政"。他一上台就下令撤销"贿选宪法"，宣告《中华民国临时约法》失效，炮制出一部《中华民国宪法草案》。由于段祺瑞政府在拥有"议决宪法权"的国民代表会议召开之前便垮台了，故这部宪法草案也"胎死腹中"。

北伐战争的胜利，宣告了北洋军阀几幕制宪闹剧的终结。蒋介石和国民党在南京建立国民政府后，先后制定了《中华民国训政时期约法》、"五五宪草"和《中华民国宪法》。

1931 年 5 月 12 日，国民党一手操办的"国民会议"通过了《中华民国训政时期约法》，简称"训政时期约法"。它是国民党政府的第一部宪法性文件，主要内容是确认国民党一党专政与个人独裁的政治制度，具有十分浓重的专制色彩。

"训政时期约法"颁布不久就发生了"九一八"事变，中国人民面对"亡国灭种"之威胁，开展了声势浩大的抗日民主运动，并强烈要求"还政于民"。国民党政府迫于形势着手制宪，于 1936 年 5 月 5 日公布，史称"五五宪草"。但由于抗日战争的形势变化，该宪草未能交由国民大会决议。

抗战胜利后，在中国共产党和各民主党派的倡议和努力下，1946 年 1 月在重庆召开了政治协商会议，通过了《政协关于宪草问题的决议》，但国民党撕毁和谈协议，向解放区发动全面进攻，非法召开了"国民大会"，并于 40 天后通过了《中华民国宪法》。这部宪法基本上是把"五五宪草"移植过来，加以改头换面，公布两年多即随国民党统治的垮台而为我国大陆人民所废弃，但至今仍在我国台湾地区施行。

# 三、中国现当代宪法发展概述

从"五四"运动到新中国诞生的 30 年，中国处于新民主主义革命时期，其间经历了与北洋军阀与国民党反动派的反复曲折斗争，也是中国人民争取民主宪政的新时期。期间由于蒋介石背叛革命，在南京成立了国民政府，镇压广大人民民主运动，中国共产党被迫走上农村包围城市、武装夺取政权的道路，先后在各革命根据地建立起人民政权，中国出现了革命与反革命两个政权同时并存、互相排斥的局面。由于形势的发展与需要以及社会关系的不断变化，革命根据地在不同历史时期相继颁布了若干宪法性文件，其中最重要的有《中华苏维埃共和国宪法大纲》《陕甘宁边区施政纲要》和《陕甘宁边区宪法原则》。

《中华苏维埃共和国宪法大纲》（以下简称《宪法大纲》）1931 年 11 月由中华苏维埃第一次全国代表大会通过，1934 年 1 月在中华苏维埃第二次全国代表大会上做了修改。它是中国历史上由人民代表机关正式通过并公布施行的第一部人民的宪法性文件。

抗战期间，国共实现了第二次合作，建立了抗日民族统一战线，中国共产党针对当时的社会形势，及时调整了政策与纲领。1941 年 11 月，陕甘宁边区第二届参议会通过了《陕甘宁边区施政纲领》，对革命根据地的政权建设和法制建设都具有重大意义。

1946 年 4 月，在延安召开的第三届边区参议会第一次会议上通过了《陕甘宁边区宪法原则》，它反映了当时中国面临两种前途与命运的形势，体现了中国共产党提出的建立一个自由、民主、独立的新民主主义国家的原则。《陕甘宁边区宪法原则》的制定和实施，不但对巩固新民主主义政权、推动人民解放战争的胜利起到了积极作用，也为新中国成立后的法制建设积累了有益的经验。

1949 年 10 月 1 日，中华人民共和国成立，这意味着中国人民终于在中国共产党的领导下取得了反对帝国主义、封建主义和官僚资本主义的决定性胜利。根据当时的形势和新中国成立后各个历史阶段的国情特点，我国先后颁布了《中国人民政治协商会议共同纲领》（以下简称《共同纲领》）、"五四宪法""七五宪法""七八宪法"和现行的"八二宪法"。

新中国诞生之时，特定的历史条件决定了制定国家宪法的条件尚未成熟，然而又急需一种宪法性文件来规范和统一全国人民的行动并指导当时各项重大任务的进行。

在中国共产党的号召和领导下，作为人民民主统一战线组织形式的中国人民政治协商会议第一次全体会议于1949年9月在北京召开，这次全会通过了起临时宪法作用的《共同纲领》，它总结了我国人民百年来反帝反封建反官僚资本主义的革命斗争经验，但没有明确提出社会主义的目标和任务。

《共同纲领》公布实施后，我国人民在中国共产党领导下，进行了土地改革、镇压反革命和抗美援朝，1953年又开始实施国民经济建设的第一个五年计划，使得国家状况发生了巨大变化，《共同纲领》已不能满足国家和社会进一步发展的需要。1954年9月20日，第一届全国人民代表大会第一次全体会议在北京召开，通过了《中华人民共和国宪法》，这部宪法是《共同纲领》的继承和发展，且经过了慎重起草的过程，较为深入人心。在"五四宪法"颁布后的最初三四年里，其发挥了显著作用，大大促进了社会主义事业的发展。然而，从反右派斗争开始，人们对宪法作用、宪法尊严与效力的认识日益淡化，以至于宪法在"文化大革命"中被破坏与废弃，使我国实即成为"毁宪""无宪"的国家。

第四届全国人民代表大会召开之前，王洪文、张春桥、江青、姚文元四人在"文化大革命"期间所结成的帮派（以下简称"四人帮"），利用其窃取的部分权力参与工作，图谋进行"权力再分配"，将会议一直拖延了近两年，直到1975年1月才召开，就在这次会议上通过了"七五宪法"。这部宪法是在"左"的思想指导下修改制定的，加上"四人帮"的干扰和破坏，致使它存在着严重的"左"倾错误和缺陷。

1976年，"四人帮"反革命集团被粉碎，长达十年的"文化大革命"结束，我国进入了新的历史时期。1978年3月5日五届人大一次会议通过了修改后的宪法，即"七八宪法"。"七八宪法"是新中国颁布的第三部宪法，它继承了"五四宪法"的一些基本原则，在一定程度上纠正了"七五宪法"中存在的缺陷。但由于历史条件的局限性，当时还来不及全面总结新中国成立以来国家工作的经验教训，来不及彻底清除长期以来尤其是"文化大革命"中极左思想对于宪法的影响，致使这部宪法中存在着明显的缺陷。

"七八宪法"颁布不久，"实践是检验真理的唯一标准"这一马列主义基本观点确立。同年，中国共产党召开了十一届三中全会，并通过了《关于建国以来党的若干历史问题的决议》做了全面开创社会主义现代化建设新局面战略决策，这些重大历史事件为修宪工作提供了明确的指导思想和理论基础。1980 年 9 月，五届全国人大三次会议接受中共中央提出的《关于修改宪法和成立宪法修改委员会的建议》，经过多次讨论和修改后，《中华人民共和国宪法》于 1982 年 12 月 4 日五届全国人大五次会议上表决并通过。

"八二宪法"具有广泛真实的群众基础和极其深厚的社会基础，在我国制宪史上尚属首次。"八二宪法"在实施过程中，由于社会的变迁，经过 4 次部分修改，通过了 31 条宪法修正案，及时确认了改革开放和社会主义现代化建设过程中取得的成果和经验，增强了宪法的适应性和生命力，从而使宪法更加符合发展变化了的社会关系和改革开放的新需要。

# 第 一 编

# 新中国宪法的开创阶段（1949—1954）

## 一、1949 年《中国人民政治协商会议共同纲领》

（一）《中国人民政治协商会议共同纲领》产生的背景

1949 年 9 月 29 日，中国人民政治协商会议第一次全体会议一致通过了新中国临时宪法性质的文件——《共同纲领》，其被称为新中国的大宪章。《共同纲领》包括序言和 7 章一共 60 条，确定了即将诞生的中华人民共和国的国家性质和政治制度，规定了国内各种经济成分的性质及它们之间的关系，规定了新中国在外交、民族、文化教育和人民民主权利等方面的基本政策。《共同纲领》是 1954 年《中华人民共和国宪法》制定以前的建国纲领，起着临时宪法的重要作用，具有极为重要的历史意义。

《共同纲领》是在非常特殊的历史背景下制定的。政治上，中国人民历经一百多年的英勇斗争，在中国共产党的领导下，取得了反对帝国主义、封建主义和官僚资本主义的人民民主革命的胜利，建设新中国成为中国共产党需要解决的首要政治任务；军事上，历经四年解放战争，国民党的军事力量已经土崩瓦解，国共军事力量对比发生了根本性的变化，中国革命胜利已成定局，然而新中国的军事斗争还没有完全结束，仍有部分国民党残余势力需要清除；经济上，由于长期的战争，经济发展受到严重破坏，百废待兴，土地改革还没有彻底完成，建设中心就已经开始由农村移往城市，社会主义改造仍需进一步完善；政治制度上，人民还没有充分组织起来，在全国范围内进行普选并在此基础上建立全国人民代表大会和地方各级人民代表大会制度的条件并不成熟，制定宪法更是基础不足，通过召开由中国共产党和各民主党派等各方面代表组成的政治协商会议来协商建立新中国的事由，是在当时条件下可选择的唯一的途径和方式；理论上，以毛泽东同志为核心的中国共产党党中央提出并完善了人民民主专政思想，这为制定《共同纲领》奠定了坚实的理论基础；立法上，中共中央发布了《关于时局的声明》和《关于废除国民党的六法全书与确定解放区的司法原则的指示》，宣告废除国民党制定的包括宪法在内的六法全书，这是对旧法的彻底清理。在革命根据地时期，中国共产党相继颁布了《中华苏维埃共和国宪法大纲》《陕甘宁边区施政纲领》《陕甘宁边区宪法原则》等宪法性文件，这为制定《共同纲领》提供了可借鉴的文本基础。

在此种历史背景下，中国共产党邀请各民主党派、人民团体、人民解放军、各地区、各民族以及国外华侨等各方面的代表，组成中国人民政治协商会议，代表全国各地区、各民族人民的共同意志，在普选产生的全国人民代表大会召开以前代行全国人民代表大会的职权。1949 年 9 月 21 日至 9 月 30 日，在北平（今北京）召开了中国人民政治协商会议第一次全体会议。

（二）《中国人民政治协商会议共同纲领》要解决的主要问题

1. 人民民主统一战线

统一战线是以毛泽东为核心的中国共产党党中央在不同的历史时期，基于不同的现实条件和历史条件，将马克思列宁主义的一般原理与中国革命的具体实际相结合，联合一切可以联合的力量，调动一切可以调动的积极因素，集中主要力量打击主要敌人的一种指导思想。

统一战线是中国人民民主革命积累的主要经验之一，也是中国人民民主革命的一个基本特点。中国革命和建设的特点决定了中国的工人阶级必须在不同的革命和建设时期根据革命和建设的任务同其他阶级、阶层结成最广泛的统一战线，才能赢得革命的胜利和建设的成功。

在新民主主义革命时期，统一战线是由无产阶级同农民阶级、城市小资产阶级、民族资产阶级以及反动阶级中可以合作的阶层组成的特殊形式的阶级联盟，它的任务是推翻帝国主义、封建主义和官僚资本主义在中国的统治，建立新中国。历史证明，没有统一战线这个革命"法宝"，是不可能顺利完成新民主主义革命任务的。

在社会主义革命时期，统一战线是工人阶级领导的以工农联盟为基础的劳动人民与可以合作的非劳动人民之间的联盟。它包括两个联盟：一是工人阶级同劳动人民的联盟，即工农联盟；二是工人阶级同非劳动人民的联盟，主要是同民族资产阶级的联盟。正是这样一个统一战线，帮助我国顺利地完成了生产资料所有制的社会主义改造，实现了由新民主主义社会向社会主义社会的过渡。

生产资料所有制的社会主义改造完成后，我国进入了大规模的社会主义建设时期，统一战线也发展到了一个新的时期。这一时期的统一战线，正如现行宪法在序言中指出的那样，是一个爱国者的统一战线，是由中国共产党领导的，由各民主党派和各人民团体参加，包括全体社会主义劳动者、社会主义建设者、拥护社会主义的爱国者和拥护祖国统一的爱国者组成的政治联盟。爱国统一战线包括两个联盟：一是社会主义劳动者的联盟，它由工人阶级、农民阶级和广大知识分子组成；二是以爱国为政治基础的广泛联盟，包括拥护社会主义的爱国者和拥护祖国统一的爱国者。新时期的爱国统一战线在国家政治生活、社会生活和对外友好活动中，为社会主义现代化建设、维护国家统一和团结发挥着重要作用。

1949 年 6 月，中国人民政治协商会议召开之际，正是解放战争在全国范围内取得决定性胜利的时期，也是中国向新民主主义国家转变的时期。当时中国共产党领导全国人民进行国家建设所面临的重大任务有很多，其中与建立"人民民主统一战线"最为相关的主要有两点：一是联合一切可以联合的力量，完成中国人民民主革命的遗留任务；二是团结全国各族人民，实行新民主主义，反对帝国主义、封建主义和官僚主义，建设一个独立、民主、和平、统一和富强的新中国。这两点任务都要求团结国内各民主阶级、各民族和国外华侨，进一步巩固和扩大中国人民民主统一战线，为提出新时期的人民民主统一战线提供了现实基础。毛泽东曾明确指出："中国共产党、中

国人民解放军和人民民主统一战线保证了人民民主革命取得今天的胜利"①，
"中国新民主主义的革命要胜利，没有一个包括全民族绝大多数人口的最广泛的统一战线，是不可能的"，"我们的新民主主义的革命统一战线，现在比过去任何时期都要广大"，而扩大和巩固统一战线"同我们的土地政策和城市政策相联系"②，这为建立中国人民民主统一战线奠定了理论基础。中国共产党已经有过三次建立"统一战线"的历史经验：国民革命联合战线（革命统一战线）、工农民主统一战线和抗日民族统一战线，这为建立中国人民民主统一战线提供了借鉴经验。因此，建设一个什么样的人民民主统一战线则成为当时需要解决的重大历史问题。

2. 国体和政体

国体是我国宪法学和政治学对于国家性质的指称。对于国体问题，毛泽东指出，"这个国体问题，从清末年起，闹了几十年还没有闹清楚。其实，它只是指的一个问题，就是社会各阶级在国家中的地位"。③ 也就是说，一个国家的国体，是指一个国家的社会各阶级在国家中的地位，它包括两个方面的内容：一是统治阶级与被统治阶级的统治与被统治关系；二是统治阶级内部各阶级阶层之间的领导与被领导以及各种联盟与协作关系。④

对于政体问题，毛泽东有这样的论述，"至于还有所谓'政体'问题，那是指的政权构成的形式问题，指的是一定的社会阶级采取何种形式去组织那些反对敌人保护自己的政权机关。没有适当形式的政权机关，就不能代表国家"⑤。我们认为，政体即政权组织形式，指的是一国统治阶级按照一定的

---

① 《毛泽东选集》第四卷，人民出版社 1991 年版，第 1257 页。

② 《毛泽东著作选读》上册，人民出版社 1986 年版，第 363—364 页。

③ 参见刘茂林：《宪法学》，中国人民公安大学出版社、人民法院出版社 2003 年版，第 121 页。

④ 大多数宪法学教科书认为，政权组织形式等同于政体，即在一个国家之中，处于统治地位的阶级采取何种形式来组织反对敌人保护自己的政权机关。而何华辉教授认为，政体与政权组织形式是两个既有联系又有区别的概念，政体和政权组织形式都是实现国家权力的形式，但政体是形成与表现国家意志的特殊方式，或是表现国家权力的政治体制，而政权组织形式指的是一个国家实现国家权力的机关组织。参见何华辉：《比较宪法学》，武汉大学出版社 1988 年版，第 136—147 页。

⑤ 《毛泽东选集》第二卷，人民出版社 1991 年版，第 677 页。

原则建立起来的行使国家权力、实现国家统治和管理职能的政权机关的组织与活动体制。①

规定国家性质是近现代宪法的重要内容。由于宪法是适应近现代国家维护阶级统治需要而产生的，因此近现代世界各国宪法都把国家性质的规定作为其重要内容之一，进行了直接或者间接的规定。纵观各国宪法关于国家阶级性质的规定，主要表现为两种形式：一是真实地规定了国家的阶级性质；二是掩饰或者不真实地规定国家的阶级性质。其中，宪法掩饰国家的阶级性质是指宪法没有直接明确规定国家的阶级性质；宪法不真实地规定国家的阶级性质是指在宪法中虽然明确规定了国家的阶级性质，但却不是对国家阶级性质和实际客观存在的阶级关系状况的真实反映。

近现代宪法产生以后，政体是宪法的基本内容，建构一个民主、科学、高效的政体也是宪法的基本追求之一。纵观世界各国宪法的有关规定，涉及政体的内容主要包括以下三个方面：一是明确规定国家机关间权力配置的基本原则；二是设立相应的国家机关并赋予其职权；三是规定各种国家机关在运用国家权力过程中的关系，具体表现为国家机关的组织活动原则、程序等。

近代宪法有两个方面的重要内容：一是建构政治社会；二是保障公民权利。法国《人权宣言》就指出："凡权利无保障和分权未确立的社会，就没有宪法。"② 从某种意义上说，宪法的首要任务就是建构政治社会，组织规范公共权力较之对公民权利的保障更为重要，因为公民权利的保障以国家这个政治社会的存在为前提条件。而现代社会，政体正是宪法建构国家这个政治社会的方式，因此可以说，没有规定政权组织形式的宪法，就不能称之为宪法。

抗日战争爆发前中国共产党就提出过"民主共和国"的口号。1940年毛泽东发表的《新民主主义论》，初步指明新民主主义共和国的国体和政体："国体——各革命阶级联合专政。政体——民主集中制。这就是新民主主义的政治，这就是新民主主义的共和国。"③1945年毛泽东在《论联合政府》中讲得更加明确："中国现阶段的历史将形成中国现阶段的制度，在一个长时

①　参见许崇德、胡锦光：《宪法》第四版，中国人民大学出版社2009年版，第126页。
②　《人权宣言》第十六条："凡权利无保障和分权未确立的社会，就没有宪法。"
③　《毛泽东选集》第二卷，人民出版社1991年版，第677页。

期中，将产生一个对于我们是完全必要和完全合理同时又区别于俄国制度的特殊形态，即几个民主阶级联盟的新民主主义的国家形态和政权形态。"① 在接下来召开的中国共产党第七次全国代表大会上，中共中央发出"在彻底地打败日本侵略者之后，建立一个以全国绝大多数人民为基础而在工人阶级领导之下的统一战线的民主联盟的国家制度"② 的号召。

1948 年 9 月召开中央政治局会议时，毛泽东把对新中国国体的构想概括为人民民主专政，其政权的阶级性质是无产阶级领导的以工农联盟为主体，但不是仅仅工农，还有资产阶级民主分子参加的人民民主专政。年底，他在《将革命进行到底》一文中向全国人民号召："在全国范围内建立无产阶级领导的以工农联盟为主体的人民民主专政的共和国。"③ 毛泽东在《论人民民主专政》一文中，进一步对中国人民建立人民民主国家的历史必然性和新中国政权的性质及其基本政策，做了高度的概括。

毛泽东在回顾中国革命的艰难历史过程时说："自从 1840 年鸦片战争失败那时起，先进的中国人，经过千辛万苦，向西方国家寻找真理。……帝国主义的侵略打破了中国人学习西方的迷梦。"④ 直到中国人民找到了马克思列宁主义，"中国人从思想到生活，才出现了一个崭新的时期"，"就是这样，西方资产阶级的文明，资产阶级的民主主义，资产阶级共和国的方案，在中国人民的心目中，一齐破了产。资产阶级的民主主义让位给工人阶级领导的人民民主主义，资产阶级共和国让位给人民共和国"。⑤

关于新中国政权的性质，毛泽东指出："就是工人阶级（经过共产党）领导的以工农联盟为基础的人民民主专政。"⑥ "人民"包括工人阶级、农民阶级、城市小资产阶级和民族资产阶级，这些阶级在共产党的领导下，组成自己的国家，选举自己的政府，"向着帝国主义的走狗即地主阶级和官僚

---

① 《毛泽东选集》第三卷，人民出版社 1991 年版，第 1062 页。
② 《毛泽东选集》第三卷，人民出版社 1991 年版，第 1056 页。
③ 《毛泽东选集》第四卷，人民出版社 1991 年版，第 1375 页。
④ 《毛泽东选集》第四卷，人民出版社 1991 年版，第 1469—1470 页。
⑤ 《毛泽东选集》第四卷，人民出版社 1991 年版，第 1470—1471 页。
⑥ 《毛泽东选集》第四卷，人民出版社 1991 年版，第 1480 页。

资产阶级以及代表这些阶级的国民党反动派及其帮凶们实行专政，实行独裁，压迫这些人，只许他们规规矩矩，不许他们乱动乱说。""对于人民内部，则实行民主制度，人民有言论集会结社等项的自由权。""这两方面，对人民内部的民主方面和对反动派的专政方面，互相结合起来，就是人民民主专政。"①

毛泽东还批驳了国内外种种攻击人民民主专政"独裁""一边倒"的言论，纠正了一些人在国家政权问题上存在的一些"消灭国家权力""需要英美政府的援助"等错误思想认识。他指出："中国人民在几十年中积累起来的一切经验，都叫我们实行人民民主专政"，"不这样，革命就要失败，人民就要遭殃，国家就要灭亡"。②

毛泽东关于人民民主专政的思想，为即将召开的中国人民政治协商会议提供了指导方针，为即将成立的中华人民共和国做了理论准备，同时也丰富和发展了马克思主义的国家学说，标志着中国共产党领导中国人民在创建人民共和国的历程上，步入了更加成熟的阶段。

关于新中国的政体，毛泽东早在 1945 年就已提出："新民主主义的政权组织，应该采取民主集中制，由各级人民代表大会决定大政方针，选举政府。它是民主的，又是集中的，就是说，在民主基础上的集中，在集中指导下的民主。"③ 在 1948 年 9 月的政治局会议上，毛泽东又根据国情，分析了中国近代历史上资产阶级议会制失败的原因，明确提出，在中国必须采取按照民主集中制原则组织起来的人民代表大会制度，决不能实行资产阶级国家的议会制，搞资产阶级三权鼎立的制度。

毛泽东关于新中国国体和政体的构想，是依据马克思主义的无产阶级专政学说，从中国国情出发独创的建国理论，正确阐明了民主和专政的关系。人民民主专政的政权，阶级基础和群众基础空前广泛，代表了广大人民的利益，保障了人民的民主权利；人民通过各级人民代表大会行使国家权力，又保障国家机关能够迅速有效地领导和管理国家各项工作。因而人民民

---

① 《毛泽东选集》第四卷，人民出版社 1991 年版，第 1475 页。
② 《毛泽东选集》第四卷，人民出版社 1991 年版，第 1475 页。
③ 《毛泽东选集》第三卷，人民出版社 1991 年版，第 1057 页。

主政权的稳定和巩固是中国历史上任何一个政权所不能比拟的。

### 3. 公民的权利和义务

公民的基本权利是指由宪法规定的，公民为实现自己必不可少的利益、主张或自由，从而为或不为某种行为的资格或可能性。公民的法律权利种类繁多，既有基本权利，也有一般权利。作为国家根本大法的宪法不可能也没有必要对各种权利一一加以规定，宪法所确认的只能是一些基本权利，即那些表明权利人在国家生活基本领域中所处法律地位的权利。许多人又把基本权利称为人权，以表明它们是人所固有的权利。公民的基本义务是指由宪法规定的，为实现公共利益，公民必须为或不为某种行为的必要性。公民的基本义务是指由宪法规定的，一定的主体必须做出某种作为或做出某种不作为，前者称为作为义务，后者称为不作为义务。现实生活中，人们承担的义务往往具有多样性。

权利的产生、演进和发展，经历了漫长的历史过程。在这个过程中，部分基本权利起初往往以一般权利的形态存在，甚至仅仅以主观权利的形态出现。当权利观念与权利类型发展到一定历史阶段之后，在那个历史阶段中被认为尤其重要的那部分权利就必然诉求与其自身的重要性相适应的法规形式予以确认和保障。基本权利决定着公民在国家中的法律地位，是公民在社会生活中必需的权利，具有母体性，能派生出公民的一般权利。因此，对基本权利的确认和保障，构成了整个宪法价值体系的一个重要核心。而基本权利的实现有赖于基本义务的履行，倘若公民不履行基本义务，则国家将缺少各个方面的必要支撑，实现和维护基本权利的制度将难以建立。基本义务无法离开基本权利，基本权利是基本义务存在的价值基础，离开了基本权利，基本义务将成为无源之水、无本之木。

早在太平天国运动时期，农民政权颁布了《天朝田亩制度》，主张均分天下田给天下农民耕种，反映了广大农民平均主义的革命思想和争取生存权利以及政治、经济权利的强烈愿望。

1911 年，辛亥革命结束了统治中国两千多年的封建统治，产生了中国历史上第一个具有资产阶级宪法性质的文件——《中华民国临时约法》。它规定了中华民国人民一律平等，人人享有人身、财产、居住、迁徙、言论、出版、集会、结社、信仰等自由以及选举和被选举权、考试权等权利。后来《中华民国临时约法》被袁世凯撕毁，北洋军阀政府和国民党虽然都分别制定了宪法，确认了公民拥有一定的权利和自由，但都没有得到有效实施。

1931 年，第一次全国苏维埃代表大会通过了《中华苏维埃共和国宪法大纲》，规定了工农劳动群众享有各项民主权利。

1941 年，陕甘宁边区第二届参政会通过了《陕甘宁边区施政纲要》明确规定：保证一切抗日人民的人权、政权、财权及言论、出版、集会、结社、信仰、居住、迁徙的自由权。

1946 年，陕甘宁边区第三届参政会通过了《陕甘宁边区宪法原则》，该宪法原则从政治、经济、文化等方面规定了人民的基本权利。

在上述文件的基础上，1949 年，中国人民政治协商会议第一次会议通过了《中国人民政治协商会议共同纲领》，规定了人民享有的权利和应履行的义务。

### 4. 国家机构

国家机构是国家借助国家权力为实现政治统治和政治管理职能，依照宪法和法律规定建立起来的国家机关的总和。它包括立法机关、行政机关、审判机关、检察机关和军事机关等。[1]

国家机构是统治者实现其统治的组织形式，反映国家性质，具有以下几个特点：(1) 鲜明的阶级性。它是统治阶级的政权组织，而不是社会全体成员的组织，其权力运作及职责都反映统治阶级的意志和利益。(2) 国家机构是由社会上的少数成员，即由统治阶级中最积极的那部分成员组成。(3) 国家机构是一种国家组织，享有特殊的强制力。所谓特殊的强制力，即以军队、警察、监狱、法院等为主要内容的国家暴力。因此，它不同于学校、商店、工厂等企事业单位。(4) 国家机构具有严密的组织体系。其具体设置、职权划分及相互关系非常复杂，各机关按法律规定组成完整严密的有机整体，保证国家基本职能的实现。(5) 协调性。国家机构根据宪法划分职权，在职责范围内互不干扰，国家权力按照行使职权的性质和范围不同而分

---

[1]　参见周叶中主编：《宪法》第三版，高等教育出版社 2011 年版，第 295 页。

工行使；同时各国家机关又互相协作、互相配合，共同为实现宪法规定的目标而运作。

中华人民共和国举行开国大典后，1949 年 10 月初，中国共产党按照《共同纲领》中关于"中国人民民主专政是中国工人阶级、农民阶级、小资产阶级、民族资产阶级及其他爱国民主分子的人民民主统一战线的政权，其以工农联盟为基础，以工人阶级为领导"的规定，依照《中华人民共和国中央人民政府组织法》中关于"中央人民政府委员会组织政务院，以为国家政务的最高执行机关；组织人民革命军事委员会，以为国家军事的最高统辖机关；组织最高人民法院及最高人民检察署，以为国家的最高审判机关及检察机关"的规定，按照中央人民政府首次会议关于"从速组成各项政府机关，推行各项政府工作"的决定，经过反复征求意见，在毛泽东、刘少奇、周恩来等人研究了中央人民政府各机构以及政务院所属各委、部、会、院、署、行负责人人选问题后，组建形成了中华人民共和国中央人民政府。

组建形成的中华人民共和国中央人民政府，是在全国境内统一行使国家权力的中央政权，是代表中国人民的唯一合法政府。同时，中央人民政府的组成，也充分体现了多党合作和团结建国的精神。

5. 军事制度

军事制度，即组织、管理、发展和储备军事力量的制度，它包括国家的军事领导体制、武装力量体制、国防经济体制、武器装备发展管理制度、兵役制度、动员制度、国防教育制度和民防制度、军队编制体制、训练体制、政治工作制度、人事制度、行政管理制度、后勤保障体制和称谓、标志的规定等，一般由国家（或政治集团）及其军队制定，以法律、法令、条令、条例、规则等规范性文件颁行。

军事制度之所以重要的原因在于：（1）军事力量是一个国家国防的主体和核心。（2）现代军队不能只单纯注重武装力量的数量建设，要更加重视它的质量建设，现代军队是知识和科技密集型的武装集团。（3）现代国防不仅是军事斗争的角逐，还是国家的人力、自然力、政治力、经济力、精神力和国防等综合国力的抗衡，科学化的军事制度能够带动国家综合国力的提升和发展。然而，我国自近代以来直至抗日战争结束，军事力量的贫弱使国家和人民备受欺凌。

中国的近代历史始于 1840 年，清政府的腐败导致其国防基本上有国无防，这一时期的帝国主义列强先后多次发动侵华战争，中华民族备受屈辱。从 1840 年的第一次鸦片战争到 1856 年的第二次鸦片战争，1883 年的中法战争，1894 年的中日甲午战争，1900 年的八国联军侵华战争，直至抗日战争结束，先后有英、美、法、俄、日等近 20 个国家的侵略者践踏过中国的国土，抢掠中国财物，屠戮中国人民以及侵犯中国主权。以上史实表明，军事力量对于一个国家的稳定和发展而言有着举足轻重的意义。

中国共产党在建军之初，就十分重视军事制度建设，特别是通过三湾改编、古田会议等，逐步清除了旧军队封建军阀制度和雇佣制度的影响，开始创建人民军队的一系列制度。随着武装斗争的发展和革命根据地政权的建立，各项军事制度不断发展，并通过苏维埃政府的法律、法令和中国工农红军的条例、章程形成定制，如《中华苏维埃共和国军制草案》《中国工农红军编制草案》《中国工农红军政治工作暂行条例草案》《中国工农红军纪律条例草案》和《中国工农红军暂行内务条例草案》。中国共产党在新民主主义革命阶段创建的人民军事制度，其基本内容包括：党对武装力量绝对领导的制度；主力部队、地方部队和民兵"三结合"的人民武装力量体制；军队的政治工作制度、民主制度和管理教育制度；志愿兵役制；拥军优属制度。中华人民共和国成立后，随着国民经济和社会的发展，在继承和发扬行之有效的传统制度的基础上，中国共产党不断改革和完善国家的军事制度。

### 6. 经济政策

在帝国主义的铁蹄下，特别是抗日战争和解放战争的消耗，旧中国的经济条件十分薄弱。新中国成立初期，为了实现中国的社会主义，以毛泽东、刘少奇、周恩来、朱德为代表的中国第一代领导集体从中国的国情出发，全心全意、团结一致地领导中国人民实行新民主主义的经济政策和其他相适应的方针、政策。

《共同纲领》中，虽然没有写上"一定要向更高级的社会主义和共产主义阶段发展"的条文，但正如周恩来在《人民政协共同纲领草案的特点》中所指出的那样，"暂时不写出来，不是否定它，而是更加郑重地看待它。

而且这个纲领中经济的部分里面，已经规定要在实际上保证向这个前途走去。"① 实践证明，这是我党在当时国情下提出的一个非常正确的思想。在这一思想指导下制定的新民主主义经济政策，在当时具体条件下，促进了我国稳步实现向社会主义革命转变，具有重大的现实意义。

新中国成立初期实行的新民主主义的经济政策，是由我国当时特定的历史条件所决定的。一方面，中华人民共和国的成立，标志着中国进入由新民主主义向社会主义转变的新时期。同时在全国范围内实行没收官僚资本，建立社会主义性质的国营经济这一经济政策，彰显出中国共产党已经在政治及经济上取得了领导地位，这是中国人民实现向社会主义转变的最基本条件。另一方面，我国政权又是建立在"半殖民地半封建社会废墟"基础之上，我们要进入社会主义的道路相较于资本主义进入社会主义而言，具有复杂性、基础差、难度大同时又无史可鉴等特点。我国的具体国情表现为：

第一，自鸦片战争以后，旧中国沦为一个经济十分落后、生产力水平十分低下的半殖民地半封建社会。毛泽东指出："中国的工业和农业在国民经济中的比重，就全国范围来说，在抗日战争以前，大约是现代性的工业占百分之十左右，农业和手工业占百分之九十左右。这是帝国主义制度和封建制度压迫中国的结果，这是旧中国半殖民地和半封建社会性质在经济上的表现，这也是在中国革命的时期内和在革命胜利以后一个相当长的时期内一切问题的基本出发点。从这一点出发，产生了我党一系列的战略上、策略上和政策上的问题。"② 因此，同其他国家战后经济衰退、一片废墟相似却仍有不同的是，我国半殖民地半封建社会的废墟下建立的中华人民共和国，经济状况具有复杂性，是极不独立的经济制度。在半殖民地半封建社会下即便表面上看似乎在一定程度上有利于中国经济的发展，但其实质在于，帝国主义剥削中国的人力、物力及财力，变中国为其原料产地、资本输出市场，相较于半殖民地半封建社会帝国主义带给中国的缓慢微弱的经济增长，其对中国经济造成的伤害是更为深刻而明显的。

① 《周恩来选集》上卷，人民出版社 1980 年版，第 368 页。
② 《毛泽东选集》第四卷，人民出版社 1991 年版，第 1430 页。

第二，占全国人口大多数的新解放区，土地改革的任务尚待完成。帝国主义者和国内反动派仍不甘心于他们的失败，还在继续以各种方式从事破坏和捣乱，妄想在中国复辟，中国的国内国际形势十分严峻，只有中国共产党实行稳定正确的经济政策，发展经济、增加社会财富、提高人们生活水平，中国共产党才能更加得到广大人民持久的拥护，才能在一定程度上打消帝国主义及国内反动派的野心。

第三，我们接收的是国民党留下来的多重经济问题并存的烂摊子。通货膨胀，物价高涨，工业企业大部分破产，所有矿坑几乎都灌满了水，铁路不能通车，农业萧条，城乡交流阻塞。1949 年工农业生产年产量和历史上的最高年产量比较，钢产量减少 83%，铁产量减少 86%，煤产量减少 48%，棉纺织品产量减少 25% 以上，粮食产量减少 26%，棉花产量减少 48%。[1]工人农民生活极度贫困，知识分子失业失学的情况相当严重，不少工商业者"惶惶不可终日"，有的甚至抽走企业资金外逃。国家的财政困难暂时还只能靠发行钞票（占全部支出的 2/3）来解决。特别突出的问题是约占世界 1/4 的人口吃饭问题亟待解决。当时美国国务卿艾奇逊就公开宣称："（近代史上）每一个中国政府必须面临的第一个问题，是解决人民的吃饭问题，到现在为止，没有一个政府是成功的。"[2]中国国内的情形极其严峻，若不着力解决人民的温饱问题，对政权的稳定及国家发展都是十分不利的。没有谁能够要求人民拥护一个连温饱问题都不能解决的政府，因此，亟待中国共产党解决的问题是经济问题，是人民的温饱问题。

这就是当时摆在党和中国人民面前的基本的经济政治状况和严重的困难局势。《共同纲领》充分考虑了上述各方面的历史条件，既坚持了新民主主义革命向社会主义革命转变的方向，又从当时的实际情况出发，着眼于恢复和发展生产，提高人民生活水平，促进经济发展及稳定，为实现社会主义创造条件，提出了新民主主义的经济政策和其他相适应的各种方针政策。这是以毛泽东为首的党中央在这个极端重要的历史关头，坚持实事求是原则作

---

[1]　参见周叶中、江国华：《在曲折中前进——中国社会主义立宪评论》，武汉大学出版社 2010 年版，第 293 页。

[2]　参见陈世辰、王钦双：《毛泽东的 1949》，东方出版社 2007 年版，第 140 页。

出的十分重要的决策，这是关系到约占世界 1/4 人口但经济又很落后的大国能否顺利完成由新民主主义向社会主义转变的新时期的重要决策。因此，在当时我国的政治经济情形下，以毛泽东为核心的党中央领导集体制定出《共同纲领》，其中的经济政策与我国基本国情相适应，引领着我国经济向着良好方向迈进。

### 7. 文化教育政策

文化教育一直是一个国家的核心竞争力之一，文化教育的发展程度往往决定了一个国家的发展程度，各国历来都十分重视对公民文化教育。我国历来重视文化教育，通常将教育方针作为指导和规范教育发展的总纲领，指明教育的性质、指导思想、培养目标、教育原则、教育途径和方式方法。中国共产党在领导中国人民进行民主革命时期，以马克思主义教育理论为指导，结合中国教育实际情况，成功地指导了中国新民主主义教育，取得了巨大胜利，形成了成熟的新民主主义教育方针。中华人民共和国成立后，仍然确定以新民主主义教育方针作为改造旧教育、建设新教育的指导方针。

1927 年国共两党分裂，中国共产党为了应对国民党的"围剿"，被迫转移到农村建立革命根据地，坚持武装斗争，开展土地革命。1931 年建立了"中华苏维埃共和国"，在《第一次全国工农代表大会宣言》中明确提出了苏维埃政权的教育方针："工农劳苦群众，不论男子和女子，在社会、经济、政治和教育上，完全享有同等的权利和义务"，"一切工农劳苦群众及其子弟，有享受国家免费教育之权。教育事业之权归苏维埃掌管"，并规定："取消一切麻醉人民的封建的、宗教的和国民党的三民主义的教育。"会议中形成决议：中国苏维埃政权以保证工农劳苦大众有受教育的权利为目的。在进行国内革命战争所能做到的范围内，应开始施行完全免费的普及教育，首先应在青年劳动群众中施行并保障青年劳动群众的一切权利，积极地引导他们参加政治和文化的革命生活，以发展新的社会力量。1934 年 1 月，在第二次全国苏维埃代表大会上，毛泽东对各根据地的文化教育工作做了总结，提出苏维埃文化的总方针："在于以共产主义的精神来教育广大的劳苦民众，在于使文化教育为革命战争与阶级斗争服务，在于使教育与劳动联系起来，在于使广大中国民众都成为享受文明幸福的人"①，并提出苏维埃文化建设的中心任务是"厉行全部的义务教育，是发展广泛的社会教育，是努力扫除文盲，是创造大批领导斗争的高级干部"②。

1937年"七七事变"爆发，全民抗日进入高潮。同年8月，中国共产党发表了《为动员一切力量争取抗战胜利而斗争》宣言，其中第八条"抗日的教育政策"提出："改变教育的旧制度、旧课程，实行以抗日救国为目标的新制度、新课程。"③1940年1月，毛泽东在继承农村革命根据地优良教育传统，总结抗日民主根据地的教育经验的基础上，进行了系统的理论概括，并在《新民主主义论》中，明确提出了新民主主义的教育方针——"无产阶级领导的人民大众的反帝反封建的文化"，即民族的、科学的和大众的文化和教育。民族的，主要指"它是反对帝国主义压迫，主张中华民族的尊严和独立"；科学的，主要指"它是反对一切封建思想和迷信思想、主张实事求是，主张客观真理，主张理论和实践一致的"；大众的，也是民主的，"它应为全民族中百分之九十以上的工农劳苦民众服务，并逐渐成为他们的文化"。④这是中国共产党和全国人民在民主革命斗争中发展文化教育事业的全部智慧和经验的结晶，也成为制定新中国教育方针的重要基础。

在中国革命的历史上，毛泽东第一次提出了新民主主义革命的概念，当时我国既非旧民主主义社会，也非社会主义社会，而应当是新民主主义社会，这就决定了《共同纲领》具有新民主主义的特点，其中的文化教育政策也具有新民主主义的特点，决定了我国坚持新民主主义的文化教育政策"即大众的、民主的、科学的文化教育方针"是十分适合国情的正确道路。

8. 民族政策

我国作为一个多民族国家，其民族问题长期存在的国情决定了我们党制定实施适合我国这一国情的长期稳定的民族政策是十分必要的，并需要综

---

① 《中央革命根据地史料选编》下册，江西人民出版社，第339页。
② 柳建辉、曹普主编：《中国共产党执政历程（第一卷）（1921—1949）》，人民出版社2011年版，第108页。
③ 《毛泽东选集》第二卷，人民出版社1991年版，第356页。
④ 《毛泽东选集》第二卷，人民出版社1991年版，第708页。

合考虑各种因素。

在长期的历史发展中，各民族之间很早就产生并维持着经济上和文化上的交流，政治上亦是紧密地联系在一起，共同开拓了祖国的疆域，共同创造了光辉灿烂的中华文明。尽管历史上长期存在民族压迫制度，各民族之间存在着隔阂和纷争，甚至出现过暂时的割据和分裂现象，但这仅仅是我国民族关系史上的支流，而集中统一才是我国历史发展的主流和不可阻挡的趋势。在近百年各民族共同抗击帝国主义列强侵略的斗争中，我国各民族间久已存在的你中有我、我中有你的密切关系，又增加了新的革命斗争的战斗友谊，各民族成为唇齿相依、血肉不可分割的整体，构成了中华民族文化的多元性和政治、经济的一体化格局，这是我国各民族不可分割的历史渊源。

新中国成立后，我国民族问题的基本状况是：（1）民族众多。经过科学的民族识别，我国已确认的民族共 56 个，因此，多民族是我国的基本国情之一。（2）各民族的人口数量极不平衡。一方面是汉族和少数民族人口的不平衡，另一方面是少数民族之间人口的不平衡。（3）各民族形成大杂居、小聚居的分布特点。一是汉族地区有少数民族聚居；二是少数民族地区有大量汉族居住；三是少数民族之间也杂居或交错杂居。（4）各民族的经济结构和生产方式不尽相同。一般来说，南方各民族大多以农业为主，辅以牧业、林业和其他副业；而北方的民族有以牧业为主的，也有以农业和渔猎业为主的。（5）各民族社会发展极不平衡，有的民族内部不同地区的发展也不平衡，各民族的政治制度、经济结构、文教卫生等状况都比较复杂。一方面是汉族和少数民族之间发展得不平衡，另一方面是少数民族之间发展得不平衡。解放前，我国少数民族存在着四种社会发展形态，即封建地主制度、封建农奴制度、奴隶制度和原始公社制度的残余。（6）各民族的语言文字、风俗习惯和宗教信仰十分复杂，并成为影响民族问题的三个敏感因素。

民族是一个社会历史范畴，民族的产生、发展和消亡是一个漫长的历史过程；民族问题贯穿于民族存在和发展的全过程，只要民族存在，民族问题也将存在；在不同的历史时期和不同的社会条件下，民族问题具有不同的内容和性质。民族无论人口多少、发展程度高低，都是人类物质财富和精神财富的创造者，都对世界文明作出过自己应有的贡献，因而绝无优劣贵贱之分，应当一律平等；加强各民族之间的团结，是民族平等的客观要求和必然结果，是进一步实现民族平等的重要条件，民族平等和民族团结是社会主义革命和建设取得胜利的基本保证。民族问题是社会革命总问题的一部分，它随着社会的发展而不断地发生变化，同时又对社会发展产生直接的影响，民族问题是否处理得当，对国家统一、社会稳定、革命和建设是否取得成功都产生着直接而深刻的影响。

历史上，虽然各民族曾发生过矛盾斗争，但总体来说，各民族是和睦统一的，和平是主流，统一的多民族国家不可分离是各民族由来已久形成的共识。《共同纲领》中规定实行民族平等、民族团结和各民族共同繁荣的民族原则，实行基本的民族区域自治制度是适合我国国情的正确的民族政策，是我们应当坚持的民族政策。

9. 外交政策

中华人民共和国的成立标志着我国走上了独立自主的发展之路，但是清政府闭关锁国政策的经验教训告诉我们，新中国在保持独立自主的同时，必须实行开放、交流的外交政策。同时，具体选择什么样的外交政策，也需要结合当时的国内外环境。

当时的国际形势是，以美国为首的资本主义阵营和以苏联为首的社会主义阵营相互对峙，形成美苏冷战争霸的国际政治格局。新中国是在二战结束后，整个帝国主义势力大为削弱，社会主义国家威信大为提高，民族民主进步力量大为发展，殖民地半殖民地的民族独立解放运动蓬勃兴起，以及美苏争霸的世界新形势之下建立起来的。新中国的成立同时又是一个半殖民地半封建的受压迫民族的新生，一个社会主义国家的始端，它对以后的世界政治以及国际关系产生了很大的影响。经过第二次世界大战，以英国和法国为首的老牌帝国主义国家迅速衰落下去，而美国和苏联的国际地位则大大提升，老牌西方资本主义国家皆唯美国马首是瞻，与此同时，苏联则成为了社会主义阵营和民族解放运动的领头者。资本主义阵营与社会主义两大阵营相互对抗，针锋相对。美国以"马歇尔计划"推行其重振欧洲、遏制苏联的战略，并用经济军事力量支持世界各地反共反苏联活动，美国妄图消灭现存所有共产党以及社会主义国家，主宰世界、称霸世界，而苏联则以保障本国的安全与经济复兴为目的，希望巩固战后形成的东西欧现存局面，同情和支持世界被压迫民族和人民争取独立和解放运动，并决心瓦解西方资本主义的统治，实现社会主义统治，两者剑拔弩张、水深火热、势均力敌。而随着第二次世界大战的胜利结束，世界人民同法西斯势力之间的矛盾已经基本解决，国际阶级力量出现了新的配置与变化，世界主要矛盾发生了新的变化，变成了资本主义阵营与社会主义两大阵营的矛盾，国际阶级力量对比也发生了有利于世界人民的根本变化。新中国成立后，美帝国主义并不甘心在中国的失败，继续支持国民党蒋介石集团，对中国共产党领导的新中国则进行经济、外交、军事等各种形式的封锁，妄图卷土重来。同时，又极力阻挠其他资本主义国家在外交上承认我国，并在经济上对我国实行封锁禁运，随后又公然扩大侵朝战争，威胁中国的安全。当时只有苏联和各人民民主国家向新中国伸出了友谊之手，因此作为社会主义国家的中国更应该倒向苏联，壮大社会主义阵营的声势，共同抵制和化解西方对社会主义阵营的压力和攻势。

建立在半殖民地半封建社会基础上的中华人民共和国必须保证独立自主，这是一个国家繁荣发展的最基本条件。因此新中国成立初期党中央确立了"打扫干净屋子再请客"的外交方针，同时因中华人民共和国成立时特殊的国际环境即两大阵营尖锐对立的局面，决定我们不能实行所谓的"第三方"或"骑墙"，中国若非倒向资本主义一方，就是倒向社会主义一方，绝无例外，必须"一边倒"，在《论人民民主专政》一文中，毛泽东明确宣布：中国将实行"倒向社会主义一边"，"联合苏联，联合各人民民主国家"，"结成国际的统一战线，而不是倒向帝国主义一边"，为争取苏联及国际社会对即将成立的新中国在道义上、经济上、政治上给予支持和帮助，1949年6月21日至8月14日，中国共产党派出刘少奇为代表的中共中央代表团访问了苏联，期间，刘少奇会见了斯大林等苏联领导人，并向他们通报了新中国的革命形势、新政治协商会议及中央政府的筹备情况，双方就苏方向中国派遣专家，帮助中国经济及国防建设等方面进行了会谈，会谈中，苏共领导人斯大林表示苏共与中共应互相帮助，并且中国新政府一经成立，苏联立即承认新中国政府，并为其提供经济和军事援助，刘少奇此次访问，直接沟通了中苏两国领导人，对以后中苏关系的发展以及苏联对中国的态度有着重要的影响。另外，在中国人民革命即将取得全面胜利时，1949 年 8 月 5 日，美国政府却为其对华政策的失败进行辩护，发表了《美国与中国关系》的白皮书，一方面，披露美国侵华和国民党腐败等若干事实材料，不得不承认中国革命的胜利是"中国内战的不幸结果为美国政府控制所不及"；另一方面，歪曲中国革命发生和胜利的原因，坚持同中国人民为敌的政策。在此种情形下，中国政府无可争议地选择倒向社会主义阵营一边，是在当时的历史条件下的正确的选择。同时，中华人民共和国是中国共产党领导的，以工人阶级为先锋代表以农民阶级为基础的各阶级人民奋力抗击国民党反动统治取得胜利而建立的新政权，因此新中国的外交政策同时又必须坚持"另起炉灶"的方针，与国民党反动派统治时期的外交断然分离，以保持我国独立自主的国际地位，对于国民党蒋介石统治时期，签订的不平等条约，一律不予承认；中华人民共和国成立后，新的中央人民政府领导的独立自主的新政权具有独立自主的新地位，若一国承认我国政府，则应与中华人民共和国中央人民政府签订平等互利、合作共赢的外交条约。这是别国与中华人民共和国交往应遵循的最基本的意识与态度，也是同半殖民地半封建社会的旧中国的外交政策一刀两断的应有态度，即对国民党反动派政府与各国建立的旧的不平等的外交关系不予承认的态度。

在人民革命取得全国胜利的形势下，中国共产党基于对中国经济状况落后的基本认识，基于对中国处于过渡阶段的国情的基本把握，基于第二次世界大战后国际局势及国际格局的正确估量，基于对我国文化教育、外交及民族等具体国情的综合考量，制定实施了长期稳定的内政外交政策，有力地筹建及推动了新中国建设进程的发展。

（三）《中国人民政治协商会议共同纲领》对上述问题的回应

1. 确立人民民主统一战线

《共同纲领》的序言部分中关于人民民主统一战线的阐述："中国人民民主专政是中国工人阶级、农民阶级、小资产阶级、民族资产阶级及其他爱国民主分子的人民民主统一战线的政权，而以工农联盟为基础，以工人阶级为领导。由中国共产党、各民主党派、各人民团体、各地区、人民解放军、各少数民族、国外华侨及其他爱国民主分子的代表们所组成的中国人民政治协商会议，就是人民民主统一战线的组织形式。"

中国人民民主统一战线是中国工人阶级所领导的一支政治队伍。人民民主统一战线的组成成员主要包括中国工人阶级、农民阶级、小资产阶级、民族资产阶级及其他爱国民主分子。人民民主统一战线由工人阶级领导，工人阶级的领导是通过它的先进队伍——中国共产党来实现。人民民主统一战线的第一个联盟是劳动人民的联盟，主要是工人阶级和农民阶级的联盟；人民民主统一战线的第二个联盟是以工人阶级为首的劳动人民同可以合作的非劳动人民的联盟，主要是工人阶级与民族资产阶级的联盟。[1] 工人阶级、农民阶级、小资产阶级是统一战线的基本的和主要的力量，民族资产阶级和包括开明绅士在内的其他爱国民主分子是团结和争取的对象。人民民主统一战线的组织形式是由中国共产党、各民主党派、各人民团体、各地区、人民解放军、各少数民族、国外华侨及其他爱国民主分子的代表们所组成的中国人民政治协商会议。人民民主统一战线，是"包括全民族和绝大多数人口"[2] 的具有特殊广泛性的统一战线。这是人民民主统一战线的显著特点和优点。

在新民主主义革命时期，中国共产党组织了无产阶级领导的以工农联盟为基础的包括各被压迫阶级如工人阶级、农民阶级、小资产阶级、民族资产阶级，各人民团体、各民主党派、各少数民族、各地华侨和其他爱国分子的统一战线。在一段时间和一定条件下，中国共产党还联合了一度支持中国抗日战争的英、美资本主义国家的当权派。

在社会主义革命和建设时期，中国共产党不但争取和团结了大批脱离国民党反动派，拥护人民共和国和共产党领导，愿意为新中国效力的原国民党人员和科学技术人才，还包括大批国民党战犯，甚至伪满洲国皇帝，但并没有因为实行社会主义革命，消灭资本主义剥削制度和资产阶级而抛开民族资产阶级，而是用统一战线的方法，达到了消灭资产阶级而又把民族资产阶级的绝大多数成员改造成为自食其力的劳动者的目的。

---

① 　参见张执一：《试论中国人民民主统一战线》，人民出版社 1958 年版，第 3、15、20 页。

② 　《毛泽东选集》第四卷，人民出版社 1991 年版，第 1257 页。

在社会主义建设新时期，爱国统一战线不但包括了十个方面的广泛对象，而且提出并开始用"一国两制"的方法，解决统一祖国问题，使新时期爱国统一战线包括了一切赞成"一国两制"，拥护祖国统一和振兴中华的人们，而不论他们是主张资本主义，还是主张社会主义。把爱国统一战线的范围由大陆扩展到港、澳、台，由国内扩展到世界各国的侨胞和外籍华人。

中国统一战线是中国共产党坚强正确领导下的统一战线，这是中国统一战线最根本的特点，也是中国统一战线在革命和建设中发挥重大作用的基本保证。

中国统一战线在无产阶级领导权问题上积累了正反两方面的经验教训。中国共产党在解决统一战线领导权问题时，曾经出现过两种错误倾向：一种是从右的方面放弃无产阶级对统一战线的领导权；另一种是从"左"的方面实际取消了无产阶级对统一战线领导权消极放弃的右倾投降主义错误，又批判了一切斗争否认联合，不去联合可以联合的同盟者，把自己孤立起来，实际上取消了无产阶级对统一战线的领导权，无法从根本上保证不同时期不同性质统一战线的发展并发挥巨大的历史作用。

中国共产党人把能否坚持共产党对统一战线的领导权，当作统一战线和革命斗争成败的关键来认识和对待。早在抗日战争全面爆发之前，毛泽东在批判陈独秀右倾投降主义和王明"左"倾关门主义基础上，提出了坚持共产党对统一战线领导权是革命成败的关键的著名论断。解放战争时期，当人民解放军打退了蒋介石数百万反动军队的进攻，并成功扭转局势由守变攻，在统一战线比过去任何时候都要壮大的时候，毛泽东又强调："中国新民主主义革命要胜利，没有一个包括全民族绝大多数人口的最广泛的统一战线，是不可能的。不但如此，这个统一战线还必须是在中国共产党的坚强的领导之下，没有中国共产党的坚强的领导，任何革命统一战线也是不能胜利的。"[1] 新中国成立之后，我们党在继续保持和发展人民民主统一战线的同时，运用执政党的地位，通过对人民政协组织的领导及其他形式，有效地加强了对统一战线的领导。新时期以来，我们党在把人民民主统一战线发展为

---

[1] 《毛泽东选集》第四卷，人民出版社1991年版，第1257页。

爱国统一战线，并进一步扩大了团结范围的同时，反复强调了坚持四项基本原则仍然是大陆范围统一战线的政治基础，对大陆同海外及港澳台的统一战线则坚持爱国原则和"一国两制"和平统一祖国，中华人民共和国是中国的唯一合法政府等主张。

《共同纲领》提出人民民主统一战线的意义：一是成功地指导了抗日民族统一战线向人民民主统一战线的历史转变，是中国共产党统一战线理论与实践的伟大胜利；二是通过团结可以团结的一切力量，调动一切积极因素，进一步孤立国民党势力，在推翻蒋介石反动政权的斗争中发挥了极其重要的作用；三是在恢复国民经济、进行社会主义改造和社会主义建设等方面也发挥了重大作用；四是解决了统一战线的组成、领导权、特点等一系列重大问题，标志着中国共产党的人民民主统一战线理论思想体系的正式形成，该思想体系是中国共产党统一战线理论体系中的重要组成部分，是对马克思主义统一战线理论的重大贡献；五是为最终形成具有中国特色的中国共产党领导的多党合作的政治格局和政治协商会议的政治制度奠定了理论基础。

2. 确立新民主主义的国体和政体

关于国体问题，《共同纲领》第1条规定："中华人民共和国为新民主主义即人民民主主义的国家，实行工人阶级领导的、以工农联盟为基础的、团结各民主阶级和国内各民族的人民民主专政。"在《共同纲领》序言中以另一种表述方式，阐述了中华人民共和国的国体："中国人民民主专政是中国工人阶级、农民阶级、小资产阶级、民族资产阶级及其他爱国民主分子的人民民主统一战线的政权，而以工农联盟为基础，以工人阶级为领导。""一切勾结帝国主义、背叛祖国、反对人民民主事业的国民党反革命战争罪犯和其他怙恶不悛的反革命首要分子"及"一般的反动分子、封建地主、官僚资本家"是专政的对象。

无产阶级专政在不同国家可以有不同的形式。人民民主专政是马克思列宁主义的无产阶级专政学说同中国革命的具体实践相结合的产物，是中国共产党领导人民所创造的一种适合我国国情和历史传统的无产阶级专政形式。这种形式的雏形是抗日战争时期各革命根据地的抗日民主政权。但"人民民主专政"这一概念是1948年12月毛泽东在《将革命进行到底》一文中公开使用的，毛泽东提出革命胜利以后，应建立"无产阶级领导的以工农联盟为主体的人民民主专政的共和国"。①1949 年 9 月召开的中国人民政治协商会议第一次全体会议通过《共同纲领》，把人民民主专政作为中华人民共和国的国体正式确定下来。

人民民主专政的国家政权是以工人阶级为领导的，这是由中国工人阶级的性质和历史使命所决定的。工人阶级是先进生产力的代表，具有严密的组织纪律性，富于革命的彻底性。我国工人阶级除具有工人阶级的一般特征外，还有与农民具有天然联系，便于结成联盟的独特优点。

人民民主专政的阶级基础是工农联盟。马克思在总结巴黎公社经验时指出，公社失败的重要原因之一就是没有得到巴黎城外的农民的援助。毛泽东也指出，"人民民主专政的基础是工人阶级、农民阶级和城市小资产阶级的联盟，而主要是工人阶级和农民的联盟，因为这两个阶级占了中国人口的百分之八十到九十。推翻帝国主义和国民党反动派，主要依靠这两个阶级的力量。由新民主主义到社会主义，主要依靠这两个阶级的联盟"。② 我国是一个农业人口占绝大多数的国家，农民问题始终是中国革命和建设事业的根本问题。无产阶级能否取得国家政权以及取得政权后能否巩固其统治，关键是能否与农民阶级结成联盟，而中国工人阶级和农民阶级在根本利益上的一致性决定了建立工农联盟的可能性。

人民民主专政是对人民实行民主，对敌人实行专政的政权。世界上任何国家政权都是民主和专政的结合，包括对统治阶级内部实行民主和对敌对阶级实行专政两个方面的内容。而我国人民民主专政的特点就在于它使占社会绝大多数的工人阶级和广大劳动人民享有充分权利，而对极少数严重的犯罪分子实行专政。对人民实行民主就是要使人民成为国家的统治阶级，由人民按照有利于实现管理国家权利的原则组织国家政权，并依法享有广泛的民主权利和各种公民权利。对敌人实行专政，就是对作为人民对立面的那些敌视和破坏我国社会主义制度和人民民主专政国家政权的敌对势力和敌对分子

---

① 《毛泽东选集》第四卷，人民出版社 1991 年版，第 1375 页。
② 《毛泽东选集》第四卷，人民出版社 1991 年版，第 1478—1479 页。

实行专政，一方面依法限制他们的权利，另一方面对他们的违法犯罪行为予以打击和制裁。民主和专政之间是对立统一的关系，对统治阶级内部的民主是实现对敌对阶级专政的前提和基础，而对敌对阶级的专政则是对统治阶级内部实行民主的保障。

关于政体内容，在《共同纲领》的第12条和第15条规定："中华人民共和国的国家政权属于人民，人民行使国家政权的机关为各级人民代表大会和各级人民政府。各级人民代表大会由人民用普选方法产生之，各级人民代表大会选举各级人民政府。各级人民代表大会闭会期间，各级人民政府为行使各级政权的机关。""各级政权机关一律实行民主集中制。其主要原则为：人民代表大会向人民负责并报告工作。人民政府委员会向人民代表大会负责并报告工作。在人民代表大会和人民政府委员会内，实行少数服从多数的制度。各下级人民政府均由上级人民政府加委并服从上级人民政府。全国各地方人民政府均服从中央人民政府。"

人民代表大会制度完全不同于旧民主的议会制度，也不同于苏联的苏维埃制度。它是在参考外国宪政历史，总结革命根据地宪政建设经验的基础上形成和发展起来的。其既适应了中国国情，又表现出了广泛的民主。

人民代表大会制度明确了我国国家权力的归属，体现了主权在民原则。《共同纲领》规定我国的国家政权属于人民，人民行使国家权力的机关为各级人民代表大会和各级人民政府。各级人民代表大会只有由人民依法选举产生，代表机关才代表人民行使国家权力，而《共同纲领》中明确规定各级人民代表大会由人民普选产生。所以，人民代表大会制度体现了主权在民的原则。

人民代表大会制度明确了国家权力在人民代表大会与同级其他国家机关间的配置原则。一方面，人民代表大会统一行使属于人民的国家权力；另一方面，人民代表大会产生同级其他国家机关，行使人民代表大会通过宪法和法律赋予的特定范围内的职权。

通过以上的权力配置，我国形成了以人民代表大会为核心的国家机关关系体系，特别是权力机关与同级其他国家机关之间关系的准则，即权力机关产生同级其他国家机关，听取其相关工作的报告，并进行权力监督。

根据上面的分析，《共同纲领》中的人民代表大会制度可以归纳为：人民代表大会制度是指人民依法选举人民代表组成全国人民代表大会和地方各级人民代表大会作为国家的权力机关，再由各级权力机关产生同级其他国家机关，这些国家机关要对人民代表大会负责，并接受其监督的一种国家政权组织形式。

人民民主专政是马克思主义国家理论同中国社会的实际相结合的产物，它比无产阶级专政的提法更符合我国革命和政权建设的历史和现实状况，人民民主专政发展了马克思列宁主义关于无产阶级专政的理论，同无产阶级专政的提法相比，其更直观地反映了我国政权对人民民主和对敌人专政的两个方面。

人民代表大会制度便于人民参加国家管理，便于人民集中统一地行使国家权力，也能在保证中央的统一领导下发挥地方的主动性和积极性。

### 3. 规定公民的基本权利和自由及义务

《共同纲领》规定了公民所享有的某些权利和自由，将其中的基本权利加以分类，具体如下：[①]

政治类权利：(1) 选举权与被选举权。《共同纲领》第 4 条规定："中华人民共和国人民依法有选举权和被选举权。"(2) 其他政治权利。《共同纲领》第 5 条规定："中华人民共和国人民有思想、言论、出版、集会、结社、通讯、人身、居住、迁徙、宗教信仰及示威游行的自由权。"

平等权：(1) 男女平等权。《共同纲领》第 6 条规定："中华人民共和国废除束缚妇女的封建制度。妇女在政治的、经济的、文化教育的、社会的生活各方面，均有与男子平等的权利。实行男女婚姻自由。"(2) 民族平等权。《共同纲领》第 9 条规定："中华人民共和国境内各民族，均有平等的权利和义务。"第 50 条规定："中华人民共和国境内各民族一律平等，实行团结互助，反对帝国主义和各民族内部的人民公敌，使中华人民共和国成为各民族友爱合作的大家庭。反对大民族主义和狭隘民族主义，禁止民族间的歧视、

---

[①]　参见朱应平：《新中国成立以来我国宪法基本权利的变迁及评析》，《法制现代化研究》（第十卷）2006 年第 11 期。

压迫和分裂各民族团结的行为。"第52条规定："中华人民共和国境内各少数民族，均有按照统一的国家军事制度，参加人民解放军及组织地方人民公安部队的权利。"第53条规定："各少数民族均有发展其语言文字、保持或改革其风俗习惯及宗教信仰的自由。人民政府应帮助各少数民族的人民大众发展其政治、经济、文化、教育的建设事业。"

监督权：《共同纲领》第19条规定："在县市以上的各级人民政府内，设人民监察机关，以监督各级国家机关和各种公务人员是否履行其职责，并纠举其中之违法失职的机关和人员。人民和人民团体有权向人民监察机关或人民司法机关控告任何国家机关和任何公务人员的违法失职行为。"

文化自由和权利：《共同纲领》第49条规定："保护报道真实新闻的自由。禁止利用新闻以进行诽谤，破坏国家人民的利益和煽动世界战争。发展人民广播事业。发展人民出版事业，并注重出版有益于人民的通俗书报。"

保护华侨的正当权益：《共同纲领》第58条规定："中华人民共和国中央人民政府应尽力保护国外华侨的正当权益。"保护守法的外国侨民的合法权益。第59条规定："中华人民共和国人民政府保护守法的外国侨民。"保护外国人的合法权益。第60条规定："中华人民共和国对于外国人民因拥护人民利益参加和平民主斗争受其本国政府压迫而避难于中国境内者，应予以居留权。"

《共同纲领》中关于义务规范的相关规定虽然只有第8条，但内容也基本齐全："中华人民共和国国民均有保卫祖国、遵守法律、遵守劳动纪律、爱护公共财产、应征公役兵役和缴纳赋税的义务。"不仅有"遵守法律"、"应征公役兵役和缴纳赋税"这样的宪法义务，而且还有"遵守劳动纪律、爱护公共财产"这样的道德义务。

总体而言，《共同纲领》没有使用"公民"一词，而是使用了"国民"一词，也没有专章规定"公民的基本权利"，而是将一些基本权利规定在"总纲"部分。仅就公民的基本权利而言，《共同纲领》是以列举的方式确认了公民的选举权和被选举权，思想、言论、出版、集会、结社、通信、人身、居住、迁徙、宗教信仰及示威游行的自由权。

应该说，《共同纲领》确认的这些公民权利都是极为重要的。从中国立宪史的角度来说，以临时宪法的方式规范公民权利是宪法文本的进步。比如，对迁徙权的肯定就是具有前瞻性的规定。与此同时，我们还应看到，《共同纲领》规范公民权利方面还存在着诸多缺漏。例如，在内容上，以肯定列举方式规定公民权，使得公民权利相对不完整；忽略权利救济方式，而救济方式是实现宪法权利的关键。① 但是，这些不完善的存在是当时具体的历史条件决定的，由于当时民主革命的任务尚未彻底完成，遭受严重破坏的国民经济尚未恢复，公民享有的权利和自由还不够全面，物质保障也很不充分，公民的权利和自由还需要在不断发展生产和增加物质财富的基础上逐步予以扩大和提高。

宪法对公民的基本权利予以规定并进行保障的意义之一在于对国家权力进行强有力的控制，这也是宪法关系的基本精神所在。从根本上讲，这是由宪法国家中人民的主权者地位决定的。首先，从权力的运作特点来看，权力运行既会为他人和社会带来利益，也可能对他人和社会造成危害，而无规则无秩序的权力运行，对他人或社会造成危害的可能性极大，权力的负面效应一旦产生，就会严重侵害公民权利和社会利益。因此，宪政社会必须对权力进行有效的制约。其次，从权利地位来看，宪政社会确定了人民是国家主权的所有者，而人民的主权者地位又常常以公民权利在社会中的地位表现。只有切实保护和实现公民的各项权利，人民主权的实现才具备基本条件，而政治社会中最可能对公民权利造成重大侵害的就是国家权力。所以，以公民权利制约国家权力，是宪法关系得以稳定有序发展，实现人民主权价值的最佳途径。最后，公民权利对国家权力的制约状况，决定着宪法关系和宪政社会的发展程度。从理论上讲，在社会物质条件许可的条件下，公民权利对国家权力进行制约的范围越广，程度越深，一国的宪政和宪法关系就越发达；权利制约权力的政治社会机制越完善，宪法关系的内部结构和外在形式就越巩固，其运行也就越稳定和有序。相反，在国家权力占优势地位的条件下，宪法关系的发展就不完善和不健全；权力越是脱离权利的控制，宪法关系的结构就越是不平衡，在实践中也就难以体现宪政社会的基本价值。

---

① 　参见秋风：《立宪的技艺》，北京大学出版社 2005 年版，第 220 页。

宪法对公民基本义务予以规定的意义之二在于为基本权利的实现提供支撑。

从对公民的基本权利的物质保障的角度分析，基本权利的实现需要一定的物质保障，基本义务的履行，尤其是纳税义务的履行，为公民的基本权利的实现提供了物质保障。

从对公民的基本权利的立法、司法和行政制度保障的角度分析，对公民的基本权利的制度保障是一个涉及多个领域的系统工程。首先是立法制度保障，通过立法，制定一系列的实体的和程序的法律和法规，将公民的基本义务予以具体化。其次是行政制度保障，通过行政立法和行政执法，防止其他主体侵害公民的基本权利，同时也积极地为公民的基本权利的实现创造条件。再次是司法制度保障，司法制度是对权利的救济，其功能在于使受到侵害的权利得以复位或补偿。司法制度保障对于基本权利的保障而言，具有终极性、中立性、判断性、消极性、程序性和审查性，法官根据法律对案件的判决以及处理的结果具有法律效力。无论立法制度保障、司法制度保障，还是行政制度保障，均以国家的存在为前提。而国家的存在离不开基本义务的履行，尤其是纳税义务和服兵役义务的履行。

基本义务并不代表对基本权利的压制和侵害，相反，基本义务的良好履行是基本权利保障的基础和前提。基本义务的存在与尊重和保障人权的宪政精神是一致的。

4. 确立新民主主义的国家机构

在"政权机关"一章中，《共同纲领》确认了国家政权的归属、国家权力机关的组成、产生方式、组织原则，明确了政治协商会议的性质、组成及其职能，以及监察机关的设立与职能，规定了实行普选的条件，确定了中央与地方机关权限的划分原则。

第12条明确了国家政权的归属，即"中华人民共和国的国家政权属于人民"，还规定："人民行使国家政权的机关为各级人民代表大会和各级人民政府。各级人民代表大会由人民用普选方法产生。各级人民代表大会选举各级人民政府。各级人民代表大会闭会期间，各级人民政府为行使各级政权的机关"。"国家最高政权机关为全国人民代表大会，全国人民代表大会闭会期间，中央人民政府为行使国家政权的最高机关。"

第13条规定了政治协商会议的性质、组成以及职能，政治协商会议的性质是"中国人民政治协商会议为人民民主统一战线的组织形式"。由政协会议行使国家权力是一种过渡形态，其组织成分"应包含有工人阶级、农民阶级、革命军人、知识分子、小资产阶级、民族资产阶级、少数民族、国外华侨及其他爱国民主分子的代表"。它具有以下职能：（1）在普选的全国人民代表大会召开以前，由中国人民政治协商会议的全体会议执行全国人民代表大会的职权，制定中华人民共和国中央人民政府组织法，选举中华人民共和国中央人民政府委员会，并付之以行使国家权力的职权。（2）在普选的全国人民代表大会召开以后，中国人民政治协商会议得就有关国家建设事业的根本大计及其他重要措施，向全国人民代表大会或中央人民政府提出建议案。

第14条规定了地方人大的职权以及实行全国普选的条件。在普选的地方人民代表大会召开以前，由地方各界人民代表大会会议逐步地代行人民代表大会的职权。规定："凡在军事行动已经完全结束，土地改革已经彻底实现、各界人民已有充分组织的地方，即应实行普选，召开地方的人民代表大会。"从中可以看出，实行普选至少需要有"军事行动完全结束""土地改革彻底实现""充分的组织准备"三方面的条件。

第15条确认了国家权力机关的组织原则，"各级政权机关一律实行民主集中制"。并规定国家机关内部的责任机制，确立了人民代表大会向人民负责并报告；人民政府委员会向人民代表大会负责并报告；下级服从上级国家机关；地方人民政府均服从中央人民政府的责任机制。第16条规定了中央与地方政府职权划分的原则，即"各项事务的性质，由中央人民政府委员会以法令加以规定，使之既利于国家统一，又利于因地制宜"的原则。

第17条规定了对于国民党的旧法统一采取彻底废除的原则，废除了"国民党反动政府一切压迫人民的法律、法令和司法制度，制定保护人民的法律、法令，建立人民司法制度"。

第18条确立了国家机关"厉行廉洁、朴素、为人民服务"的工作作风，"严惩贪污，禁止浪费，反对脱离人民群众的官僚主义作风"。

第 19 条规定了监察机关的设置与职能。"在县市以上的各级人民政府内，设人民监察机关，以监督各级国家机关和各种公务人员是否履行其职责，并纠举其中之违法失职的机关和人员。人民和人民团体有权向人民监察机关或人民司法机关控告任何国家机关和任何公务人员的违法失职行为。"

虽然《共同纲领》第 2 章"政权机关"的规定没有使用后来我国各部宪法上的"国家机构"的名称，其中"人民政府""中央人民政府"的含义与各部宪法上同一概念的含义不相同，但该章"政权机关"与第 3 章"军事制度"和第 6 章"民族政策"的有关内容一道对我国历部宪法有关国家机构的规定产生了重要的影响。①

新的各级人民政府，将中国共产党卓有成效的民主集中制和密切联系人民群众的优良传统贯彻到国家事务的管理中。共产党的干部和人民解放军在各项工作中表现出的全心全意为人民服务的作风、艰苦奋斗的精神和严密的组织，保证了中央政令在全国贯彻执行。这表明，新建立的中央人民政府，是中国历史上不曾有过的、真正在全国范围内有效行使权力的政府。

5. 确立军事制度

《共同纲领》对于军事制度的规定分别见于总纲和第 3 章军事制度的专章之中。

第 10 条规定了我国武装力量的基本性质，即"中华人民共和国的武装力量，即人民解放军、人民公安部队和人民警察，是属于人民的武力。其任务为保卫中国的独立和领土主权的完整，保卫中国人民的革命成果和一切合法权益。中华人民共和国中央人民政府应努力巩固和加强人民武装力量，使其能够有效地执行自己的任务"。条文确立了我国军事权力归属于人民，中华人民共和国的武装力量包括人民解放军、人民公安部队和人民警察。

第 20、21 条规定了军队的组成及基本制度，即"中华人民共和国建立统一的军队，即人民解放军和人民公安部队，受中央人民政府人民革命军事委员会统率，实行统一的指挥，统一的制度，统一的编制，统一的纪律"。"人民解放军和人民公安部队根据官兵一致、军民一致的原则，建立政治工

---

① 参见上官丕亮：《〈共同纲领〉对中国宪法的影响》，《公民与法》2010 年第 3 期。

作制度，以革命精神和爱国精神教育部队的指挥员和战斗员。"军事力量受中央人民政府人民革命军事委员会统率，人民革命军事委员会作为一个专门负责军事的国家机关而设立。

第22条规定了军队的军种及任务，即"中华人民共和国应加强现代化的陆军，并建设空军和海军，以巩固国防"。1949年7月26日，中央军委决定，以第14兵团机关为基础，组建空军领导机关。同年11月11日，中国人民解放军空军司令部在北京成立，刘亚楼任司令员，萧华任政治委员。空军正式成为人民解放军的一个军种；1949年12月，中央军委决定，以第12兵团机关和第四野战军后勤二分部各一部为基础，组建海军领导机关。1950年4月14日，中国人民解放军海军司令部在北京正式成立，萧劲光任司令员。从此，中国人民解放军又多了一个兵种。①

第23条提出实行民兵制度，并建议在适当的时机实行义务兵役制，作为国家武装力量的重要组成部分，它们是人民解放军、人民武装警察部队的助手，是一支重要的战略力量。"中华人民共和国实行民兵制度，保卫地方秩序，建立国家动员基础，并准备在适当时机实行义务兵役制。"

第24条规定了军队在和平时期对于国家建设工作的支持，"中华人民共和国的军队在和平时期，在不妨碍军事任务的条件下，应有计划地参加农业和工业的生产，帮助国家的建设工作"。

第25条规定了军人及其家属的优抚工作，即"革命烈士和革命军人的家属，其生活困难者应受国家和社会的优待。参加革命战争的残废军人和退伍军人，应由人民政府给以适当安置，使能谋生立业"。

对于《共同纲领》中规定的军事制度，值得注意的是，虽然文本未提及中国共产党对军队实行绝对领导的原则，但这却是我国军事制度贯彻始终的原则，也是我国军事领导体制的鲜明特色。

中国共产党在第一次国共合作时，由于受到党内投降主义错误思想的影响，并没有认识到独立领导军队对中国革命的极端重要性。1927年"四一二反革命政变"和大革命的失败，让年幼的中国共产党遭受重创，党

---

① 参见何明编：《建国大业》，人民出版社2009年版，第290—291页。

和革命的力量也遭遇空前浩劫。1927 年"八七会议"召开，中国共产党深刻反思了大革命失败的教训，确立了土地革命和武装反抗国民党反动派的方针。尤其是毛泽东提出"枪杆子里出政权"①的著名论断，标志着党对革命领导权和军队领导权的认识有了重大突破，为党独立领导建立人民军队的实践提供了理论指导。

1927 年 8 月 1 日，南昌起义打响，党开始了独立领导军队，开展武装斗争的伟大革命实践。南昌起义由此成为我党建军的历史起点，也成为党探索独立领导革命军队规律和制度的崭新开端。

1927 年 9 月底，秋收起义部队来到江西永新县三湾村。针对当时部队思想混乱，组织涣散的状况，毛泽东在这里主持了著名的"三湾改编"，确定在营、团设立党委，实行党的书记兼任同级党代表的新的党代表制度，规定各级党委对部队实施全面领导，一切重大问题，都要经过党委集体讨论决定，并独创性地确立了"支部建在连上"的制度。"三湾改编"使党对军队的领导在基层站住了脚、扎下了根，形成了区别于国民革命军和苏联红军的独特的军事领导体制，解决了军队建设中的根本性和全局性的问题，从政治上、组织上奠定了新型的人民军队的基础。

1928 年 4 月下旬，朱德、毛泽东率领的南昌起义和秋收起义部队余部在井冈山胜利会师，会师部队经过改编，组成红四军。为了加强党的领导，红四军成立不久便召开了第一次党的代表大会，选举成立军党委，同时在各师、团成立党委，营、连成立支部，各级党代表兼任书记。但是，由于红四军主要由旧军人、农民和游民无产者组成，部队内部单纯军事主义观点、极端民主化、非组织观点等各种非无产阶级思想严重，随之产生了部队应当归党领导还是归个人领导的激烈争论。毛泽东在谈到红四军党内的争论时曾提到："个人领导与党领导是红四军的主要问题。"②1929 年 6 月 22 日，陈毅主持召开红四军第七次党代表大会，会上争执激烈，毛泽东坚持党对军队领导的意见未被采纳，会后被迫离开红四军主要领导岗位。此后，陈毅赴上海向

---

① 《毛泽东选集》第二卷，人民出版社 1991 年版，第 547 页。
② 参见王健英：《"朱毛红军"历史追踪》，广东人民出版社 2000 年版，第 42 页。

中央汇报工作，于 10 月带回中央的"九月来信"。"九月来信"支持了毛泽东的正确意见，肯定了党领导军队的思想，为古田会议的召开奠定了基础。

1929 年 12 月，红四军第九次党代表大会在福建上杭古田村召开。古田会议，通过了毛泽东起草的《古田会议决议》这一纲领性文件，从理论上阐明了党对军队绝对领导的原则，确立了从政治上、思想上和组织上建军的一些原则和制度。决议规定：一切工作在党的讨论和决议之后，再经过群众去执行；在军队中建立"党的领导中枢"，重大问题经党委会讨论，一成决议就须坚决执行；加强思想领导，对党员进行正确的路线教育等。古田会议决议的形成，标志着党初步建立起了领导军队的新制度，解决了如何把以农民和小资产阶级为主要成分的军队改造和建设成为一支新型人民军队的基本问题，具有划时代的伟大意义。

古田会议虽然确定了我们党领导军队的新制度，但并不意味着这套制度就此定型、获得巩固。1931 年后，王明打着共产国际的旗号，错误地推行"左"倾教条主义路线，一味照搬苏联红军的经验，以政治委员"一长制"代替了"党委制"，严重破坏了很不容易才建立起的、完全符合中国革命实际的党对军队集体领导的原则。由政治委员一个人说了算，缺乏相应的内部监督机制，使党指导武装斗争发生了一系列偏差，导致红军第五次反"围剿"失败，被迫进行长征。直至遵义会议，解决了红军的军事路线和组织路线错误问题，毛泽东重新回到主要领导岗位后，这一错误才得以逐步纠正，党对军队的集体领导才逐步得到恢复。遵义会议后党和红军摆脱了空前危机，完成了艰苦卓绝的长征路程，实现了新的转机和发展，这与恢复了党对军队的集体领导制度是密不可分的。

抗日战争期间，国共两党结成抗日民族统一战线，红军改编为八路军和新四军。改编过程中，蒋介石提出不设总司令部，把政治部改为政治训练处，政治训练处主任由国民党派人担任，向各师派出参谋长，从师至连专人担任，企图以此削弱我党对军队的领导。对此，我们党与蒋介石集团进行了针锋相对的斗争，在八路军和新四军中成立军委分会，在团以上单位先后设立各级军政委员会，并于 1937 年 10 月成立总政治部，恢复了在国民党无理要求下一度取消的政治委员和政治部制度，坚持了党对军队的领导，坚持了党在抗日民族统一战线中的独立自主地位。同年 12 月，王明从苏联回到延安后，在中央政治局会议上错误地提出"一切经过统一战线""一切服从统一战线"的主张。针对王明的右倾错误，党内展开了积极地斗争。毛泽东一针见血地指出，我们的原则是党指挥枪，而决不容许枪指挥党。"共产党员不争个人的兵权（决不能争，再也不要学张国焘），但要争党的兵权，要争人民的兵权。现在是民族抗战，还要争民族的兵权。在兵权问题上患幼稚病，必定得不到一点东西。"① 正是在这一正确思想的指导下，党才能结合全民族抗战的需要和实际，不断恢复和完善党对军队的领导制度，探索其实现的具体方式和途径，使党绝对领导军队的制度得到巩固、发展，有力地保证了全民族抗战的胜利。

抗战胜利后，中国面临两个命运、两种前途的挑战。为了适应革命形势发展要求，党的七大以后，恢复军队中党委制的工作初步展开。1947 年 2 月，中共中央颁发《关于恢复军队中各级党委制的指示》，全军团以上各级党委会普遍恢复和健全起来。② 同年 7 月，总政治部颁布了《中国人民解放军党委员会条例草案》，这是我军第一部关于党委工作的规章。1948 年，中共中央相继发出《关于建立报告制度》《关于健全党委制》等文件，强调加强党对军队的集中统一领导。所有这些，促使党对军队绝对领导的制度得到进一步发展和完善。

中华人民共和国成立后，我军的任务和面临的环境发生了历史性变化。进入社会主义革命和建设时期，还要不要坚持党对军队的绝对领导及其一系列原则和制度，是坚持党的集体领导还是仿照苏联实行"一长制"，一些同志曾一度产生了困惑。但经过教育，绝大部分人清醒地认识到，我军是无产阶级暴力的工具，无条件接受中国共产党的直接支配和领导，是保证革命事业胜利、保证军队现代化建设获得成功的必然要求。军队的建设永远离不开党的领导。

回顾中国特色基本军事制度形成发展的历史，我们可以感受到，这套

---

① 《毛泽东选集》第二卷，人民出版社 1991 年版，第 546 页。
② 参见李吾书、沈国权：《党对军队绝对领导的根本组织保证——我军党委制的历史考察及其启示》，《军事历史研究》2007 年第 3 期。

制度，并不是与生俱来的，而是党在战火纷飞的年代付出惨痛代价，历经多次挫折总结出来的；这套制度，也不是对外国经验的照搬照抄，而是孕育于中国特有的斗争环境，遵循中国历史发展的根本逻辑形成的。

《共同纲领》中对于军事制度的规定的意义在于：（1）遵从了我国当时统治阶级的利益和意志。各个国家的军事制度都反映和维护统治阶级的利益，体现统治阶级的意志，服从并服务于统治阶级的政治目的。不论军事组织制度或者军事工作制度，在本质上都是为了保证各种武装组织，特别是军队的领导权，牢牢掌握在统治阶级的手里，按统治阶级的利益和意志行事。同时，不同阶级所奉行的哲学思想为制定军事制度提供世界观和方法论的指导，道德、宗教、法律也程度不同地影响着军事制度。中华人民共和国在制定和改革军事制度中，始终坚持以马克思列宁主义、毛泽东思想为指导，坚持无产阶级性质和社会主义方向，坚持国家和人民的利益，形成具有中国特色的军事制度。（2）是对以往军事实践和军事理论的总结。军事制度的建立和变革，是为了准备、实施和赢得战争，维护国家安全。经过军事实践特别是战争实践的检验，凡适应战争要求的制度就保留和发展，不适应的就废止。依据国家过往的历史经验特别是战争的经验，通过总结和论证来发展军事理论，制定和推行适应未来战争需要的军事制度。（3）满足军事制度自身不断提高法律化、规范化的要求。随着政治、经济、科学技术、武器装备和现代战争的发展，各国都在不断革新军事制度。军事力量作为综合国力较量的一部分，科学的军事制度必不可少，为此，我国的军事制度也应与时俱进，提高自身法律化与规范化。

6. 确立新民主主义的经济政策

总共60条的《共同纲领》用了15个条款，从新中国经济建设的方针、新民主主义经济成分及其相互关系等方面，对国家的"经济政策"做了专门的规定。具体条文中体现为，第33条要求中央政府积极发挥作用，发展经济。第26条确定了新中国经济建设的根本方针，即"以公私兼顾、劳资两利、城乡互助、内外交流的政策，达到发展生产、繁荣经济之目的"。第27条明确指出土地改革的必要性以及土改的政策。第28条到第31条，对不同成分的经济性质及国家对其不同的政策进行了规定。第32条初步确立了劳动关系法律制度。第 34 条到第 36 条分别规定了农林牧副渔业、工业与交通事业的发展政策。第 37 条到第 40 条分别确立了商业、合作经济、金融和财政的发展政策。通过这些经济政策，政府逐步将生产资料集中到国家手中，建立起国营经济，同时对剥削制度实行和平的消灭，使得生产得以发展，社会财富明显增加。

周恩来在解释新民主主义经济政策时明确指出，这一政策的"基本精神是照顾四面八方，就是实行公私兼顾、劳资两利、城乡互助、内外交流的政策，以达到发展生产繁荣经济的目的"①，即调动一切可以调动的因素，来促进经济的恢复发展。

首先，《共同纲领》规定，没收官僚资本归人民的国家所有，发展社会主义性质的国营经济，在新民主主义五种经济的构成中，国营经济是领导成分。新中国的国营经济，主要是通过没收官僚资本归新民主主义的国家所有建立起来的，这项工作早在解放战争后期接管城市的斗争中，就已经着手进行了，它是新民主主义经济政策的核心，是改变半殖民地半封建社会的经济结构为新民主主义经济结构的基础。旧中国现代工业产值在国民经济中所占的比重虽然只占百分之十左右，但它相当集中，其中大部分是掌握在以蒋、宋、孔、陈四大家族为代表的官僚资本手中。这个官僚资本，垄断了全国的经济命脉。正如毛泽东指出的，"这个垄断资本，和国家政权结合在一起，成为国家垄断资本主义。这个垄断资本主义，同外国帝国主义、本国地主阶级和旧式富农密切地结合着，成为买办的封建的国家垄断资本主义。这就是蒋介石反动政权的经济基础。"② 因此，在民主革命胜利后，没收中国官僚资本便具有了两重性质：从消灭它的买办性和封建性来看，是完成民主革命的任务，这是主要的；从消灭垄断资本主义经济来看，则兼有向社会主义革命转变的性质。对于官僚资本的界定、没收范围以及判断标准，中央人民政府政务院作了明确的规定：凡属于国民党反动派统治时期，依仗统治特权及豪门势力而获得或侵占的官僚资本企业（包括银行、工厂、矿山、船舶、商店

---

① 《建国以来重要文献选编》第 1 册，中央文献出版社 1992 年版，第 18 页。
② 《毛泽东选集》第四卷，人民出版社 1991 年版，第 1253 页。

等）及财产，应收为国家所有。我国官僚资本企业中，除了作为主体的国家垄断资本外，还有一部分私人资本，而在一些私人企业中又隐藏着官僚资本，情况十分复杂。关于没收资本企业的办法，中共中央总结和推广了沈阳城市接管的经验，即按照"各按系统，自上而下，原封不动，先接后分"的原则有条不紊地进行接管工作，由于方针政策明确清楚，全国解放前后没收官僚资本的工作进展顺利，基本保证了企业生产系统和技术部门的完整性，接收后能迅速恢复正常运转，总的来说，接管工作是顺利有序的。人民政府在没收官僚资本以后，接着就在企业内部恢复生产，并发动群众进行民主改革和生产改革，建立民主管理制度，将官僚资本统治的旧企业转变为人民民主国家的国有企业，新中国的国营经济得以发展壮大。《共同纲领》第 28 条明确规定，"国营经济为社会主义性质的经济。凡属有关国家经济命脉和足以操纵国民生计的事业，均由国家统一经营。凡属国有的资源和企业，均为全体人民的公共财产，为人民共和国发展生产、繁荣经济的主要物质基础和整个社会经济的领导力量"。中华人民共和国的国营经济实质上是社会主义全民所有制的经济，《共同纲领》这个规定，使国营经济在整个国民经济中居于绝对的、强有力的领导和支配的地位。而且，无产阶级对于国家政权的领导与国家经济命脉密切的掌握结合，使原来受官僚资本主义严重束缚的生产力得到了解放，使中国工人阶级和广大劳动人民不仅在政治上，而且在经济上也当家做了主人。因此，这项基本政策必然会调动全体工人阶级和广大劳动人民建设新中国的积极性，为新民主主义经济体制（在国营经济领导下，多种经济成分并存，计划管理与市场调节相结合）的确立，也为顺利向社会主义过渡奠定最主要的物质基础。

其次，《共同纲领》第 3 条规定：中华人民共和国必须"有步骤地将封建半封建的土地所有制改变为农民的土地所有制"。"在一切已经彻底实现土地改革的地区，人民政府应组织农民及一切可以从事农业的劳动力以发展农业生产及其副业为中心任务，并应引导农民逐步地按照自愿和互利的原则，组织各种形式的劳动互助和生产合作。"这是改变半殖民地半封建社会的经济结构为新民主主义经济结构的另一方面的基本政策，是新民主主义经济政策的有机组成部分。实行土地改革，是为实现农业社会主义改造创造必要前

提。只有通过土地改革，调动占全国人口 80% 的农民的生产积极性，促进
整个社会经济的发展。广大农村在生产发展的基础上产生了互助合作的客观
需要，农民认识到个体经济的局限性，看到了合作社经济的优越性，党又提
出适合当时农村生产力发展状况、切实注意保护农民经济利益的具体政策，
正确领导并大力扶助农业互助合作运动的发展，这样农民才有可能逐步摆脱
小生产所有制和私有观念的束缚，按照自愿和互利的原则，逐步走上合作化
的道路。

最后，《共同纲领》第 30 条、第 31 条规定："凡有利于国计民生的私营
经济事业，人民政府应鼓励其经营的积极性，并扶助其发展。""在必要和可
能的条件下，应鼓励私人资本向国家资本主义方向发展，例如为国家企业加
工，或与国家合营……"这是改变半殖民地半封建社会的经济结构为新民主
主义经济结构的另一项基本政策，是新民主主义经济政策另一个重要的有机
组成部分。中华人民共和国在由新民主主义社会进入社会主义社会途中，必
须鼓励私营经济的发展。这是恢复和发展国民经济的迫切需要。我党要在一
个半殖民地半封建社会的废墟上建设社会主义，需要调动一切可能调动的积
极因素，而私人资本主义经济在当时的社会经济生活中又占有重要的地位，
是可利用的一个重要的积极因素。为了在中国实现社会主义，不能让私人资
本主义自由泛滥，必须在利用它的同时，避免它对国计民生可能产生的消极
影响。这样就确立了新民主主义的经济体制，即在国营经济领导下多种经济
成分并存，计划管理与市场调节相结合的经济体制，也为我国社会主义市场
经济体制奠定了基础。

7. 确立新民主主义的文化教育政策

中华人民共和国成立后，旧的文化教育事业已经远远不能适应新社会
的需要，旧有的文化教育事业存在诸多缺陷，如文盲率高、基础教育落后，
现代教育尤其是高等教育曾深深受帝国主义控制，教育思想中充斥着买办西
化内容，学校的地理分布毫无计划，政治、文学等人文学科的研究过度膨
胀，忽视科学技术等问题，导致教育的发展与社会的发展相脱节。文化教育
是一个国家、一个民族核心竞争力的关键，作为国家基本法的宪法，理应对
其加以规定。

中华人民共和国成立初期，在"新民主主义文化教育方针"的指导下，通过改造旧的文教事业，如接管与改造全部学校，建立新学制和大学院系调整；改造知识分子，如"脱裤子割尾巴"，放映批判电影等方式逐步改造旧的文化教育政策，使新民主主义文化教育呈现欣欣向荣景象。《共同纲领》共用了9个条款，对"文化教育政策"做了专门规定。第41条到第42条规定了新中国发展文化教育的基本发展，即"为新民主主义的，即民族的、科学的、大众的文化教育"。第43条到第45条规定了文化教育的功能，即"服务于工业农业和国防的建设"，"研究和解释历史、经济、政治、文化及国际事务"，"启发人民的政治觉悟，鼓励人们的劳动热情"。第46条表明了中华人民的教育方法为"理论与实际一致"。[①] 第47条到第49条规定了政府发展文化教育的职责，即"有计划有步骤的进行普及教育，加强中等教育和高等教育，注重技术教育，加强劳动者的业余教育和在职干部教育，给青年知识分子和旧知识分子以革命的政治教育，以应革命工作和国家建设工作的广泛需要"。"提倡国民教育，推广卫生医疗事业，并注意保护母亲、婴儿和儿童的健康。""保护报道真实新闻的自由。禁止利用新闻以进行诽谤，破坏国家人民的利益以煽动世界战争。发展人民广播事业。发展人民出版事业，并注重出版有益于人民的通俗书报。"

毛泽东是从建立一个新民主主义国家的大目标出发来论述文化教育问题的。他指出，新民主主义的文化教育纲领是由新民主主义革命的性质和特点决定，并为新民主主义政治经济服务的。中国新民主主义政治、经济的目标是要把一个受压迫、受剥削的旧中国，变成为一个自由的、繁荣的新中国。因此，中国新民主主义的文化教育目标是要把一个被旧文化统治而愚昧落后的中国，变为一个被新文化统治而文明先进的中国。新民主主义文化教育的任务是建立以无产阶级社会主义思想为领导的人民人众反帝反封建的、民族的、科学的、人民大众的新文化和新教育。新民主主义的文化教育具有三大特性，即民族性、科学性和大众性。

---

① 　参见周叶中、江国华：《在曲折中前进——中国社会主义立宪评论》，武汉大学出版社2010年版，第297页。

　　所谓民族性"是反对帝国主义压迫，主张中华民族的尊严和独立"①，但这并不意味着对外来文化的排斥，而是把外来文化与中国传统文化结合起来，通过独特的民族形式表现出来，要具有中国气派和中国作风，为广大人民喜闻乐见。例如，对于马克思主义这种外来的新文化，就要使它同中国革命的具体实践相结合。

　　所谓科学性"是反对一切封建思想和迷信思想，主张实事求是，主张客观真理，主张理论和实践一致"②。以科学的态度，即实事求是的态度对待中国的文化遗产。我们必须承认，中国在长期封建社会时期创造了灿烂的古代文化。中国现时的新政治新经济是从古代的旧政治旧经济发展而来的，中国现时的新文化也是从古代的旧文化发展而来，因此，我们必须尊重历史，决不能割断历史。但是这种尊重，是给历史以一定的科学地位，是尊重历史的辩证法的发展，而不是颂古非今，不是赞扬任何封建的毒素。

　　所谓大众性即主张文化教育的民主化。这种文化和教育"应为全民族中百分之九十以上的工农劳苦民众服务，并逐渐成为他们的文化"③，或者说文化教育是人民大众应该享受的权利，而不能只是地主阶级和资产阶级的特权。在发展文化教育事业时，必须解决好普及与提高的关系。从中国广大群众文化教育落后的现状出发，要从扫除文盲做起，不断提高解放区广大工人、农民、士兵的觉悟，使新民主主义文化教育成为广大人民群众掌握的革命武器。为此，语言必须接近民众，文字必须进行改革。同时，要培养大批工作干部和各类知识分子干部，包括教育家、科学家、工程师、医生、艺术家、新闻出版家和普通文化工作者。广大的革命知识分子是国家和社会的宝贵财富，他们对于中国人民解放事业起着重要的作用，应该受到尊重，并注意团结和教育一切于人民有益的知识分子，使他们为人民服务。最终目标是建立中华民族的新文化和新教育，提高全民族的文化素质和教育水平。

　　同时，新民主主义文化教育与政治、经济也存在密切的关系。毛泽东指出"一定的文化（当作观念形态的文化）是一定社会的政治和经济的反映，

① 《毛泽东选集》第二卷，人民出版社 1991 年版，第 706 页。
② 《毛泽东选集》第二卷，人民出版社 1991 年版，第 707 页。
③ 《毛泽东选集》第二卷，人民出版社 1991 年版，第 708 页。

又给予伟大的影响和作用于一定社会的政治和经济；而经济是基础，政治则是经济的集中的表现"。"一定形态的政治和经济是首先决定那一定形态的文化的；然后，那一定形态的文化又才给予影响和作用于一定形态的政治和经济。"① 我国新民主主义的文化教育政策对于经济政治的繁荣亦有促进作用。

### 8. 确立民族政策

我国民族区域自治制度的确立有其深刻的历史和现实原因。周恩来曾反复强调"我们是根据中国民族历史的发展、经济的发展和革命的发展，采取了最适当的民族区域自治政策，而不采取民族共和国的制度。中华人民共和国是单一体的多民族国家，而不是联邦国家，也无法采取联邦制度"。"我们采取民族区域自治政策，是为了经过民族合作、民族互助，求得共同的发展、共同的繁荣。中国的民族宜和不宜分。"② 《共同纲领》用了 4 个条款对国家民族政策做了专门的规定。

第 50 条确定了民族平等的原则。规定"中华人民共和国境内各民族一律平等，实行团结互助，反对帝国主义和各民族内部的人民公敌，使中华人民共和国成为各民族友爱合作的大家庭。反对大民族主义和民族狭隘主义，禁止民族间的歧视、压迫和分裂各民族团结的行为"。第 51 条到第 53 条确立了民族区域自治制度的基本框架。规定"各少数民族聚居的地区，应实行民族的区域自治，按照民族聚居的人口多少和区域大小，分别建立各种民族自治机关。凡各民族杂居的地方及民族自治区内，各民族在当地政权机关中均应有相当名额的代表"。"中华人民共和国境内各少数民族，均有按照统一的国家军事制度，参加人民解放军及组织地方人民公安部队的权利。""各少数民族均有发展其语言文字、保持或改革其风俗习惯及宗教信仰的自由。人民政府应帮助各少数民族的人民大众发展其政治、经济、文化、教育的建设事业。"

新中国成立后，中国共产党非常重视国内民族问题，把民族问题作为中国社会主义革命和建设总问题的一部分，并且把马列主义的民族问题理

---

① 《毛泽东选集》第二卷，人民出版社 1991 年版，第 663—664 页。
② 《周恩来选集》下卷，人民出版社 1984 年版，第 261 页。

论同中国的实际相结合，坚持和发展了党在新民主主义革命时期的民族纲领，制定和实施了一系列解决新中国民族问题的民族政策，成功地走出了一条在社会主义初级阶段解决国内民族问题的正确道路。主要包括：（1）少数民族政治政策。是指党和国家对少数民族在政治上享有的权利和义务所做的规定，以及为实现这些权利和履行这些义务所制定的特殊政策。（2）少数民族经济政策。是指党和国家对发展、扶持、帮助少数民族和民族地区发展经济实行的政策，是指导和影响我国少数民族和民族地区经济活动所规定并付诸实施的准则和措施，是宏观调控的手段。其根本目标是迅速改变少数民族和民族地区在经济发展上的落后状态，发展民族经济，使各民族共同发展繁荣。（3）少数民族文化政策。是指党和国家对保护、尊重各民族的文化，并帮助少数民族发展民族文化所实行的政策，其基本原则是坚持各民族文化共同发展繁荣的方针，并为促进各民族文化的发展和进步创造条件。（4）少数民族人口政策。是指国家调节、干预和指导少数民族人口发展的政策，目的是使少数民族和民族地区的人口生产和物质生产相适应，为民族地区现代化建设提供一个尽可能好的人口环境。

新中国的民族政策，是党和国家为解决民族问题，协调民族关系，把握民族发展方向，促进民族发展繁荣而制定的行动准则，是关于民族问题方面的各项措施和规定的总和，是新中国民族工作的指导方针。新中国民族政策的贯彻执行和适时调控，使我国走出了一条在社会主义现代化建设中促进了各民族的共同发展繁荣的、具有中国特色的解决民族问题的正确道路。其具有自己不同于其他民族政策的基本特点。

首先，其具有科学性和合理性。新中国民族政策的制定是以科学的马列主义关于民族和民族问题的基本原则为理论依据，以社会主义初级阶段中国自身的民族问题为事实依据，在总结、继承和发展了中国共产党在新民主主义革命时期的民族政策的基础上而制定的，同时，我党还分析、研究和借鉴了其他多民族国家处理民族问题的正反两方面的经验教训，从而使新中国民族政策本身具有科学性和合理性。一方面，科学地反映了民族问题发展变化的客观规律；另一方面，它又合理地反映了广大少数民族人民群众的愿望、利益和要求；同时，它在政策方案的具体性和明确性、执行的目标性和价值取向以及可操作性等方面都具有科学性和合理性。

其次，具有稳定性和可调适性。民族政策的运行，实质上是一个解决民族矛盾问题的过程，民族矛盾问题的处理和解决非一朝一夕所能完成，民族政策制定和执行都要经过一段相当长的时间和过程，保持民族政策的相对稳定性是民族政策良性循环的一个重要条件。同时，民族政策问题和政策环境经常处于发展变化之中，这就要求民族政策又必须具有可调适性，通过不断地补充、调适或修正其政策内容，以期获得较好的政策效果，这也是民族政策发展的必然要求。我们党和国家正确地处理了我国民族政策的稳定性和可调适性之间的辩证关系。一方面，在一定历史阶段，我国坚持长期稳定的民族政策，使新中国民族政策表现出在基本内容和实施过程中连续性的特点，使它与国家政治、经济和社会的稳定联系起来，大大提高了人民群众对政策的拥护和信心，有助于形成安定团结的局面，促进民族发展和民族问题的解决。另一方面，在坚持政策原则性的前提下，主动、灵活、适时地调整民族政策发展方向和政策措施，使之适应不断发展变化的社会环境和民族问题，新中国的民族政策也正是在不断的调适过程中，得到充实、完善、丰富和发展的。

再次，具有原则性和灵活性。政策的原则性是政策的基本要求，而任何政策在时间上、空间上都会有一定的局限性，因此，政策又要有灵活性，要留给执行者依据实际进行适当调整或变通的余地。新中国民族政策充分考虑到了原则性和灵活性相结合的原则。一方面，民族政策的制定受国家总体战略上的制约和指导，并为实现国家整体战略服务；另一方面，由于我国各民族和各民族地区社会发展差异的现实特点，要求民族政策的制定必须把普遍性和特殊性、原则性和灵活性结合起来，以保证国家总体战略以民族形式体现在少数民族和民族地区事务之中，保证国家战略对这些千差万别的不同情况进行分类指导，形成适合民族特色的便于操作的政策规划，以实现政策的预期目标。

### 9. 确立外交政策

中国革命的胜利，不仅推翻了长期压迫中国人民的三座大山，也极大地鼓舞了世界上一切被压迫民族和被压迫人民的独立运动。中华人民共和国的建立，为结束旧中国百余年来的屈辱外交，使中国以独立自主的崭新面貌出现在世界舞台上创造了条件。因此，新中国成立初期的第一件事情便是取消帝国主义在华特权，废除中国签订的不平等条约，肃清帝国主义在中国的势力及影响；为贯彻这一方针政策，人民解放军在进入各大城市后，均由军事管制委员会公告宣布，不承认国民党政府与各国建立的外交关系，要求一切在华外国人必须遵守解放区人民政府颁布的各项法令。这就是新中国成立初期的"打扫干净屋子再请客"的方针。同时新中国对外关系的开展，首先是从以苏联为首的社会主义国家建立外交关系开始的，1949 年 10 月 1 日，毛泽东在开国大典上庄重宣告："本政府为代表中华人民共和国全国人民的唯一合法政府。凡愿遵守平等、互利及互相尊重领土主权等项原则的任何外国政府，本政府均愿与之建立外交关系。"① 当天，周恩来总理兼外交部长即向原驻北京的各国领事馆发送了中央人民政府公告，请他们转交给各自的政府，并附公函强调中华人民共和国与世界各国建立正常的外交关系是很需要的。1949 年 10 月 2 日苏联外交副部长葛罗米柯照会周恩来外长时宣布，苏联政府决定与中华人民共和国建立外交关系，并互派大使，这是新中国独立、自由、和平与合作的外交政策及"另起炉灶"的外交方针的体现。而以美国为首的资本主义阵营，一向对中国革命抱敌视态度，美国不承认中国革命胜利的现实，企图迫使新中国就范，在政治上拒绝承认中国政府，在经济上奉行封锁和制裁方针。就国际局势来讲，中国政府有必要实行"一边倒"的方针，坚定地站在社会主义阵营一方。

《共同纲领》除在第一章"总纲"中设有外交条款外，另辟专章共 7 个条款对国家的外交政策做专门的规定，并由此奠定了新中国的外交政策的整体路线。

第 54 条规定了新中国外交政策的一个基本原则，即"中华人民共和国外交政策的原则，为保障本国独立、自由和领土主权的完整，拥护国际的持久和平和各国人民间的友好合作，反对帝国主义的侵略政策和战争政策"。概言之，即为独立、自由、和平、合作的外交政策。第 55 条是对国民党反

---

① 《毛泽东文集》第六卷，人民出版社 1999 年版，第 2 页。

动派与外国签订的条约的效力的认定，"对于国民党政府与外国政府所订立的各项条约和协定，中华人民共和国中央人民政府应加以审查，按其内容，分别予以承认，或废除，或修改，或重订"。这也体现了新中国成立之初"打扫干净屋子再请客"的方针。第56、57条体现了我国"另起炉灶"的外交方针，"凡与国民党反动派断绝关系、并对中华人民共和国采取友好态度的外国政府，中华人民共和国中央人民政府可在平等、互利及互相尊重领土主权的基础上，与之谈判，建立外交关系"。"中华人民共和国可在平等和互利的基础上，与各外国的政府和人民恢复并发展通商贸易关系。"第58条到第60条主要是我国政府对于国外侨胞、外国侨民、政治避难者的相关规定。对于国外侨胞"中华人民共和国中央人民政府应尽力保护国外华侨的正当权益"。对于国外侨民"中华人民共和国人民政府保护守法的外国侨民"。对于政治避难者"中华人民共和国对于外国人民因拥护人民利益参加和平民主斗争受其本国政府压迫而避难于中国境内者，应予以居留权"。

　　同时，为了打破敌对势力对我方进行的封锁，为了生存，站稳脚跟，必须要争取国际国内各方势力的支持，在国际关系中必然要有所倾斜，关键是倒向谁的问题。正如邓小平所指出的："打破封锁之道，毛主席强调从军事上迅速占领两广云贵川康青宁诸省，尽量求得早日占领沿海各岛及台湾。同时我们提出的外交政策的一面倒。"[①]"一边倒"政策的提出是中国共产党权衡美国、苏联复杂关系的结果。尽管在中国问题上，无论是美国还是苏联都表现出了从各自利益出发的迹象，他们在共产党和国民党之间周旋，政策富有弹性，但中国共产党在一步步即将走向夺取全国政权胜利之时，最终还是选择了向以苏联为首的社会主义阵营"一边倒"的政策，确实有其必然性。同时历史发展证明，"一边倒"外交政策不仅使中国共产党在政治上得到了承认，也使中国共产党在经济上获益匪浅，在当时是更符合中国国情，利于中国现代化建设的明智之选。

---

① 《邓小平文选》第一卷，人民出版社1989年版，第134页。

**附：《中国人民政治协商会议共同纲领》文本（1949 年 9 月 29 日）**

## 中国人民政治协商会议共同纲领

（1949 年 9 月 29 日中国人民政治协商会议第一届全体会议通过）

### 序　言

　　中国人民解放战争和人民革命的伟大胜利，已使帝国主义、封建主义和官僚资本主义在中国的统治时代宣告结束。中国人民由被压迫的地位变成为新社会新国家的主人，而以人民民主专政的共和国代替那封建买办法西斯专政的国民党反动统治。中国人民民主专政是中国工人阶级、农民阶级、小资产阶级、民族资产阶级及其他爱国民主分子的人民民主统一战线的政权，而以工农联盟为基础，以工人阶级为领导。由中国共产党、各民主党派、各人民团体、各地区、人民解放军、各少数民族、国外华侨及其他爱国民主分子的代表们所组成的中国人民政治协商会议，就是人民民主统一战线的组织形式。

　　中国人民政治协商会议代表全国人民的意志，宣告中华人民共和国的成立，组织人民自己的中央政府。中国人民政治协商会议一致同意以新民主主义即人民民主主义为中华人民共和国建国的政治基础，并制定以下的共同纲领，凡参加人民政治协商会议的各单位、各级人民政府和全国人民均应共同遵守。

### 第一章　总　纲

　　**第一条**　中华人民共和国为新民主主义即人民民主主义的国家，实行工人阶级领导的、以工农联盟为基础的、团结各民主阶级和国内各民族的人民民主专政，反对帝国主义、封建主义和官僚资本主义，为中国的独立、民主、和平、统一和富强而奋斗。

　　**第二条**　中华人民共和国中央人民政府必须负责将人民解放战争进行到底，解放中国全部领土，完成统一中国的事业。

　　**第三条**　中华人民共和国必须取消帝国主义国家在中国的一切特权，

没收官僚资本归人民的国家所有，有步骤地将封建半封建的土地所有制改变为农民的土地所有制，保护国家的公共财产和合作社的财产，保护工人、农民、小资产阶级和民族资产阶级的经济利益及其私有财产，发展新民主主义的人民经济，稳步地变农业国为工业国。

**第四条**　中华人民共和国人民依法有选举权和被选举权。

**第五条**　中华人民共和国人民有思想、言论、出版、集会、结社、通讯、人身、居住、迁徙、宗教信仰及示威游行的自由权。

**第六条**　中华人民共和国废除束缚妇女的封建制度。妇女在政治的、经济的、文化教育的、社会的生活各方面，均有与男子平等的权利。实行男女婚姻自由。

**第七条**　中华人民共和国必须镇压一切反革命活动，严厉惩罚一切勾结帝国主义、背叛祖国、反对人民民主事业的国民党反革命战争罪犯和其他怙恶不悛的反革命首要分子。对于一般的反动分子、封建地主、官僚资本家，在解除其武装、消灭其特殊势力后，仍须依法在必要时期内剥夺他们的政治权利，但同时给以生活出路，并强迫他们在劳动中改造自己，成为新人。假如他们继续进行反革命活动，必须予以严厉的制裁。

**第八条**　中华人民共和国国民均有保卫祖国、遵守法律、遵守劳动纪律、爱护公共财产、应征公役兵役和缴纳赋税的义务。

**第九条**　中华人民共和国境内各民族，均有平等的权利和义务。

**第十条**　中华人民共和国的武装力量，即人民解放军、人民公安部队和人民警察，是属于人民的武力。其任务为保卫中国的独立和领土主权的完整，保卫中国人民的革命成果和一切合法权益。中华人民共和国中央人民政府应努力巩固和加强人民武装力量，使其能够有效地执行自己的任务。

**第十一条**　中华人民共和国联合世界上一切爱好和平、自由的国家和人民，首先是联合苏联、各人民民主国家和各被压迫民族，站在国际和平民主阵营方面，共同反对帝国主义侵略，以保障世界的持久和平。

## 第二章　政权机关

**第十二条**　中华人民共和国的国家政权属于人民，人民行使国家政权的机关为各级人民代表大会和各级人民政府。各级人民代表大会由人民用普选方法产生之，各级人民代表大会选举各级人民政府。各级人民代表大会闭会期间，各级人民政府为行使各级政权的机关。

国家最高政权机关为全国人民代表大会。全国人民代表大会闭会期间，中央人民政府为行使国家政权的最高机关。

**第十三条**　中国人民政治协商会议为人民民主统一战线的组织形式。其组织成分，应包含有工人阶级、农民阶级、革命军人、知识分子、小资产阶级，民族资产阶级、少数民族、国外华侨及其他爱国民主分子的代表。在普选的全国人民代表大会召开以前，由中国人民政治协商会议的全体会议执行全国人民代表大会的职权，制定中华人民共和国中央人民政府组织法，选举中华人民共和国中央人民政府委员会，并付之以行使国家权力的职权。

在普选的全国人民代表大会召开以后，中国人民政治协商会议得就有关国家建设事业的根本大计及其他重要措施，向全国人民代表大会或中央人民政府提出建议案。

**第十四条**　凡人民解放军初解放的地方，应一律实施军事管制，取消国民党反动政权机关，由中央人民政府或前线军政机关委任人员组织军事管制委员会和地方人民政府，领导人民建立革命秩序，镇压反革命活动，并在条件许可时召集各界人民代表会议。

在普选的地方人民代表大会召开以前，由地方各界人民代表会议逐步地代行人民代表大会的职权。军事管制时间的长短，由中央人民政府依据各地的军事政治情况决定之。

凡在军事行动已经完全结束、土地改革已经彻底实现、各界人民已有充分组织的地方，即应实行普选，召开地方的人民代表大会。

**第十五条**　各级政权机关一律实行民主集中制。其主要原则为：人民代表大会向人民负责并报告工作。人民政府委员会向人民代表大会负责并报告工作。在人民代表大会和人民政府委员会内，实行少数服从多数的制度。各下级人民政府均由上级人民政府加委并服从上级人民政府。全国各地方人民政府均服从中央人民政府。

**第十六条**　中央人民政府与地方人民政府间职权的划分，应按照各项事务的性质，由中央人民政府委员会以法令加以规定，使之既利于国家统一，又利于因地制宜。

第十七条  废除国民党反动政府一切压迫人民的法律、法令和司法制度，制定保护人民的法律、法令，建立人民司法制度。

第十八条  中华人民共和国的一切国家机关，必须厉行廉洁的、朴素的、为人民服务的革命工作作风，严惩贪污，禁止浪费，反对脱离人民群众的官僚主义作风。

第十九条  在县市以上的各级人民政府内，设人民监察机关，以监督各级国家机关和各种公务人员是否履行其职责，并纠举其中之违法失职的机关和人员。

人民和人民团体有权向人民监察机关或人民司法机关控告任何国家机关和任何公务人员的违法失职行为。

## 第三章  军事制度

第二十条  中华人民共和国建立统一的军队，即人民解放军和人民公安部队，受中央人民政府人民革命军事委员会统率，实行统一的指挥，统一的制度，统一的编制，统一的纪律。

第二十一条  人民解放军和人民公安部队根据官兵一致、军民一致的原则，建立政治工作制度，以革命精神和爱国精神教育部队的指挥员和战斗员。

第二十二条  中华人民共和国应加强现代化的陆军，并建设空军和海军，以巩固国防。

第二十三条  中华人民共和国实行民兵制度，保卫地方秩序，建立国家动员基础，并准备在适当时机实行义务兵役制。

第二十四条  中华人民共和国的军队在和平时期，在不妨碍军事任务的条件下，应有计划地参加农业和工业的生产，帮助国家的建设工作。

第二十五条  革命烈士和革命军人的家属，其生活困难者应受国家和社会的优待。

参加革命战争的残废军人和退伍军人，应由人民政府给以适当安置，使能谋生立业。

## 第四章　经济政策

**第二十六条**　中华人民共和国经济建设的根本方针，是以公私兼顾、劳资两利、城乡互助、内外交流的政策，达到发展生产、繁荣经济之目的，国家应在经营范围、原料供给、销售市场、劳动条件、技术设备、财政政策、金融政策等方面，调剂国营经济、合作社经济、农民和手工业者的个体经济、私人资本主义经济和国家资本主义经济，使各种社会经济成分在国营经济领导之下，分工合作，各得其所，以促进整个社会经济的发展。

**第二十七条**　土地改革为发展生产力和国家工业化的必要条件。凡已实行土地改革的地区，必须保护农民已得土地的所有权。凡尚未实行土地改革的地区，必须发动农民群众，建立农民团体，经过清除土匪恶霸、减租减息和分配土地等项步骤，实现耕者有其田。

**第二十八条**　国营经济为社会主义性质的经济。凡属有关国家经济命脉和足以操纵国民生计的营业，均应由国家统一经营。凡属国有的资源和企业，均为全体人民的公共财产，为人民共和国发展生产、繁荣经济的主要物质基础和整个社会经济的领导力量。

**第二十九条**　合作社经济为半社会主义性质的经济，为整个人民经济的一个重要组成部分。人民政府应扶助其发展，并给以优待。

**第三十条**　凡有利于国计民生的私营经济事业，人民政府应鼓励其经营的积极性，并扶助其发展。

**第三十一条**　国家资本与私人资本合作的经济为国家资本主义性质的经济。在必要和可能的条件下，应鼓励私人资本向国家资本主义方向发展，例如为国家企业加工，或与国家合营，或用租借形式经营国家的企业，开发国家的富源等。

**第三十二条**　在国家经营的企业中，目前时期应实行工人参加生产管理的制度，即建立在厂长领导之下的工厂管理委员会。私人经营的企业，为实现劳资两利的原则、应由工会代表工人职员与资方订立集体合同。公私企业目前一般应实行八小时至十小时的工作制，特殊情况得斟酌办理。人民政府应按照各地各业情况规定最低工资。逐步实行劳动保险制度。保护青工女工的特殊利益。实行工矿检查制度，以改进工矿的安全和卫生设备。

**第三十三条**　中央人民政府应争取早日制定恢复和发展全国公私经济各主要部门的总计划，规定中央和地方在经济建设上分工合作的范围，统一调剂中央各经济部门和地方各经济部门的相互联系；中央各经济部门和地方各经济部门在中央人民政府统一领导之下各自发挥其创造性和积极性。

**第三十四条**　关于农林渔牧业：在一切已彻底实现土地改革的地区，人民政府应组织农民及一切可以从事农业的劳动力以发展农业生产及其副业为中心任务，并应引导农民逐步地按照自愿和互利的原则，组织各种形式的劳动互助和生产合作。在新解放区，土地改革工作的每一步骤均应与恢复和发展农业生产相结合。人民政府应根据国家计划和人民生活的需要，争取于短时期内恢复并超过战前粮食、工业原料和外销物资的生产水平，应注意兴修水利，防洪防旱。恢复和发展畜力，增加肥料、改良农具和种子，防止病虫害，救济灾荒，并有计划地移民开垦。

保护森林，并有计划地发展林业。

保护沿海渔场，发展水产业。

保护和发展畜牧业，防止兽疫。

**第三十五条**　关于工业：应以有计划有步骤地恢复和发展重工业为重点，例如矿业、钢铁业、动力工业、机器制造业、电器工业和主要化学工业等，以创立国家工业化的基础，同时，应恢复和增加纺织业及其他有利于国计民生的轻工业的生产，以供应人民日常消费的需要。

**第三十六条**　关于交通：必须迅速恢复并逐步增建铁路和公路，疏浚河流，推广水运，改善并发展邮政和电信事业，有计划有步骤地建造各种交通工具和创办民用航空。

**第三十七条**　关于商业：保护一切合法的公私贸易。实行对外贸易的管制，并采用保护贸易政策。在国家统一的经济计划内实行国内贸易的自由，但对于扰乱市场的投机商业必须严格取缔。国营贸易机关应负调剂供求、稳定物价和扶助人民合作事业的责任。人民政府应采取必要的办法，鼓励人民储蓄，便利侨汇，引导社会游资及无益于国计民生的商业资本投入工业及其他生产事业。

**第三十八条** 关于合作社：鼓励和扶助广大劳动人民根据自愿原则，发展合作事业。在城镇中和乡村中组织供销合作社、消费合作社、信用合作社、生产合作社和运输合作社，在工厂、机关和学校中应尽先组织消费合作社。

**第三十九条** 关于金融：金融事业应受国家严格管理，货币发行权属于国家，禁止外币在国内流通。外汇、外币和金银的买卖，应由国家银行经理。依法营业的私人金融事业，应受国家的监督和指导。凡进行金融投机、破坏国家金融事业者，应受严厉制裁。

**第四十条** 关于财政：建立国家预算决算制度，划分中央和地方的财政范围，厉行精简节约，逐步平衡财政收支，积累国家生产资金。

国家的税收政策，应以保障革命战争的供给、照顾生产的恢复和发展及国家建设的需要为原则，简化税制，实行合理负担。

## 第五章　文化教育政策

**第四十一条** 中华人民共和国的文化教育为新民主主义的，即民族的、科学的、大众的文化教育。人民政府的文化教育工作，应以提高人民文化水平、培养国家建设人才、肃清封建的、买办的、法西斯主义的思想、发展为人民服务的思想为主要任务。

**第四十二条** 提倡爱祖国、爱人民、爱劳动、爱科学、爱护公共财物为中华人民共和国全体国民的公德。

**第四十三条** 努力发展自然科学，以服务于工业农业和国防的建设。奖励科学的发现和发明，普及科学知识。

**第四十四条** 提倡用科学的历史观点，研究和解释历史、经济、政治、文化及国际事务，奖励优秀的社会科学著作。

**第四十五条** 提倡文学艺术为人民服务，启发人民的政治觉悟，鼓励人民的劳动热情。奖励优秀的文学艺术作品。发展人民的戏剧电影事业。

**第四十六条** 中华人民共和国的教育方法为理论与实际一致。人民政府应有计划有步骤地改革旧的教育制度、教育内容和教学法。

**第四十七条**　有计划有步骤地实行普及教育，加强中等教育和高等教育、注重技术教育，加强劳动者的业余教育和在职干部教育。给青年知识分子和旧知识分子以革命的政治教育，以适应革命工作和国家建设工作的广泛需要。

**第四十八条**　提倡国民体育。推广卫生医药事业，并注意保护母亲、婴儿和儿童的健康。

**第四十九条**　保护报道真实新闻的自由。禁止利用新闻以进行诽谤，破坏国家人民的利益和煽动世界战争。发展人民广播事业。发展人民出版事业，并注重出版有益于人民的通俗书报。

## 第六章　民族政策

**第五十条**　中华人民共和国境内各民族一律平等，实行团结互助，反对帝国主义和各民族内部的人民公敌，使中华人民共和国成为各民族友爱合作的大家庭。反对大民族主义和狭隘民族主义，禁止民族间的歧视、压迫和分裂各民族团结的行为。

**第五十一条**　各少数民族聚居的地区，应实行民族的区域自治，按照民族聚居的人口多少和区域大小，分别建立各种民族自治机关。凡各民族杂居的地方及民族自治区内，各民族在当地政权机关中均应有相当名额的代表。

**第五十二条**　中华人民共和国境内各少数民族，均有按照统一的国家军事制度，参加人民解放军及组织地方人民公安部队的权利。

**第五十三条**　各少数民族均有发展其语言文字、保持或改革其风俗习惯及宗教信仰的自由。人民政府应帮助各少数民族的人民大众发展其政治、经济、文化、教育的建设事业。

## 第七章　外交政策

**第五十四条**　中华人民共和国外交政策的原则，为保障本国独立、自由和领土主权的完整，拥护国际持久和平和各国人民间的友好合作，反对帝国主义的侵略政策和战争政策。

**第五十五条**    对于国民党政府与外国政府所订立的各项条约和协定，中华人民共和国中央人民政府应加以审查，按其内容，分别予以承认，或废除，或修改，或重订。

**第五十六条**    凡与国民党反动派断绝关系、并对中华人民共和国采取友好态度的外国政府，中华人民共和国中央人民政府可在平等、互利及互相尊重领土主权的基础上，与之谈判，建立外交关系。

**第五十七条**    中华人民共和国可在平等和互利的基础上，与各外国的政府和人民恢复并发展通商贸易关系。

**第五十八条**    中华人民共和国中央人民政府应尽力保护国外华侨的正当权益。

**第五十九条**    中华人民共和国人民政府保护守法的外国侨民。

**第六十条**    中华人民共和国对于外国人民因拥护人民利益参加和平民主斗争受其本国政府压迫而避难于中国境内者，应予以居留权。

注：《中国人民政治协商会议共同纲领》简称《共同纲领》，是经中国人民政治协商会议筹备会决定，由中国共产党负责起草，并于 1949 年 9 月 29 日中国人民政治协商会议第一届全体会议通过的纲领性文献。全文 7 章 60 条。它庄严地宣告了中国人民新民主主义革命的胜利——帝国主义、封建主义、官僚资本主义在中国统治时代的结束和中华人民共和国的成立。它规定了中华人民共和国的性质、政权机关、军事制度及经济、文教、民族、外交等政策的总原则。《共同纲领》是在中国共产党领导下，各民主党派、人民团体和各民族人民代表共同制定的建国纲领，是全国人民在一定时期内共同奋斗目标和统一行动的政治基础，在《中华人民共和国宪法》产生前，它具有临时宪法的作用。

# 二、1954 年《中华人民共和国宪法》

（一）1954 年《中华人民共和国宪法》产生的背景

1954 年《中华人民共和国宪法》是新中国的第一部宪法。它是中国人民在共产党的领导下，经过长期而曲折的革命斗争，取得反对帝国主义、封建主义和官僚资本主义的胜利而诞生的伟大历史成果。[①] 这一伟大成果的取得历经百年之久，这一百年堪称中国历史上最为屈辱的一百年。从 1840 年鸦片战争到 1919 年"五四"运动，再到 1949 年新中国的成立，其中的鸦片战争、中法战争、中日甲午战争、八国联军侵华战争让我们付出了惨重的代价，中华民族一度面临着亡国灭种之危。

由于清政府昏庸无能，国内战乱频发，民不聊生，这一境况激发了当时有志青年对改变国家状况的信念，诞生了一系列旧中国宪法以及相关文件，例如：《钦定宪法大纲》、"十九信条"、《民国约法》、《宪法》、《训政约法》、"五五宪草"和《民国宪法》等。

上述宪法及相关立法是在当时国家危难、政治政权危急之下迫不得已而制定的，它们徒有宪法之名而无宪法之实。例如，《钦定宪法大纲》并没有把"臣民权利义务"规定在正文当中，只作附录；"十九信条"更是只字未提人民的权利和自由，暴露了不变的反动本质；而袁世凯的《民国约法》更是为其复辟之路扫清障碍，蒋介石的《训政约法》是其背叛革命所作；"五五宪草"更是袁氏《民国约法》的翻版，百姓根本没有真正地脱离苦海，国家状况更是日渐危难。

1949 年 10 月 1 日，中华人民共和国成立，标志着伟大的中华民族迎来了崭新的历史起点。与此同时，人民解放战争的军事行动尚未结束，广大人民群众的认识与组织程度有待进一步提高，普选的各级人民代表大会还没有召开，历史条件表明新中国的宪法制定时机还未成熟，但是又急需一个宪法性文件来统领国家的重大事项和规范人民的行为。[②] 在国民党反动政权已成败局和共产党的领导下，由作为人民民主统一战线组织的中国人民政治协商会议通过了《中国人民政治协商会议共同纲领》。

《共同纲领》的贯彻实施，极大激发全国人民建设国家的积极性，新中国在很短的时间内完成土地革命等重大任务，国民经济基本恢复，人民民主

---

① 参见蒋碧昆、许清：《宪法学》，中国政法大学出版社 1999 年版，第 110 页。
② 参见蒋碧昆、许清：《宪法学》，中国政法大学出版社 1999 年版，第 110 页。

专政的政权更加巩固，国家各项事业建设稳步向前，制定宪法的条件逐渐成熟。1953 年 1 月，中央人民政府委员会召开会议，决定成立以毛泽东为主席的宪法起草委员会。历时 20 个月的宪法起草工作，在此过程当中共收到意见和疑问 9800 余条，在《人民日报》公布该草案后，接受全国人民建议更是达到 1180420 余条。① 最终，1954 年 9 月 20 日，第一次全国人民代表大会第一次全体会议全票通过宪法草案。自此，新中国第一部宪法——《中华人民共和国宪法》（以下简称"五四宪法"）诞生。

（二）1954 年《中华人民共和国宪法》要解决的主要问题

1. 宪法制定的依据

我国制定的各项法律，大多都会在第 1 条注明"根据宪法，制定本法"的字样，由此可见，在我国，宪法是其他法律的母法，也就是制定普通法律的依据。然而与普通法律不同，宪法是一个国家的根本大法，宪法的产生必然在其他法律之前，因此宪法的制定是无法以其他法律为依据的，那么宪法制定依据又是什么？

宪法制定的依据，实际上就是宪法制定行为的依据，即制定宪法的权力来源。换句话说，宪法制定的依据问题涉及制宪权的问题。制宪权是制宪主体按照一定的原则创造作为国家根本法的宪法的一种权力。制宪权理论源于古希腊和古罗马的法治思想，最早由法国大革命时期的思想家、政治家马努埃尔·约瑟夫·西耶斯提出。他在《论特权第三等级是什么？》一书中指出："在所有自由的国家中——所有国家均应当自由，结束宪法有着种种分歧的方法只有一种。那就是要求助于自己的国家，而不是求助于那些显贵。如果我们没有宪法，那就必须制定一部：唯有国民拥有制宪权。"② 西耶斯的制宪权理论主张制宪权不需要任何实定法上的依据，是一种原创性的权力。这一理论对后来的制宪权理论产生了极大的影响，很多学者根据西耶斯理论，认为制宪权是一种由人民直接掌握的，先于国家权力存在的始源性权

---

① 参见张晋藩：《中国宪法史》，吉林人民出版社 2004 年版，第 327—328 页。

② ［法］西耶斯：《论特权第三等级是什么？》，冯棠译，商务印书馆 1950 年版，第 56 页。

力，制宪权的行使应当不受任何规范、制度或原理的约束。在他们看来，宪法是规定国家机构的组织和作用的根本法，从根本上说，宪法只从属于国民，也只有国民才有权改变宪法，国民的意志是最高的法律。对于这一观点，学界也存在不同的看法，部分学者认为将制宪权表述为始源性权力是比较武断的。因为这实际上混淆了制宪权理论形态与实践形态的界限，把制宪权理解为纯粹的自然法意义上的权力。如果把制宪权看成一个国家的最高决定权，那么制宪权本身不能成为游离于国家权力活动以外的权力，它实际上是最高决定权的具体表现，是一种受制约的权力，客观上受制宪目的的制约、受法的理念制约、受自然法的制约也受国际法的制约。① 对于这两种观点，我们比较认可前者，制宪权不能定性为一种国家权力，因为根据宪法学的相关原理以及人民主权学说等观点，宪法是人民与国家之间的契约，从逻辑上来看，先要有制宪权才能制定宪法，再基于宪法的规定才能产生国家权力。宪法实践的发展使得人们对制宪权的价值给予了越来越多的重视，在不同程度上肯定了制宪权的合理性。施密特从决断主义宪法理论出发，进一步论证了制宪权的内涵，在他看来，宪法是一种政治判断，可以从制宪权主体的意志中寻求宪法本身的正当性。制宪权的根据在于对政治现实的判断，是统一而不可分的，是一切权力总的依据。②

要制定一部宪法，首先必须解决宪法制定的依据问题，也就是要解决制宪权的问题，这是由制宪权自身的性质所决定的。从抽象的角度来看，制宪权可以被看作一种价值体系，它既包括制定宪法的事实力量，又包括使宪法正当化的权威和价值。韩国学者权宁星认为，制宪权有两个方面的属性：一是事实上创造的力量，即创造宪法的力；二是把宪法加以正当化的权威性，即制定宪法具有合法性的现实基础。③ 为了使宪法成立的事实合法化，就需要宪法制定行为的合法化，使宪法的成立具有法的意义，成为一种法的现象。

通过上面的论述，可以看到，制宪权是宪法合法性的保障，因此，必

① 参见周叶中：《宪法》第二版，高等教育出版社、北京大学出版社 2005 年版，第 91 页。
② 参见周叶中：《宪法》第二版，高等教育出版社、北京大学出版社 2005 年版，第 84 页。
③ 参见［韩］权宁星：《宪法学原论》，法文社 1990 年版，第 43 页。

须在宪法中予以明确。那么解决制宪权问题的基础是什么？我们认为，我国宪法制宪权的基础是人民掌握政权的现实和人民意志的统一。从历史条件来看，新中国的成立，标志着中国人民从此站立起来了，取得了民族的独立和人民的解放，人民掌握了国家的政权，成为了国家的新主人。1949 年之后到"五四宪法"制定之前，中国人民在共产党的领导之下，在新的大规模斗争中也取得了辉煌的胜利。首先是完成了土地制度的改革，土地制度关系到广大农民的最根本利益，作为一个农业国，解决了土地问题就获得了占当时人口绝大多数的农民的支持，其次是在抗美援朝中获得了胜利，抗美援朝战争是我国近代史上史无前例的伟大胜利，它空前提高了我国的国际地位，增强了我国的民族自信心和民族凝聚力；与此同时，在镇压反革命分子方面，新中国也取得了决定性的成果，盘踞在我国偏远地区的土匪，潜伏在国内的特务都遭到了毁灭性的打击，对反革命分子的镇压消灭了威胁国内稳定的潜在因素，进一步巩固了国内环境的稳定。

我国广大人民在进行了一系列奋斗之后，结成了以中国共产党为领导的各民主阶级、各民主党派、各人民团体的广泛的人民民主统一战线，我国各民族之间的团结也得到空前的加强，各民族各阶层的意志达到了空前的统一。就如西耶斯理论所描述的那样，只有人民才拥有制宪权，那么人民的制宪权产生的前提应当是人民之间所达成的一种合意，在中国共产党的领导之下，中国人民已经达到了一种空前团结的状态，在意志上趋于统一，这一状态为制宪权的产生提供了现实基础。

2. 宪法制定的主体

宪法制定的主体问题是制宪权得以运行的首要问题，根据西耶斯的理论，只有国民才能构成制宪权的主体。然而，历史上君主、部分团体也在一定条件下成为了制宪权主体。近代以前，民主制度尚不发达，制宪权基本上掌握在君主手中，君主主权是国家活动的基本准则。这一状况直到 17 世纪末才有所改变，1791 年法国宪法典规定了人民主权原则，虽然事实上仍然是由国王和国民共同行使，但是已经开始了君主主权向人民主权的转化。近代宪法的发展过程，很大程度上是君主主权向人民主权转化的过程。宪法制定主体的问题也就是制宪权这一最高权力的归属问题，从更深的层次来看，实际上是君主主权与人民主权的问题。

因此，宪法制定主体问题，关系到人民主权的问题，所谓人民主权，是指一个国家中的绝大多数人拥有国家的最高权力，即国家的政治生活最终取决于人民。人民主权论是 17 世纪到 18 世纪启蒙思想家所倡导的思想，最早由让·博丹提出的，卢梭以自然权利学说和社会契约论为基础完善和发展了这一理论。卢梭认为：国家的最高权力是人民的公意，人民是国家最高权力的来源，国家是自由的人民通过契约的方式联合起来形成的产物，政府的权力是由人民赋予的。国家的主人是人民而非君主。人民主权是近代宪法思想发展的主流，其最重要的意义在于体现制宪权这一国家最高权力的归属，即制宪权主体。

"五四宪法"是新中国的第一部宪法，在宪法制定的主体问题上必须予以明确，这直接关系到新中国的人民在国家中的地位，即人民是国家的主人还是君主是国家的主人。中国的历史是一个缺乏民主的历史，几千年的封建统治，使得君主主权的观念深入人心，旧中国封建专制的传统在中国占据了主导地位。直到近代以来，西方的人民主权思想开始对我国有所冲击，人民的民主观念才开始觉醒，也由此开启了中国人民争取民主的奋斗历程。毛泽东在新中国成立之前就一直在强调中国缺乏民主的事实。早在 1944 年 6 月 12 日毛泽东在答中外记者问的时候就曾经指出："中国是有缺点的，而且是很大的缺点，这种缺点，一言以蔽之，就是缺乏民主。"[1]1953 年 1 月 13 日毛泽东在中央人民政府第二十次会议作"关于召开全国人民代表大会的几点说明"的报告时也指出："中国人民，从清朝末年起，五六十年来就是争这个民主……那个时候是向清朝政府要民主，以后是向北洋军阀政府要民主，再以后就是向蒋介石国民政府要民主。"[2] 中国共产党领导人民进行斗争的过程，也是中国共产党带领人民争取人民主权的过程，在新中国成立之后，宪法制定主体问题，即国家最高权力的归属问题已经成为了当时必须予以解决的重大历史问题。

---

[1]　《毛泽东文集》第三卷，人民出版社 1996 年版，第 168 页。

[2]　《毛泽东文集》第六卷，人民出版社 1999 年版，第 257 页。

1949 年 6 月 30 日，毛泽东发表了《论人民民主专政》一文，提出了人民民主专政理论。文中提到："中国人民在几十年中积累起来的一切经验，都叫我们实行人民民主专政，或曰人民民主独裁，总之是一样，就是剥夺反动派的发言权，只让人民有发言权。人民是什么？在中国，在现阶段，是工人阶级，农民阶级，城市小资产阶级和民族资产阶级。这些阶级在工人阶级和共产党的领导之下，团结起来，组成自己的国家，选举自己的政府，向着帝国主义的走狗即地主阶级和官僚资产阶级以及代表这些阶级的国民党反动派及其帮凶们实行专政，实行独裁，压迫这些人，只许他们规规矩矩，不许他们乱说乱动。如要乱说乱动，立即取缔，予以制裁。对于人民内部，则实行民主制度，人民有言论集会结社等项的自由权。选举权，只给人民，不给反动派。这两方面，即对人民内部的民主方面和对反动派的专政方面，互相结合起来，就是人民民主专政。"① 人民民主专政理论，明确界定了人民和人民民主专政的概念，在当时的中国，人民是工人阶级、农民阶级、城市小资产阶级和民族资产阶级的联盟。他们是绝大多数进步的中国人民。毛泽东主张人民应当剥夺反动派的发言权，在工人阶级和中国共产党的领导之下组成自己的国家，选举自己的政府，实际上就是主张人民享有国家的最高权力。这一理论是人民主权原则在中国的诞生和发展，为制宪权的归属问题即宪法制定的主体问题提供了理论基础。

1949 年 9 月 29 日，中国人民政治协商会议第一次全体会议通过了《中国人民政治协商会议共同纲领》，在共同纲领的第 12 条规定了人民代表大会制度："中华人民共和国的国家政权属于人民。人民行使国家政权的机关为各级人民代表大会和各级人民政府。各级人民代表大会由人民用普选方法产生之。各级人民代表大会选举各级人民政府，各级人民代表大会闭会期间，各级人民政府为行使各级政权的机关。国家最高政权机关为全国人民代表大会。全国人民代表大会闭会期间，中央人民政府为行使国家政权的最高机关。"人民代表大会制度是为了便于人民行使其权力而设置的制度，人民代表由人民选举产生，代替人民行使权力，反映人民的诉求。这一制度的确立

---

① 《毛泽东选集》第四卷，人民出版社 1991 年版，第 1475 页。

为宪法制定主体问题的解决提供了制度基础。

3. 国家性质

1949 年 9 月 29 日中国人民政治协商会议第一次全体会议通过的《共同纲领》，总纲的第 1 条对我国的国家性质进行了规定："中华人民共和国为新民主主义即人民民主主义的国家，实行工人阶级领导的、以工农联盟为基础的、团结各民主阶级和国内各民族的人民民主专政，反对帝国主义、封建主义和官僚资本主义，为中国的独立、民主、和平、统一和富强而奋斗。"可以看出，《共同纲领》对于我国国体的规定是，中华人民共和国为新民主主义社会的人民民主国家，实行工人阶级领导的、以工农联盟为基础的、团结各民主阶级和国内各民族的人民民主专政，而中国人民民主专政是中国工人阶级、农民阶级、小资产阶级、民族资产阶级及其他爱国民主分子的人民民主统一战线的政权，以工农联盟为基础，以工人阶级为领导。①

《共同纲领》肯定了中国人民革命的成果，"是新中国成立初期团结全国人民共同前进的政治基础和战斗纲领"②，对新中国成立初期巩固人民政权，建立和加强革命法制，以及恢复和发展国民经济等方面起到了重要的指导和保障作用。《共同纲领》还规定了国家制度和社会制度的基本原则以及各项基本政策，由于它是由代行全国人民代表大会职权的中国人民政治协商会议制定的，因此，无论从内容上还是从法律效力上看，都具有国家根本法的特征。它所确定的各项原则，为以后制定"五四宪法"奠定了基础。"共同纲领实际上是建国纲领，起的是临时宪法的作用，但是其许多规定和政策实施后的几年中都已不能适应国家继续向前发展的需要了。"③

在《共同纲领》实施后的几年中各个领域发生了巨大变化。首先，国内战争基本结束，实现了大陆的安定统一。其次，中国共产党领导中国人民进行土地改革，镇压反革命，"三反""五反"等民主改革，使国内的阶级力对比关系发生了重要变化。再次，人民高涨的劳动热情和创造力，使国民经济得到较大的恢复和发展，人民政权进一步得到巩固和加强。最后，"人民

---

① 参见郭世东：《共同纲领——新中国的大宪章》，《江淮法治》2008 年第 21 期。

② 参见张焕琴、王胜国：《毛泽东与新中国第一部宪法》，《河北法学》2004 年第 6 期。

③ 参见朱国斌：《中国宪法与政治制度》第二版，北京法律出版社 2006 年版，第 10 页。

的文化知识水平有了很大提高，使全国范围的民主普选成为可能。政治、经济等各方面的变化表明《共同纲领》已不能满足和适应国家和社会进一步发展的要求"。<sup>①</sup> 周恩来早在 1953 年 1 月，在《全国人民代表大会应该有自己的法律——宪法》一文中指出，"既然要召开全国人民代表大会，选举政府，共同纲领就不能再作为国家的根本法律了。当初共同纲领之所以成为临时宪法是因为政治协商会议全体会议执行了全国人民代表大会的职权"<sup>②</sup>。周恩来在这篇文章中还特别谈到制宪的可能性问题，他认为，起草宪法虽然有困难，但是可以解决的。并且特别强调，"宪法的制定并不改变中国过渡时期的性质，并不是说马上要搞社会主义"<sup>③</sup>。

"五四宪法"制定时，中国社会已具备了较为深厚的人文主义基础。制定宪法在全国已经有了一定的基础特别是《中华人民共和国宪法（草案）》的制定。正如周恩来所指出的"我们现在的宪法草案，基础有：第一，我们实行了三年共同纲领，大家在政治生活上，在实践中体验和认识了我们的国家制度、政治结构和人民权利这些问题。第二，我们普遍地组织了共同纲领的学习运动"<sup>④</sup>。这种基础使宪法的制定有了内在推动力，更容易实现与社会现实的结合。此外，新中国成立之后，百废待兴，各方面秩序都有待于宪法的架构。获得政治独立之后的国家，"需要以一部宪法来确立独立的事实，并在宪法中表明国家今后活动的基本原则与方向"<sup>⑤</sup>。"经过建国后五年的努力，新民主主义革命的胜利以及向社会主义社会过渡的目标的确立，使我们有完全的必要在共同纲领的基础上前进一步""制定一个比共同纲领更加完备"<sup>⑥</sup> 的宪法。而且我国迫切需要制定一部宪法，以确认和巩固新中国成立以来所取得的胜利成果和基本经验，并明确我国的国家性质。

---

① 参见郑贤君：《宪法学》，北京大学出版社 2002 年版，第 41 页。

② 《关于制定中华人民共和国第一部宪法的文献选载》，《当代中国史研究》1997 年第 1 期。

③ 《关于制定中华人民共和国第一部宪法的文献选载》，《当代中国史研究》1997 年第 1 期。

④ 参见周恩来：《在中央人民政府委员会第 20 次会议上的报告》，《党的文献》1997 年第 1 期。

⑤ 参见韩大元：《亚洲立宪主义研究》，中国人民公安大学出版社 1996 年版，第 73 页。

⑥ 参见刘少奇：《关于中华人民共和国宪法草案的报告》，载全国人大常委会办公厅联络局编《中华人民共和国宪法及有关资料汇编》，中国民主法制出版社 1990 年版，第 145 页。

### 4.政权组织形式

关于政权组织形式，在我国理论界，一般将政体与政权组织形式作为同一事物的两种不同表述形式，因而大多数人将政权组织形式和政体的概念混用。但是何家辉认为，尽管政体与政权组织形式之间存在着密切联系，它们之间还是存在着显著的区别。也就是说，它们各自的侧重点不同："政体着重于体制，政权组织形式着重于机关；体制粗略地说明国家权力的组织过程和基本形态，政权组织形式则着重于说明实现国家权力的机关以及各机关之间的相互关系。"① 政权组织形式是国家权力机关以及各机关相互之间的关系，因而它实际上是指国家机关的组织体系，或者说是国家机构的内部构成形式；政体是对政权组织形式的抽象和概括，从宏观角度阐述国家政权的架构，而政权组织形式是宏观政权架构的一种微观或具体体现。

在阶级社会中，政治制度的主要方面、本质方面是阶级压迫的工具。历史上存在过的各种政治制度，实际上，都是统治阶级为了配合其权力运行的产物。一个国家，其中任何一个阶级掌握了国家的统治权之后，它的首要任务都是建立一整套纵横交错的国家权力运行机制，以保障和实现统治阶级的意志和利益。国家政权组织形式和国家权力的结构形式就是其具体体现。新中国成立之后的首要任务，同样是要巩固统治阶级的地位，同时建立一套保障国家权力运行的机制，以保障和实现我国统治阶级的意志。但是，新中国不同于资本主义国家和封建主义国家，也还没有过渡到社会主义国家，在当时尚处于新民主主义国家的形态，选择一种适合我国国家形式的政治制度显得尤为必要。

一个国家的政治制度，权力运行机制等，大多都会在宪法中予以确认，从而保障权力运行的合法性。"五四宪法"是新中国成立之后的第一部宪法，其首要任务就是保障国家权力的平稳运行，因此，选取什么样的政治制度就成为了"五四宪法"不可回避的问题。

"五四宪法"制定之前的《共同纲领》已经对国家性质和政权组织形式作出了初步的设想。《共同纲领》的第 1 条规定："中华人民共和国为新民主

---

① 参见何家辉：《比较宪法学》，武汉大学出版社 1988 年版，第 144 页。

主义即人民民主主义的国家，实行工人阶级领导的、以工农联盟为基础的、团结各民主阶级和国内各民族的人民民主专政，反对帝国主义、封建主义和官僚资本主义，为中国的独立、民主、和平、统一和富强而奋斗。"第12条规定："中华人民共和国的国家政权属于人民。人民行使国家政权的机关为各级人民代表大会和各级人民政府。各级人民代表大会由人民用普选方法产生之。各级人民代表大会选举各级人民政府，各级人民代表大会闭会期间，各级人民政府为行使各级政权的机关。国家最高政权机关为全国人民代表大会。全国人民代表大会闭会期间，中央人民政府为行使国家政权的最高机关。"《共同纲领》是各阶级和各民主党派共同制定的，是代表了不同阶级利益的各党派协商一致的结果，《共同纲领》中对国家性质和政权组织形式的规定为"五四宪法"中对政治制度的设计提供了理论基础。

5. 经济制度

在宪法学上，经济制度是国家根据特定历史时期社会经济基础的客观要求和经济发展的实际状态制定的有关所有制结构分配形式及经济发展的各种制度政策的总称。

中华人民共和国成立以前，中国的国民经济几乎已经瘫痪，经济结构呈现出严重二元对立的特点。一方面是中心城市高度发达的商品经济，另一方面是广大农村自然经济仍然占据主导地位。国家的经济命脉掌握在外国财团、官僚资本、买办资本和封建地主阶级手中，广大人民群众生活十分艰难。由于长期战争的破坏、庞大的军费开支和市场投机行为猖獗，国力十分贫弱，人民生活处于水深火热之中。对于新生的共和国来说，面临着三项最基本的经济任务：一是医治战争创伤，恢复国民经济；二是没收官僚资本和外国资本，建立强大的国营经济，将国家的经济命脉掌握在人民手中，为国民经济的社会主义改造提供坚实的物质基础和经济条件；三是在农村实行土地改革，废除地主阶级封建剥削的土地所有制，实行农民的土地所有制，推动农村生产方式的变革，解放农村生产力，以推动新民主主义经济的发展，切实保障国家的、合作社的、工人和农民的、小资产阶级和民族资产阶级的合法的财产和利益，推动国家的工业化进程。

为此，党和国家采取了一系列切实有效的措施，推动了新中国成立初期国家和社会经济结构的变革。在恢复国民经济方面，在 1949 年 7 月至 1950 年 2 月期间，采取果断措施，打击市场上的投机势力，平抑了四次物价大涨之风，保证了市场物资供应，稳定物价，打赢了经济战线的第一仗，稳定了社会经济秩序，为国民经济的健康发展奠定了基础。在没收官僚资本方面，新中国成立前，四大家族的官僚资本，占旧中国资本主义经济的 80%，占全国工业资本的 2/3 左右，占全国工矿、交通运输固定资产的 80%。新中国成立前夕，更主要的是新中国成立之后，人民政府没收了以前在国家经济生活中占统治地位的全部官僚资本企业，包括大银行、几乎全部铁路、绝大部分黑色冶金企业和其他重大工业部门的大部分企业，以及轻工业的某些重要企业，这使得社会主义国营经济壮大起来。在土地改革方面和农村社会变革方面，1950 年 6 月中央人民政府颁布了《中华人民共和国土地改革法》、政务院 7 月 15 日颁布了《农民协会组织通则》、7 月 20 日颁布了《人民法庭组织通则》、8 月 20 日颁布了《政务院关于划分农村阶级成份的决定》等法律法规，没收地主的土地、耕畜、农具、多余的房屋和农具等生产资料，分给贫苦农民，调动了广大农民的生产积极性，极大地解放了农村生产力，使党和政府的政策在农村中得到了大力推进和贯彻执行，增强了党和政府在农村社会的意识形态渗透能力、社会控制能力和资源动员能力。1952 年年底，土地改革运动基本完成。随着土地改革的完成，农村的社会生产关系和阶级结构都发生了深刻的变化。

　　"五四宪法"的厄运在于其所规定的经济内容具有速变性。经济基础作为上层建筑本源意义上的根基，对其进行规定是宪法必不可少的部分。但问题是，在当时社会主义经济与资本主义经济并存，并且又急于消灭资本主义经济的历史条件下，"五四宪法"过于具体地规定了经济内容，而现实中这些经济成分又具有明显的变动性。宪法的权威在很人程度上来自于宪法的稳定，而"五四宪法"对经济政策亦步亦趋的追随，不符合宪法规范本应具备的稳定性、概括性的要求。失去高度概括性之特点的宪法规范，面对现实经济生活的剧烈变动失去了应变能力。列宁曾说过，当法律与现实脱节的时候，宪法是虚伪的，当它们是一致的时候，宪法是真实的。当 1956 年对农业、手工业和资本主义工商业的社会主义改造完成后，"五四宪法"的有关经济制度的规定，尤其是对非社会主义的经济成分进行社会主义改造的部分，由于失去了调整对象，事实上已经不再具有生命力，连宣示的作用也没有了。

6. 公民的权利和义务

一般来说，权利是特定社会成员依照正义原则和法律规定享有的利益。它具有以下几个特点：(1) 综合性。权利作为特定社会正义观的反映，集中体现着特定社会经济、政治和文化的要求。从一定意义上说，权利反映着特定社会之中人们的生存状态和特定社会的文明程度。(2) 动态性。不同的社会和国家有着不同的权利体系和权利观念。随着社会的进步，权利的内涵和理念也相应地发生变化。权利配置方式的改善，往往意味着社会正义的增进。(3) 多层性。一般来说，权利有应有权利、规范权利、实有权利之分，有道德权利、习惯权利、法律权利之别。这些不同层面的权利既密切联系，又各有区别。(4) 价值性。权利集中体现着认识主体的正义立场和道德标准，因此人们的价值观决定着人们的权利观。

1954 年 1 月 15 日，在杭州主持宪法起草工作的毛泽东向北京的刘少奇等中央领导同志发电报，提出为方便政治局讨论宪法草案初稿，望各政治局委员及在京的中央委员阅读 1936 年苏联宪法以及罗马尼亚、波兰、德国、捷克等国宪法。[1] 显然，"五四宪法"的制定深受 1936 年苏联宪法的影响。

具体而言，在制定"五四宪法"时，实际上在三方面接受了苏联有关公民基本权利和义务的理论。其一是强调基本权利和义务的理论；其二是规定了较为广泛的权利与自由；其三是强调了这些基本权利实现的物质保障。正是由于理论上的接受，"五四宪法"与苏联 1936 年宪法在关于公民基本权利和义务的规定上有许多相似之处。据韩大元教授的比较分析，"五四宪法"（草案）与苏联 1936 年宪法相似的部分有 29 条，约占"五四宪法"的 28%。[2] 其中，公民基本权利和义务的规定更不例外，甚至标题的名称都相

---

[1]　参见韩大元：《1954 年宪法与新中国宪政》，湖南人民出版社 2004 年版，第 68—70 页。

[2]　参见韩大元：《1954 年宪法与新中国宪政》，湖南人民出版社 2004 年版，第 104、115 页。

同，1936 年苏联宪法的第十章标题是"公民的基本权利和义务"，1954 年我国宪法的第三章标题也是"公民的基本权利和义务"。

　　除了 1936 年苏联宪法对"五四宪法"具有重要影响之外，1946 年的《中华民国宪法》有关人身自由，特别是在居住及迁徙自由的规定上，也是"五四宪法"的重要来源。另外，中国共产党在各个革命时期组织制定的各种具有宪法意义的法律文件，如 1931 年的《中华苏维埃共和国宪法大纲》、1939 年的《陕甘宁边区施政纲领》、1946 年《陕甘宁边区宪法原则》、1949 年的《共同纲领》等对"五四宪法"的制定也具有重要的借鉴作用。正如韩教授所指出的，1954 年我国宪法草案是"在借鉴苏联 1936 年宪法的基础上，根据中国社会发展的实际情况，以中国共产党的基本宪法观为基础，规定了公民的基本权利与义务"。① 可以说，"五四宪法"为新中国公民权利理论和实践的发展提供了强大的法律基础，其开局是好的。但在 1957 年反右扩大以后则从根本上排斥公民言论自由，任意上纲上线，给提出不同意见的人戴高帽子。在当时"左"倾思想影响下，公民的人身权利也遭受严重侵害，反右斗争中，对右派分子并不是按照法律规定和法定程序来处理，而是随意限制，剥夺他们的人身自由。对公民的财产权也不是依照法律规定征购、征用。"五四宪法"规定了公民广泛的政治权利和自由，但在现实生活中，公民政治权利不经任何程序即被剥夺，政治自由受到限制甚至被当作复辟逆流而横加批判的现象屡屡发生。从人身自由到财产权，从政治权利与自由到社会经济文化权，无一不遭受侵害和践踏。

　　7. 民族区域自治

　　新中国的领导框架确定之后，面临很多亟待处理的重大问题，民族问题就是其中之一。

　　我国少数民族众多，他们在生活方式、文化信仰等多方面与汉族有着很大区别，例如：蒙古族是游牧民族，没有固定的日常居所；回族是一个信仰伊斯兰教的民族，在饮食方面有着特别要求；藏族信仰藏传佛教。另外，我国部分少数民族的聚集地与其他国家接壤，治理难度较大，应做区别对

---

① 参见韩大元：《1954 年宪法与新中国宪政》，湖南人民出版社 2004 年版，第 95 页。

待。在经济方面也有类似情形，很多少数民族地区，尤其是边疆少数民族地区，经济发展水平远远落后于内地，由于诸多特殊因素，国家统一的宏观经济规划，对这些民族地区产生的效果并不明显。1952 年 8 月 8 日，中央人民政府委员会批准了由中央民族事务委员会草拟的《中华人民共和国民族区域自治实施纲要》。该《纲要》总结了我国建国初期民族区域自治制度的实施经验，对该制度的实施作出具体规定，为其全面实施提供了具体制度依据。因此，对各民族区别对待是我国民族政策的必然选择。面对复杂的民族问题，国家应当制定何种政策方针来维护国家统一和党的领导，是十分重要的问题。

进入全国解放战争时期后，中共中央明确提出了民族区域自治政策。以内蒙古自治区为例，1945 年 10 月 23 日，中共中央书记处在《对内蒙工作的意见》中指出："对内蒙的基本方针，在目前是实行区域自治。首先从各旗开始，争取时间，放手发动与组织蒙人的地方自治运动，建立自治政府。"在内蒙古建立民族自治政府，是中国共产党将民族区域自治政策付诸实践，构建民族区域自治制度的第一步。1947 年 4 月，内蒙古人民代表会议通过《内蒙古自治政府组织大纲》。同年 5 月 1 日，内蒙古自治区宣告成立。这是新中国成立前成立的规模最大、规章制度比较健全的民族自治区，为新中国成立以后推广区域自治提供了经验和范例，为我国民族区域自治制度奠定了基础。除了自治地方的确立以外，自治地方的自治机关就是必须要解决的问题。

中华人民共和国成立以后，我国的民族区域自治制度进入一个新的历史发展时期。《共同纲领》中关于按照聚居人口多少和区域大小分别建立自治机关的规定，在少数民族地区推广区域自治，使得战争年代逐步奠定基础的民族区域自治制度，经过新中国成立初期的推广、调整、发展，成为国家制定的一系列有关民族区域自治的行政法规，推动了民族区域自治工作的开展。自治机关应当具备哪些职能，如何与中央保持统一；如何维护民族团结；应该设立什么类型的民族自治地区成为主要问题。

（三）1954 年《中华人民共和国宪法》对上述问题的回应

**1. 阐述宪法制定的依据**

关于宪法制定的依据问题，"五四宪法"序言中有这样一段话："中国人民经过一百多年的英勇奋斗，终于在中国共产党领导下，在 1949 年取得了反对帝国主义、封建主义和官僚资本主义的人民革命的伟大胜利，因而结束了长时期被压迫、被奴役的历史，建立了人民民主专政的中华人民共和国。中华人民共和国的人民民主制度，也就是新民主主义制度，保证我国能够通过和平的道路消灭剥削和贫困，建成繁荣幸福的社会主义社会。"

宪法序言中并没有直接提到宪法制定的依据，而是总结了新中国成立之前和宪法制定之前的一系列的革命斗争，以及新中国成立之后广大人民建设社会主义的共同愿望。"五四宪法"如此阐述有其特殊意义。

首先，交代了制宪权的现实基础。宪法制定的依据即制宪权是一种始源性权力，原则上不需要任何实定法的依据，只需要现实的基础。正如宪法序言中所描述的"中国人民经过一百多年的英勇奋斗，终于在中国共产党领导下，在 1949 年取得了反对帝国主义、封建主义和官僚资本主义的人民革命的伟大胜利，因而结束了长时期被压迫、被奴役的历史，建立了人民民主专政的中华人民共和国"。中华人民共和国是人民民主专政的国家，新中国是人民共同建立的，国家的政权是掌握在人民手中的，人民成为了国家的主人，这就明确了制宪权的现实基础。

其次，明确了制宪权的正当性。制宪权的正当性源于人民的需求，在当时的历史条件下，这种需求主要就是建设社会主义。考虑到当时我国仍处在新民主主义社会，尚未完成社会主义改造，因此人民的需求首先是要从新民主主义社会向社会主义过渡。"五四宪法"作为过渡时期的宪法，就必须承担起过渡时期的历史任务，即确认党在过渡时期的总路线。可以这样说，立宪者就是基于体现和保障过渡时期的历史任务而制定"五四宪法"的。毛泽东在 1953 年 3 月初修改审定《宪法草案初稿说明》中就指出："宪法的基本任务，就是要从国家的制度、国家的权力和人民的权利等方面作出正确的适合历史需要的规定，使国家在过渡时期的总任务的完成获有法律上的保证，宪法草案的努力，首先用在这个目的上。"① 过渡时期的总路线是"五四宪法"的核心指导思想和原则，宪法对过渡时期总路线的确认，实际上就是将人民这一需求宪法化，使国家在过渡时期的总任务得到法律保障。全国人大第一次会议上，宪法制定的参与者们的讨论也表明了这一目的。林伯渠在讨论中谈道，"宪法草案指明了我国正处在逐步过渡到社会主义的历史时期，反映了我们国家在过渡时期的根本要求和全国人民建设社会主义社会的共同愿望。它规定了国家在过渡时期的总任务，指出了实现总任务的内外条件，并规定了中国人民为此奋斗的道路。这些规定是完全以中国现有的社会情况为根据的"。② 彭真认为，"宪法草案不仅用法律形式肯定了我国人民已取得的成果，并且明确规定了我国人民进行社会主义建设和社会主义改造的目标和道路。它是我国各族人民的利益和意志的最集中表现"。③ 沈钧儒认为，"通过这个宪法就是向全世界宣布，六万万中国人自觉自愿地共同一致地决定要走他们自己选定的道路，这不是封建主义的道路，也不是资本主义、帝国主义的道路。我们要完成社会主义建设和社会主义改造，来消灭剥削，消灭贫困，过渡到社会主义社会。我们的子子孙孙将要过着和过去不能相比的繁荣幸福、和平快乐的日子"。④ 周鲠生认为，宪法"是铺平道路达到社会主义社会"。⑤ 从这些讨论中不难看出，"五四宪法"的主要历史使命，就是保障过渡时期总路线的实现，完成新民主主义社会向社会主义社会的过渡不仅是中国共产党的目标，也是中国人民的伟大理想和目标。为把我国建设成为一个伟大的社会主义国家而奋斗，是全国各族人民的共识。在当时的历史条件下，我国在各方面都非常落后，用毛泽东的话来说："现在我们能造什么？能造桌子椅子，能造茶碗茶壶，能种粮食，还能磨成面粉，还能造纸，但是，一辆汽车、一架飞机、一辆坦克、一辆拖拉机都不能造。"⑥ 在这样的

---

① 《十四大以来重要文献选编》，人民出版社 1997 年版，第 1606 页。
② 《十五大以来重要文献选编》中，人民出版社 2000 年版，第 63 页。
③ 《十五大以来重要文献选编》中，人民出版社 2000 年版，第 163 页。
④ 《十五大以来重要文献选编》中，人民出版社 2000 年版，第 180—181 页。
⑤ 《十五大以来重要文献选编》中，人民出版社 2000 年版，第 687 页。
⑥ 《毛泽东文集》第六卷，人民出版社 1999 年版，第 329 页。

情况下，改变贫穷落后的面貌，实现民族复兴是执政党和中华民族所面对的共同问题。"五四宪法"的制定，正是基于复兴中华的共同愿望。过渡时期的总路线，体现的就是实现国家富强人民富裕的必由之路，这一道路是中国人民集体意志的选择，宪法的这一规定体现了人民的需求，也就保障了制宪活动的正当性。

### 2.明确宪法制定的主体

"五四宪法"对宪法制定主体的阐述分为两个部分，首先是宪法序言部分的阐述："中华人民共和国第一届全国人民代表大会第一次会议，1954 年 9 月 20 日在首都北京，庄严地通过《中华人民共和国宪法》。"

"五四宪法"对宪法制定主体的阐述，是按照人民、制宪机关的二分法来进行的。表面上看，似乎"五四宪法"的制定主体是全国人民代表大会，然而实际上宪法的制定主体仍然是人民，制宪权由人民享有而由全国人民代表大会代为行使。

这样阐述的意义在于：首先是便于制宪权的行使。虽然制宪权的主体是人民，但是人民是一个整体的概念，是无数人的集合体，制宪权的实现往往很难也没有必要由全体国民直接行使。为了实现制宪权的具体化，每个国家都会根据制宪的需要成立各种形式的制宪机关，由制宪机关依据人民的公意，具体负责宪法的制定。中国是一个大国，幅员辽阔，人口众多，通过全民投票讨论的方式来制定宪法，难度非常大。在制定"五四宪法"时，全国人口接近 6 亿，如果要由全体国民共同讨论来制定宪法，不仅需要耗费大量的人力、物力，还可能要经过相当长的时间，从技术层面来看几乎是不可操作的。

其次是强化了宪法的民主性。1949 年由于我国尚未确立人民代表大会制度，中国人民政治协商会议代行了一定的制宪权，这一制宪权的基础来源于政协会议的广泛代表性以及它被赋予的代表机关地位，第一届政协会议制定的《共同纲领》也起到了临时宪法的作用，在我国各项事业的开展上发挥了广泛的指导作用。但是，政协会议的代表并不是通过选举产生的，由政协会议来制定宪法，其民主性会受到质疑。这一点从斯大林对中国共产党提出的制定宪法的意见中就可以看出来。1952 年中共中央就开始考虑是否需要制定一部宪法的问题。1952 年刘少奇率中共代表团去苏联参加苏共第十九次代表大会时转交了毛泽东给斯大林的一封信，其中就提到了中共对制定宪法的考虑。中共中央认为，全国政协在全国受到高度的信赖，各民主党派均对召开全国政协会议持积极态度而对召开全国人民代表大会并不积极。同时，《共同纲领》在人民群众和各个阶层中间也已经树立了良好的威信，在过渡时期以《共同纲领》代替宪法作为国家的根本大法仍然是可以胜任的。制定宪法在很大程度上都是对《共同纲领》的重复，只是条文的修改和文件名称的改变而已。因此，中共中央认为可以在政协会议中对《共同纲领》的内容进行补充和完善，待中国完成了向社会主义的过渡之后再来制定宪法。斯大林在看过毛泽东的来信后，会见了刘少奇率领的中共代表团。在此期间，斯大林表达了希望中国制定现阶段宪法的建议，这样做的目的主要是防止敌人的反对，因为如果中国不制定宪法，敌人就可以利用两种借口来反对现政权：一个是没有进行选举，中华人民共和国的政府不是通过选举产生的；二是国家没有宪法。政协也不是选举产生的，人家可以说你们是通过武力来控制位子的，是自封的；《共同纲领》也不是由全国人民的代表通过的，而是由一个政党提出，其他党派予以同意的东西。斯大林建议中共从敌人的手里拿掉这个武器，通过制宪将《共同纲领》变成根本大法。① 从斯大林的建议中，我们就可以看出，《共同纲领》之所以不能作为宪法，最主要的原因就是缺乏民主性。之所以缺乏民主性，是因为《共同纲领》的制定主体。《共同纲领》是由中国共产党提出，由其他民主党派同意后在中国人民政治协商会议上通过的。制定主体是中国共产党和各民主党派的代表，这些代表没有通过选举的程序，也就没有获得人民的授权，不能直接代表人民行使制宪权。政协会议也没有得到人民的授权，只是各党派召开的会议，因此也不能作为制宪机关。"五四宪法"在序言中明确地将全国人民代表大会规定为制宪机关，无疑是强化了宪法的民主性。人民代表大会是由人民民主选举产生的代表组成的，获得了广大人民的授权，其所进行的行为就可以视为人民的行为。全国人大具有广泛的民主性，能充分反映人民的意志和利益，制定

① 参见许崇德：《中华人民共和国宪法史》上卷，福建人民出版社 2005 年版，第 11 页。

出合乎绝大多数人民利益的宪法。全国人民代表大会作为制宪机关，增强了我国宪法的民主性，不仅消除了包括国民党反动派和帝国主义在内的敌对势力污蔑和抹黑中华人民共和国政权合法性的口实，也获得全国人民和世界人民的广泛认同。

最后是体现了人民的权力主体地位，如前所述，人民是个整体概念，不宜直接行使制宪权，因此才将制宪权交给全国人大行使。全国人大的制宪机关地位与人民的制宪权主体地位并不矛盾。人民作为制宪权的主体是人民主权原则的直接体现，确立了公民在政治国家中的宪法地位。在民主为前提的宪政制度之下，人民是主权的所有者。人民通过对制宪权的掌握和间接的行使，完成了从臣民向公民的转化，从权力的客体变成了权力的主体。人民不再是为国家所支配的"物"，国家成立的唯一目标就是为保障人民的权利而服务。人民作为制宪权主体，表明了政治社会中，人民的自我统治、自我管理和自我决断。

3. 确立社会主义的国家性质

1954 年 9 月 20 日第一届全国人民代表大会第一次会议通过的《中华人民共和国宪法》中第一条规定："中华人民共和国是工人阶级领导的、以工农联盟为基础的人民民主国家。"由此可以看出，"五四宪法"规定的我国的国家性质是社会主义社会的人民民主专政，是工人阶级领导的、以工农联盟为基础的人民民主国家。①

国体指的是"社会各阶级在国家中的地位"，② 它必须说明哪个或哪些阶级掌握国家政权，哪个或哪些阶级不掌握国家政权。因此，国体反映的是国家主权的所有问题，表明哪个或哪些阶级的人民当家作主。国体作为国家政权的所有形式，它现实地规定社会各阶级在国家中的地位。国体之所以存在差异，源于社会各阶级在国家政权中的地位不同，因而客观地揭示出国家的阶级本质。而社会各阶级地位的变化，取决于他们对民主革命的倾向和态度。"五四宪法"中对统治阶级所作的表述实际上是比较含糊的，"工人阶级

---

① 参见朱国斌：《中国宪法与政治制度》第二版，法律出版社 2006 年版，第 11 页。

② 《毛泽东选集》第二卷，人民出版社 1991 年版，第 676 页。

领导的、以工农联盟为基础的人民民主国家"虽然说明了工人阶级的领导地位，但并没有确立社会主义性质，也就没有针对社会其他阶级尤其是资产阶级。

这样的回应首先是满足了过渡时期宪法的需要。"五四宪法"并不是一部社会主义国家的宪法，而是一部过渡时期的宪法。在新中国成立之后到社会主义改造完成之前，我国都还处于从新民主主义国家向社会主义国家过渡的阶段。关于这一点宪法序言作了明确规定："从中华人民共和国成立到社会主义社会建成，这是一个过渡时期。国家在过渡时期的总任务是逐步实现国家的社会主义工业化，逐步完成对农业、手工业和资本主义工商业的社会主义改造。我国人民在过去几年内已经胜利地进行了改革土地制度、抗美援朝、镇压反革命分子、恢复国民经济等大规模的斗争，这就为有计划地进行经济建设、逐步过渡到社会主义社会准备了必要的条件。"[1] 新中国成立之前所进行的革命活动，并不完全是由工人阶级和农民阶级独立完成的，是在共产党的领导之下，联合一切可以联合的力量，共同奋斗的结果，这其中就包括小资产阶级和民族资产阶级当中的进步人士。在社会主义改造完成之前，这些阶级仍然是存在的。在过渡时期无法明确地将国家的性质定义为新民主主义国家或者是社会主义国家。

其次是满足了维持统一战线的需要。在中国共产党的历史上多次提到了统一战线的问题。在 1949 年由中国人民政治协商会议第一次会议通过的《共同纲领》就在序言中提到："中国人民民主专政是中国工人阶级、农民阶级、小资产阶级、民族资产阶级及其他爱国民主分子的人民民主统一战线的政权，而以工农联盟为基础，以工人阶级为领导。由中国共产党、各民主党派、各人民团体、各地区、人民解放军、各少数民族、国外华侨及其他爱国民主分子的代表们所组成的中国人民政治协商会议，就是人民民主统一战线的组织形式。""五四宪法"也再次对统一战线进行了确认，在其序言中规定："我国人民在建立中华人民共和国的伟大斗争中已经结成以中国共产党

---

[1] 1954 年 9 月 20 日第一届全国人民代表大会第一次会议通过的《中华人民共和国宪法（1954 年）》序言。

为领导的各民主阶级、各民主党派、各人民团体的广泛的人民民主统一战线。今后在动员和团结全国人民完成国家过渡时期总任务和反对内外敌人的斗争中，我国的人民民主统一战线将继续发挥它的作用。"统一战线是我国反对国内外敌人斗争和进行国家建设的重要保障，尤其是在过渡时期，各方面的形势都较为复杂，国家政权还不够稳固，积极维护统一战线是必要的。在对国体的描述中，没有直接将工人阶级作为统治阶级，而是作为领导阶级，有利于保障其他阶级尤其是资产阶级的基本利益，不会引起统一战线内部的分化和瓦解，有利于维持国家在过渡时期的稳定。

宪法序言中关于国家性质的阐述还为人民民主专政奠定了法律基础。毛泽东在《论人民民主专政》一文中解释了人民的内涵，他说："人民是什么？在中国，在现阶段，是工人阶级，农民阶级，城市小资产阶级和民族资产阶级。"[①] 人民民主专政就是对人民内部的民主和对反动派的专政，二者相互结合就是人民民主专政。人民民主专政的前提就是要分清人民的范围，确立人民的地位。宪法序言中强调了工人阶级的领导地位和农民阶级的基础地位。人民民主专政需要工人阶级的领导，这是由工人阶级自身的性质所决定的，工人阶级是所有阶级中最具革命彻底性的阶级。人民民主专政的基础是工人阶级、农民阶级和小资产阶级的联盟，但主要是工人阶级和农民阶级的联盟，这两个阶级占据了当时中国总人口数的 80% 到 90%，其中又以农民阶级的数量最为庞大。由新民主主义社会向社会主义社会的过渡主要依靠这两个阶级的力量。工人阶级的革命彻底性使之在革命斗争中占据领导地位，农民阶级的庞大数量使之处于基础地位，这两个阶级是人民民主专政的主力。宪法在国家性质的规定中确立了这两个阶级在国家和政治中的地位，使之宪法化，为巩固人民民主专政奠定了法律基础。

4. 确立人民代表大会制度

1954 年 9 月 20 日第一届全国人民代表大会第一次会议通过的《中华人民共和国宪法》中第 2 条规定："中华人民共和国的一切权力属于人民。人民行使权力的机关是全国人民代表大会和地方各级人民代表大会。全国人

---

① 《毛泽东选集》第四卷，人民出版社 1991 年版，第 1475 页。

代表大会、地方各级人民代表大会和其他国家机关，一律实行民主集中制。"第 21 条规定："中华人民共和国全国人民代表大会是最高国家权力机关。"第 22 条规定："全国人民代表大会是行使国家立法权的唯一机关。"第 55 条规定："地方各级人民代表大会都是地方国家权力机关。"这些规定说明，人民代表大会是人民行使权利的机关，属于国家权力机关。其他一切国家机构，包括国家主席、国务院、人民法院院长、人民检察院检察长，都由人民代表大会选举产生，隶属于人民，服务于人民，接受人民的监督，努力为人民服务。第 28 条规定："全国人民代表大会有权罢免下列人员：（一）中华人民共和国主席、副主席；（二）国务院总理、副总理、各部部长、各委员会主任、秘书长；（三）国防委员会副主席和委员；（四）最高人民法院院长；（五）最高人民检察院检察长。"第 52 条规定："国务院对全国人民代表大会负责并报告工作；在全国人民代表大会闭会期间，对全国人民代表大会常务委员会负责并报告工作。"第 80 条规定："最高人民法院对全国人民代表大会负责并报告工作；在全国人民代表大会闭会期间，对全国人民代表大会常务委员会负责并报告工作。地方各级人民法院对本级人民代表大会负责并报告工作。"第 84 条规定："最高人民检察院对全国人民代表大会负责并报告工作；在全国人民代表大会闭会期间，对全国人民代表大会常务委员会负责并报告工作。"所以，"五四宪法"确定的人民代表大会制度是一种人民权利至上的制度，是中国的根本政治制度。

1949 年至 1954 年，是中华人民共和国政治制度的初创阶段，带有明显的过渡时期的色彩。1954 年至 1967 年，中华人民共和国政治制度处于基本定型和正常运行阶段。1954 年 9 月 20 日，第一届全国人民代表大会第一次会议通过了《中华人民共和国宪法》，"这是中华人民共和国第一部宪法，标志着比较完整、比较规范的中华人民共和国政治制度的形成"。[①] 其中人民代表大会制度是中国宪政最具特色的政治制度，它与西方资本主义国家宪法所确立的三权分立的宪政体制具有根本性区别。1950 年 2 月，刘少奇在北京市第三届人民代表会议上的讲话指出："新民主主义的人民代表会议与人

---

① 参见白钢：《中国政治制度史》下卷，天津人民出版社 2002 年版，第 941 页。

民代表大会制度，已经证明，在将来的历史上还会要证明，它是比任何旧民主主义的议会制度要无比优越的，对人民来讲，它比旧民主主义的议会制度要民主一万倍。"① 人民代表大会制度是人民主权原则在中国的具体体现，如果说"一切权力属于人民"仅为主权在民原则提供了理论来源的话，那么人民代表大会制度则是主权在民原则的现实化。人大制度"不同于三权分立制度，人大制度是对人民民主的高度信任的产物，是对人民至上的一种信仰，它从不怀疑人民民主，从不对人民民主抱有高度的警觉"。②

人民代表大会制度是我国的政权组织形式，是我国的根本政治制度。我国是工人阶级领导的、以工农联盟为基础的人民民主专政的社会主义国家，人民代表大会制度在人民代表大会的组成、人民代表大会与同级其他国家机关的关系以及人民代表大会制度在行使和实现国家权力等方面和环节直接反映了国家性质。《共同纲领》规定"人民行使国家权力的机关为各级人民代表大会和各级政府，各级人民代表大会用普选方法产生之"。这从法律上确立了人民代表大会制度。"五四宪法"的颁布与实施，标志着人民代表大会制度的正式建立。毛泽东同志在总结我国政权组织形式的经验时指出，新民主主义的政权组织，应该采取民主集中制，由各级人民代表大会决定大政方针，选举政府。它是民主的，又是集中的，就是说，在民主的基础上集中，在集中的指导下民主。只有这个制度才"既能表现广泛的民主，使各级人民代表大会有高度的权力；又能集中处理国事，使各级政府能集中地处理被各级人民代表大会所委托的一切事务，并保障人民的一切必要的民主活动"。③ 这是我国最早的关于人民代表大会制度的理论阐述。可见，"人民代表大会制度是我国人民在革命斗争中自己创造的政权组织形式，它不以任何其他政治制度作为产生的依据，不依赖其他政治制度的存在而产生，表现出了在整个政治制度中的基础性地位"。④

---

① 《刘少奇选集》下卷，人民出版社 1985 年版，第 57 页。
② 参见范进学：《中国特色社会主义宪政发展论》，上海人民出版社 2010 年版，第 114 页。
③ 《毛泽东选集》第三卷，人民出版社 1991 年版，第 1057 页。
④ 范进学：《中国特色社会主义宪政发展论》，上海人民出版社 2010 年版，第 114 页。

"五四宪法""不是完全社会主义宪法，它是一个过渡时期的宪法"。①
这一时期政治制度中确立人民代表大会制度的意义是什么？ 1953 年 1 月 1
日，《人民日报》在元旦社论中，把"召集全国人民代表大会，通过宪法，
通过国家建设计划"列为 1953 年三项伟大任务。之所以将召集人民代表大
会列为三项伟大任务之首，是因为人民代表大会制度便于人民管理国家。我
国是人民民主专政的社会主义国家，人民是国家的主人，国家的一切权利属
于人民。我国人民正是通过人民代表大会制度这一具有中国特色的代议制度
来管理国家。另外，人民代表大会制度便于统一行使国家权力，有效地进行
国家管理。"五四宪法"规定国家的一切权力属于人民，人民行使国家权力
的机关是全国人民代表大会和地方各级人民代表大会，人民代表大会制度建
立了将人民的权利转换为国家权力，并由全国人民代表大会和地方各级人民
代表大会统一行使国家权力的机制。这使得中国共产党人和中国人民离不断
追求人民民主奋斗目标的实现更近了一步。

5. 确立四种所有制并存的经济制度

"五四宪法"第 5 条至第 16 条规定了过渡时期我国基本的经济制度和基
本经济政策，主要规定了我国的所有制形式为四种所有制并存，第 5 条明确
规定："中华人民共和国的生产资料所有制现在主要有下列各种：国家所有
制，即全民所有制；合作社所有制，即劳动群众集体所有制；个体劳动者所
有制；资本家所有制。"这也就实际上确认了"按劳分配"与"按生产要素
分配"并存的分配制度。第 6 条至第 10 条分别规定了我国不同所有制在国
家经济体系中的地位、功能和未来发展的方向和命运，确定了国家对不同所
有制经济的总体的政策安排和导向，这既反映了当时中国生产力发展的实际
水平，又体现了社会主义方向，具体表现为国营经济是全民所有制的社会主
义经济，是国民经济中的领导力量和国家实现社会主义改造的物质基础。第
6 条规定国家保证优先发展国营经济；合作社经济是劳动群众集体所有制的
社会主义经济，或者劳动群众部分集体所有制的半社会主义经济，其中劳动
群众部分集体所有制是组织个体农民、个体手工业者或者其他个体劳动者走

---

① 《毛泽东文集》第六卷，人民出版社 1999 年版，第 329 页。

向劳动群众集体所有制的过渡形式。第 7 条规定国家鼓励、指导、帮助合作社经济的发展，并以发展生产合作作为改造个体农业和个体手工业的主要道路。第 8 条及第 9 条规定国家总体上保护农村和城市个体经济，指导和帮助个体农民和城市手工业者增加生产、改善经营，鼓励他们根据自愿原则组织生产合作、供销合作和信用合作，对富农经济实行限制和逐步消灭的政策。第 10 条规定国家依照法律保护资本家的生产资料所有权和其他资本所有权，对资本主义工商业采取利用、限制改造的政策，逐步以全民所有制代替资本家所有制。从而在基本经济制度方面，公开确定了不同所有制形式的不平等性，明确规定了社会主义的发展方向，保证了经济基础向社会主义过渡，具有鲜明的过渡时期特点。此外，还明确规定"国家用经济计划指导国民经济的发展和改造，使生产力不断提高，以改进人民的物质生活和文化生活，巩固国家的独立和安全"。这实际上也预示了中国将实行计划经济。

新中国成立 60 多年来，伴随着经济体制的变革，经济制度也经历了曲折复杂的演进。从严格意义上讲，我国现行的经济体制是改革开放后才陆续制定的。改革开放之前，我国的经济法律制度很不完善，以政策代替法律的现象普遍存在，因此，"五四宪法"中关于经济制度的阐述，许多内容属于政策性规范文件。①

6. 确立公民的基本权利和义务

"五四宪法"开新中国宪法之先河，以后的三部宪法，体例和基本规定都以"五四宪法"为蓝本。"五四宪法"设有"公民的基本权利和义务"专章，其中规定公民权利的有 10 条，最后 4 条规定公民义务。"五四宪法"在公民的基本权利上规定比较完整，形成了基本完善的公民基本权利体系结构，内容包括了平等权、自由权、财产权和社会权。

平等权方面，注重形式平等与实质平等的统一。"五四宪法"克服了自由主义宪法的形式平等，强调政治平等。第 1 条规定了公民没有限制的平等和普遍选举权。第 86 条规定："中华人民年满十八周岁的公民，不分民族、

① 参见杨一凡、陈寒枫、张群主编：《中华人民共和国法制史》，社会科学文献出版社 2010 年版，第 245 页。

种族、性别、职业、社会出身、宗教信仰、教育程度、财产状况、居住期限
都有选举权和被选举权，但是有精神病的人和按照法律被剥夺选举权和被选
举权的人除外。"第85条规定"中华人民共和国公民在法律上一律平等"。
政治平等的条款对其他条款具有价值指引作用，其在宪法权利体系中的位置
决定了在一切权利关系中都必须包容平等。"五四宪法"对平等权的规定把
形式平等和实质平等结合了起来。

　　自由权规定注重政治自由及物质与制度保障。"五四宪法"第87条规
定："中华人民共和国公民有言论、出版、集会、结社、游行、示威的自
由。"同时还规定，"国家供给必需的物质上的便利，以保证公民享有这些自
由"。在自由的种类上，既规定宗教信仰自由，也规定人身自由和安全。而
且，为了保证政治自由的实现，"五四宪法"还规定了公民对国家机关工作
人员的监督。第97条规定"中华人民共和国公民对于任何违法失职的国家
机关工作人员，有向各级国家机关提出书面控告和口头控告的权利，由于国
家机关工作人员侵犯公民权利而受到损失的人，有取得赔偿的权利"。该条
规定了国家机关工作人员行使权力时不得侵犯公民权利，其既是对国家机
关工作人员行使民主权利时予以监督，也是公民的救济性权利。这些说明，
"五四宪法"对国家权力属性、国家权力的目的、人民民主制度的实质是有
着深刻认识的。

　　多种所有制并存的财产权和社会权。"五四宪法"根据过渡时期的特点，
规定了全民所有制、合作社所有制等五种生产资料所有制形式，对财产权作
了符合社会实际情况的规定，显得较为务实，这些规定不仅对各类所有权
包括公民、个体（手工业者）、资本家（私营经济）、个人财产权（合法收
入、私有财产的继承权）作出了规定，而且还设置了完全的保障，既规定征
购、征用和征收，也规定禁止任何人利用私有财产破坏公共利益。第8条规
定"国家依照法律保护手工业者和其它非农业的个体劳动者的生产资料所有
权"，第13条规定"国家为了公共利益的需要，可以依照法律规定的条件，
对城乡土地和其他生产资料实行征购、征用或者征归国有"。在社会权的规
定上，"五四宪法"对社会权的规定符合社会主义国家性质的要求，第91
条、第92条、第93条、第94条、第95条、第96条分别规定了"劳动的

权利""受教育的权利""公民在文学艺术领域的权利"以及"妇女社会地位方面的权利"，这些权利对于一个百废待兴的国家，保障人民最低限度物质、文化需求的满足，从而为个人体会人之为人的尊严，感受到社会关系中人人平等提供了可能，这构成了"五四宪法"作为一部社会主义类型宪法在公民基本权利体系方面的显著特征。

"五四宪法"第 100 条、第 101 条、第 102 条和第 103 条分别规定了公民有遵守宪法、法律、劳动纪律、公共秩序、尊重社会公德的义务，爱护和保卫公共财产的义务，依法纳税的义务和依法服兵役的义务。

"五四宪法"将爱护和保卫公共财产的义务单独列为一条，且在第 1 条中强调了"公共财产神圣不可侵犯"，"五四宪法"之前的《共同纲领》以及其后的三部宪法都没有对此单独规定。这充分说明制宪主体对公共财产的重视，也意在强调这一义务的重要性，更凸显出"五四宪法"集体主义的价值取向。另外，"五四宪法"第 100 条的遵守宪法、法律、劳动纪律、公共秩序，尊重社会公德的义务，具有一定道德意义上的指导性质，可归入道义性义务的范畴。

但是，"五四宪法"对公民权利和义务的规定并没有得到恰当的实施。随后到来的十年"文革"动荡，使"五四宪法"中公民基本权利和义务的规范受到无情漠视和肆意践踏。

7. 确立民族区域自治制度

我国是一个统一的多民族国家，各民族在政治、经济、文化等方面各具特色，这就要求民族区域自治制度必须符合中国国情，符合少数民族的实际情况。

"五四宪法"总纲的规定决定了各民族自治地方都是中华人民共和国不可分离的部分。每个实行民族区域自治的地方都是中国领土范围内行政区域的一部分，同国内的其他区域一样，是中央领导下的一级地方政权，没有同祖国分离的权利。从政治层面来说，民族区域自治制度必须符合中国国情，必须坚持中国共产党的领导，必须坚持国家主权统一而不可分割，必须坚持民族团结；从经济层面来说，自治地方的经济发展政策必须在中央的统一领导下，根据该地区经济的实际发展状况而制定，切实提高该地区的经济发展水平；从文化层面来说，各民族都有其独具特色又历史悠久的文化，在中央的统一领导下，其文化政策必须适应该民族实际情况，尊重其宗教信仰，大力弘扬其特有的民族文化。另外在民族区域自治制度设立伊始便注意在保障少数民族同胞享有与汉族同胞平等权利的同时，对少数民族有所倾向和扶持。

建立民族自治地方是实现民族区域自治的首要步骤，要注意以下几点：(1) 在少数民族聚集的地方，根据当地民族关系、经济发展等条件，参照历史情况，可以建立以一个或几个少数民族聚集区为基础的自治地方。(2) 在一个民族自治地方的其他少数民族聚居的地方，可以建立相应的自治地方或者民族乡。这一原则，包含两层含义：一是在一个民族自治地方内的其他少数民族聚居的地方，具备建立民族自治地方条件的，可以建立相应的自治地方。如在一个自治区内，还可以建立若干个自治州或者自治县。二是在一个民族自治地方内的其他少数民族聚居的地方，若不具备建立自治地方的条件，而具备建立民族乡条件的可以建立若干个民族乡。(3) 民族自治地方根据本地方的实际情况还可以包括一部分汉族或其他民族的居民区和城镇。它既有利于民族平等、团结、互相繁荣，同时又适应我国民族分布的状况。①

民族自治地方，是以一个或几个少数民族聚居区为基础建立起来的，我国已建立的民族自治地方类型基本包括四种：(1) 以一个少数民族聚居区为基础建立的自治地方。如西藏自治区、宁夏回族自治区等。其特点是实行区域自治的少数民族只有一个，在所辖的区域内，一般也没有其他的少数民族自治地方。值得注意的是，在这类自治地方内，虽然是以一个少数民族为区域自治的民族，但也包括相当数量的汉族或者其他少数民族人口。(2) 以一个人口较多的少数民族聚居区为基础，同时又包括一个或者几个人口较少的其他少数民族聚居区所建立的自治地方。如广西壮族自治区、内蒙古自治区、新疆维吾尔自治区等。这类自治地方的特点是，在所辖区域内，还建立若干个其他少数民族自治地方。② (3) 以两个或者两个以上的少数民族聚居

---

① 参见蒋碧昆、许清：《宪法学》，中国政法大学出版社 1999 年版，第 203—204 页。

② 参见蒋碧昆、许清：《宪法学》，中国政法大学出版社 1999 年版，第 203 页。

区为基础联合建立的自治地方。其特点是在于，由几个聚居的少数民族联合建立一个自治地方，联合的自治民族的人口比例占自治地方人口总数的60%左右。（4）有一些汉族人口占绝大比例的省份，例如辽宁、湖北等，其所辖范围内也有少部分少数民族聚居的情况，同样设立相应的民族自治州、自治县。

实行民族区域自治制度，有其独特的优越性。一是这一制度保障了各种不同聚居情况的少数民族都能行使区域自治的权利；二是这一制度促进了社会主义民族关系的巩固和发展；三是这一制度维护了国家的统一，有助于切实贯彻执行党和国家的方针政策，密切联系当地民族群众，掌握当地民族特点，深刻理解当地民族心理；四是这一制度的实施，促进了少数民族地区的政治、经济、文化的新发展。民族区域自治制度是适合我国国情，解决我国民族问题的基本制度，是中国各少数民族人民在党的领导下，根据我国实际情况做出的历史选择。

**附：1954 年《中华人民共和国宪法》文本（1954 年 9 月 20 日）**

## 《中华人民共和国宪法》（1954 年）

（1954 年 9 月 20 日第一届全国人民代表大会第一次会议通过）

## 序　言

中国人民经过一百多年的英勇奋斗，终于在中国共产党领导下，在1949 年取得了反对帝国主义、封建主义和官僚资本主义的人民革命的伟大胜利，因而结束了长时期被压迫、被奴役的历史，建立了人民民主专政的中华人民共和国。中华人民共和国的人民民主制度，也就是新民主主义制度，保证我国能够通过和平的道路消灭剥削和贫困，建成繁荣幸福的社会主义社会。

从中华人民共和国成立到社会主义社会建成，这是一个过渡时期。国家在过渡时期的总任务是逐步实现国家的社会主义工业化，逐步完成对农业、手工业和资本主义工商业的社会主义改造。我国人民在过去几年内已经胜利地进行了改革土地制度、抗美援朝、镇压反革命分子、恢复国民经济等大规模的斗争，这就为有计划地进行经济建设、逐步过渡到社会主义社会准备了必要的条件。

中华人民共和国第一届全国人民代表大会第一次会议，1954 年 9 月 20 日在首都北京，庄严地通过中华人民共和国宪法。这宪法以 1949 年的中国人民政治协商会议共同纲领为基础，又是共同纲领的发展。这个宪法巩固了我国人民革命的成果和中华人民共和国建立以来政治上、经济上的新胜利，并且反映了国家在过渡时期的根本要求和广大人民建设社会主义社会的共同愿望。

我国人民在建立中华人民共和国的伟大斗争中已经结成以中国共产党为领导的各民主阶级、各民主党派、各人民团体的广泛的人民民主统一战线。今后在动员和团结全国人民完成国家过渡时期总任务和反对内外敌人的斗争中，我国的人民民主统一战线将继续发挥它的作用。

我国各民族已经团结成为一个自由平等的民族大家庭。在发扬各民族间的友爱互助、反对帝国主义、反对各民族内部的人民公敌、反对大民族主义和地方民族主义的基础上，我国的民族团结将继续加强。国家在经济建设和文化建设的过程中将照顾各民族的需要，而在社会主义改造的问题上将充分注意各民族发展的特点。

我国同伟大的苏维埃社会主义共和国联盟、同各人民民主国家已经建立了牢不可破的友谊，我国人民同全世界爱好和平的人民的友谊也日见增进，这种友谊将继续发展和巩固。我国根据平等、互利、互相尊重主权和领土完整的原则同任何国家建立和发展外交关系的政策，已经获得成就，今后将继续贯彻。在国际事务中，我国坚定不移的方针是为世界和平和人类进步的崇高目的而努力。

## 第一章　总　纲

**第一条**　中华人民共和国是工人阶级领导的、以工农联盟为基础的人民民主国家。

**第二条**　中华人民共和国的一切权力属于人民。人民行使权力的机关是全国人民代表大会和地方各级人民代表大会。

全国人民代表大会、地方各级人民代表大会和其他国家机关，一律实行民主集中制。

**第三条**　中华人民共和国是统一的多民族的国家。

各民族一律平等。禁止对任何民族的歧视和压迫，禁止破坏各民族团结的行为。

各民族都有使用和发展自己的语言文字的自由，都有保持或者改革自己的风俗习惯的自由。

各少数民族聚居的地方实行区域自治。各民族自治地方都是中华人民共和国不可分离的部分。

**第四条**　中华人民共和国依靠国家机关和社会力量，通过社会主义工业化和社会主义改造，保证逐步消灭剥削制度，建立社会主义社会。

**第五条**　中华人民共和国的生产资料所有制现在主要有下列各种：国家所有制，即全民所有制；合作社所有制，即劳动群众集体所有制；个体劳动者所有制；资本家所有制。

**第六条**　国营经济是全民所有制的社会主义经济，是国民经济中的领导力量和国家实现社会主义改造的物质基础。国家保证优先发展国营经济。

矿藏、水流，由法律规定为国有的森林、荒地和其他资源，都属于全民所有。

**第七条**　合作社经济是劳动群众集体所有制的社会主义经济，或者是劳动群众部分集体所有制的半社会主义经济。劳动群众部分集体所有制是组织个体农民、个体手工业者和其他个体劳动者走向劳动群众集体所有制的过渡形式。

国家保护合作社的财产，鼓励、指导和帮助合作社经济的发展，并且以发展生产合作为改造个体农业和个体手工业的主要道路。

**第八条**　国家依照法律保护农民的土地所有权和其他生产资料所有权。

国家指导和帮助个体农民增加生产，并且鼓励他们根据自愿的原则组织生产合作、供销合作和信用合作。

国家对富农经济采取限制和逐步消灭的政策。

**第九条**  国家依照法律保护手工业者和其他非农业的个体劳动者的生产资料所有权。

国家指导和帮助个体手工业者和其他非农业的个体劳动者改善经营，并且鼓励他们根据自愿的原则组织生产合作和供销合作。

**第十条**  国家依照法律保护资本家的生产资料所有权和其他资本所有权。

国家对资本主义工商业采取利用、限制和改造的政策。国家通过国家行政机关的管理、国营经济的领导和工人群众的监督，利用资本主义工商业的有利于国计民生的积极作用，限制它们的不利于国计民生的消极作用，鼓励和指导它们转变为各种不同形式的国家资本主义经济，逐步以全民所有制代替资本家所有制。

国家禁止资本家的危害公共利益、扰乱社会经济秩序、破坏国家经济计划的一切非法行为。

**第十一条**  国家保护公民的合法收入、储蓄、房屋和各种生活资料的所有权。

**第十二条**  国家依照法律保护公民的私有财产的继承权。

**第十三条**  国家为了公共利益的需要，可以依照法律规定的条件，对城乡土地和其他生产资料实行征购、征用或者收归国有。

**第十四条**  国家禁止任何人利用私有财产破坏公共利益。

**第十五条**  国家用经济计划指导国民经济的发展和改造，使生产力不断提高，以改进人民的物质生活和文化生活，巩固国家的独立和安全。

**第十六条**  劳动是中华人民共和国一切有劳动能力的公民的光荣的事情。国家鼓励公民在劳动中的积极性和创造性。

**第十七条**  一切国家机关必须依靠人民群众，经常保持同群众的密切联系，倾听群众的意见，接受群众的监督。

**第十八条**  一切国家机关工作人员必须效忠人民民主制度，服从宪法和法律，努力为人民服务。

**第十九条**  中华人民共和国保卫人民民主制度，镇压一切叛国的和反革命的活动，惩办一切卖国贼和反革命分子。

国家依照法律在一定时期内剥夺封建地主和官僚资本家的政治权利，同时给以生活出路，使他们在劳动中改造成为自食其力的公民。

**第二十条**　中华人民共和国的武装力量属于人民，它的任务是保卫人民革命和国家建设的成果，保卫国家的主权、领土完整和安全。

## 第二章　国家机构

### 第一节　全国人民代表大会

**第二十一条**　中华人民共和国全国人民代表大会是最高国家权力机关。

**第二十二条**　全国人民代表大会是行使国家立法权的唯一机关。

**第二十三条**　全国人民代表大会由省、自治区、直辖市、军队和华侨选出的代表组成。

全国人民代表大会代表名额和代表产生办法，包括少数民族代表的名额和产生办法，由选举法规定。

**第二十四条**　全国人民代表大会每届任期四年。

全国人民代表大会任期届满的两个月以前，全国人民代表大会常务委员会必须完成下届全国人民代表大会代表的选举。如果遇到不能进行选举的非常情况，全国人民代表大会可以延长任期到下届全国人民代表大会举行第一次会议为止。

**第二十五条**　全国人民代表大会会议每年举行一次，由全国人民代表大会常务委员会召集。如果全国人民代表大会常务委员会认为必要，或者有五分之一的代表提议，可以临时召集全国人民代表大会会议。

**第二十六条**　全国人民代表大会举行会议的时候，选举主席团主持会议。

**第二十七条**　全国人民代表大会行使下列职权：

（一）修改宪法；

（二）制定法律；

（三）监督宪法的实施；

（四）选举中华人民共和国主席、副主席；

（五）根据中华人民共和国主席的提名，决定国务院总理的人选，根据国务院总理的提名，决定国务院组成人员的人选；

（六）根据中华人民共和国主席的提名，决定国防委员会副主席和委员的人选；

（七）选举最高人民法院院长；

（八）选举最高人民检察院检察长；

（九）决定国民经济计划；

（十）审查和批准国家的预算和决算；

（十一）批准省、自治区和直辖市的划分；

（十二）决定大赦；

（十三）决定战争和和平的问题；

（十四）全国人民代表大会认为应当由它行使的其他职权。

**第二十八条**　全国人民代表大会有权罢免下列人员：

（一）中华人民共和国主席、副主席；

（二）国务院总理、副总理、各部部长、各委员会主任、秘书长；

（三）国防委员会副主席和委员；

（四）最高人民法院院长；

（五）最高人民检察院检察长。

**第二十九条**　宪法的修改由全国人民代表大会以全体代表的三分之二的多数通过。

法律和其他议案由全国人民代表大会以全体代表的过半数通过。

**第三十条**　全国人民代表大会常务委员会是全国人民代表大会的常设机关。

全国人民代表大会常务委员会由全国人民代表大会选出下列人员组成：

委员长，

副委员长若干人，

秘书长，

委员若干人。

**第三十一条**　全国人民代表大会常务委员会行使下列职权：

（一）主持全国人民代表大会代表的选举；

（二）召集全国人民代表大会会议；

（三）解释法律；

（四）制定法令；

（五）监督国务院、最高人民法院和最高人民检察院的工作；

（六）撤销国务院的同宪法、法律和法令相抵触的决议和命令；

（七）改变或者撤销省、自治区、直辖市国家权力机关的不适当的决议；

（八）在全国人民代表大会闭会期间，决定国务院副总理、各部部长、各委员会主任、秘书长的个别任免；

（九）任免最高人民法院副院长、审判员和审判委员会委员；

（十）任免最高人民检察院副检察长、检察员和检察委员会委员；

（十一）决定驻外全权代表的任免；

（十二）决定同外国缔结的条约的批准和废除；

（十三）规定军人和外交人员的衔级和其他专门衔级；

（十四）规定和决定授予国家的勋章和荣誉称号；

（十五）决定特赦；

（十六）在全国人民代表大会闭会期间，如果遇到国家遭受武装侵犯或者必须履行国际间共同防止侵略的条约的情况，决定战争状态的宣布；

（十七）决定全国总动员或者局部动员；

（十八）决定全国或者部分地区的戒严；

（十九）全国人民代表大会授予的其他职权。

**第三十二条**　全国人民代表大会常务委员会行使职权到下届全国人民代表大会选出新的常务委员会为止。

**第三十三条**　全国人民代表大会常务委员会对全国人民代表大会负责并报告工作。

全国人民代表大会有权罢免全国人民代表大会常务委员会的组成人员。

**第三十四条**　全国人民代表大会设立民族委员会、法案委员会、预算委员会、代表资格审查委员会和其他需要设立和委员会。

民族委员会和法案委员会，在全国人民代表大会闭会期间，受全国人民代表大会常务委员会的领导。

第三十五条　全国人民代表大会认为必要的时候，在全国人民代表大会闭会期间全国人民代表大会常务委员会认为必要的时候，可以组织对于特定问题的调查委员会。

调查委员会进行调查的时候，一切有关的国家机关、人民团体和公民都有义务向它提供必要的材料。

第三十六条　全国人民代表大会代表有权向国务院或者国务院各部、各委员会提出质问，受质问的机关必须负责答复。

第三十七条　全国人民代表大会代表，非经全国人民代表大会许可，在全国人民代表大会闭会期间非经全国人民代表大会常务委员会许可，不受逮捕或者审判。

第三十八条　全国人民代表大会代表受原选举单位的监督。原选举单位有权依照法律规定的程序随时撤换本单位选出的代表。

### 第二节　中华人民共和国主席

第三十九条　中华人民共和国主席由全国人民代表大会选举。有选举权和被选举权的年满三十五岁的中华人民共和国公民可以被选为中华人民共和国主席。

中华人民共和国主席任期四年。

第四十条　中华人民共和国主席根据全国人民代表大会的决定和全国人民代表大会常务委员会的决定，公布法律和法令，任免国务院总理、副总理、各部部长、各委员会主任、秘书长，任免国防委员会副主席、委员，授予国家的勋章和荣誉称号，发布大赦令和特赦令，发布戒严令，宣布战争状态，发布动员令。

第四十一条　中华人民共和国主席对外代表中华人民共和国，接受外国使节；根据全国人民代表大会常务委员会的决定，派遣和召回驻外全权代表，批准同外国缔结的条约。

第四十二条　中华人民共和国主席统率全国武装力量，担任国防委员会主席。

第四十三条　中华人民共和国主席在必要的时候召开最高国务会议，并担任最高国务会议主席。

最高国务会议由中华人民共和国副主席、全国人民代表大会常务委员会委员长、国务院总理和其他有关人员参加。

最高国务会议对于国家重大事务的意见，由中华人民共和国主席提交全国人民代表大会、全国人民代表大会常务委员会、国务院或者其他有关部门讨论并作出决定。

第四十四条　中华人民共和国副主席协助主席工作。副主席受主席的委托，可以代行主席的部分职权。

中华人民共和国副主席的选举和任期，适用宪法第三十九条关于中华人民共和国主席的选举和任期的规定。

第四十五条　中华人民共和国主席、副主席行使职权到下届全国人民代表大会选出的下一任主席、副主席就职为止。

第四十六条　中华人民共和国主席因为健康情况长期不能工作的时候，由副主席代行主席的职权。

中华人民共和国主席缺位的时候，由副主席继任主席的职位。

### 第三节　国务院

第四十七条　中华人民共和国国务院，即中央人民政府，是最高国家权力机关的执行机关，是最高国家行政机关。

第四十八条　国务院由下列人员组成：

总理，

副总理若干人，

各部部长，

各委员会主任，

秘书长。

国务院的组织由法律规定。

第四十九条　国务院行使下列职权：

（一）根据宪法、法律和法令，规定行政措施，发布决议和命令，并且审查这些决议和命令的实施情况；

（二）向全国人民代表大会或者全国人民代表大会常务委员会提出议案；

（三）统一领导各部和各委员会的工作；

（四）统一领导全国地方各级国家行政机关的工作；

（五）改变或者撤销各部部长、各委员会主任的不适当的命令和指示；

（六）改变或者撤销地方各级国家行政机关的不适当的决议和命令；

（七）执行国民经济计划和国家预算；

（八）管理对外贸易和国内贸易；

（九）管理文化、教育和卫生工作；

（十）管理民族事务；

（十一）管理华侨事务；

（十二）保护国家利益，维护社会秩序，保障公民权利；

（十三）管理对外事务；

（十四）领导武装力量的建设；

（十五）批准自治州、县、自治县、市的划分；

（十六）依照法律的规定任免行政人员；

（十七）全国人民代表大会和全国人民代表大会常务委员会授予的其他职权。

**第五十条**　总理领导国务院的工作，主持国务院会议。

副总理协助总理工作。

**第五十一条**　各部部长和各委员会主任负责管理本部门的工作。各部部长和各委员会主任在本部门的权限内，根据法律、法令和国务院的决议、命令，可以发布命令和指示。

**第五十二条**　国务院对全国人民代表大会负责并报告工作；在全国人民代表大会闭会期间，对全国人民代表大会常务委员会负责并报告工作。

## 第四节　地方各级人民代表大会和地方各级人民委员会

**第五十三条**　中华人民共和国的行政区域划分如下：

（一）全国分为省、自治区、直辖市；

（二）省、自治区分为自治州、县、自治县、市；

（三）县、自治县分为乡、民族乡、镇。

直辖市和较大的市分为区。自治州分为县、自治县、市。

自治区、自治州、自治县都是民族自治地方。

**第五十四条**　省、直辖市、县、市、市辖区、乡、民族乡、镇设立人民代表大会和人民委员会。

自治区、自治州、自治县设立自治机关。自治机关的组织和工作由宪法第二章第五节规定。

**第五十五条**　地方各级人民代表大会都是地方国家权力机关。

**第五十六条**　省、直辖市、县、设区的市的人民代表大会代表由下一级的人民代表大会选举；不设区的市、市辖区、乡、民族乡、镇的人民代表大会代表由选民直接选举。

地方各级人民代表大会代表名额和代表产生办法由选举法规定。

**第五十七条**　省人民代表大会每届任期四年。直辖市、县、市、市辖区、乡、民族乡、镇的人民代表大会每届任期两年。

**第五十八条**　地方各级人民代表大会在本行政区域内，保证法律、法令的遵守和执行，规划地方的经济建设、文化建议和公共事业，审查和批准地方的预算和决算，保护公共财产，维护公共秩序，保障公民权利，保障少数民族的平等权利。

**第五十九条**　地方各级人民代表大会选举并且有权罢免本级人民委员会的组成人员。

县级以上的人民代表大会选举并且有权罢免本级人民法院院长。

**第六十条**　地方各级人民代表大会依照法律规定的权限通过和发布决议。

民族乡的人民代表大会可以依照法律规定的权限采取适合民族特点的

具体措施。

地方各级人民代表大会有权改变或者撤销本级人民委员会的不适当的决议和命令。

县级以上的人民代表大会有权改变或者撤销下一级人民代表大会的不适当的决议和下一级人民委员会的不适当的决议和命令。

**第六十一条** 省、直辖市、县、设区的市的人民代表大会代表受原选举单位的监督；不设区的市、市辖区、乡、民族乡、镇的人民代表大会代表受选民的监督。地方各级人民代表大会代表的选举单位和选民有权依照法律规定的程序随时撤换自己选出的代表。

**第六十二条** 地方各级人民委员会，即地方各级人民政府，是地方各级人民代表大会的执行机关，是地方各级国家行政机关。

**第六十三条** 地方各级人民委员会分别由省长、市长、县长、区长、乡长、镇长各一人，副省长、副市长、副县长、副区长、副乡长、副镇长各若干人和委员各若干人组成。

地方各级人民委员会每届任期同本级人民代表大会每届任期相同。

地方各级人民委员会的组织由法律规定。

**第六十四条** 地方各级人民委员会依照法律规定的权限管理本行政区域的行政工作。

地方各级人民委员会执行本级人民代表大会的决议和上级国家行政机关的决议和命令。

地方各级人民委员会依照法律规定的权限发布决议和命令。

**第六十五条** 县级以上的人民委员会领导所属各工作部门和下级人民委员会的工作，依照法律的规定任免国家机关工作人员。

县级以上的人民委员会有权停止下一级人民代表大会的不适当的决议的执行，有权改变或者撤销所属各工作部门的不适当的命令和指示和下级人民委员会的不适当的决议和命令。

**第六十六条** 地方各级人民委员会都对本级人民代表大会和上一级国家行政机关负责并报告工作。

全国地方各级人民委员会都是国务院统一领导下的国家行政机关，都服从国务院。

## 第五节　民族自治地方的自治机关

**第六十七条**　自治区、自治州、自治县的自治机关的组织，应当根据宪法第二章第四节规定的关于地方国家机关的组织的基本原则。自治机关的形式可以依照实行区域自治的民族大多数人民的意愿规定。

**第六十八条**　在多民族杂居的自治区、自治州、自治县的自治机关中，各有关民族都应当有适当名额的代表。

**第六十九条**　自治区、自治州、自治县的自治机关行使宪法第二章第四节规定的地方国家机关的职权。

**第七十条**　自治区、自治州、自治县的自治机关依照宪法和法律规定的权限行使自治权。

自治区、自治州、自治县的自治机关依照法律规定的权限管理本地方的财政。

自治区、自治州、自治县的自治机关依照国家的军事制度组织本地方的公安部队。

自治区、自治州、自治县的自治机关可以依照当地民族的政治、经济和文化的特点，制定自治条例和单行条例，报请全国人民代表大会常务委员会批准。

**第七十一条**　自治区、自治州、自治县的自治机关在执行职务的时候，使用当地民族通用的一种或者几种语言文字。

**第七十二条**　各上级国家机关应当充分保障各自治区、自治州、自治县的自治机关行使自治权，并且帮助各少数民族发展政治、经济和文化的建设事业。

## 第六节　人民法院和人民检察院

**第七十三条**　中华人民共和国最高人民法院、地方各级人民法院和专门人民法院行使审判权。

**第七十四条**　最高人民法院院长和地方各级人民法院院长任期四年。

人民法院的组织由法律规定。

**第七十五条**　人民法院审判案件依照法律实行人民陪审员制度。

**第七十六条**　人民法院审理案件，除法律规定的特别情况外，一律公开进行。被告人有权获得辩护。

**第七十七条**　各民族公民都有用本民族语言文字进行诉讼的权利。人民法院对于不通晓当地通用的语言文字的当事人，应当为他们翻译。

在少数民族聚居或者多民族杂居的地区，人民法院应当用当地通用的语言进行审讯，用当地通用的文字发布判决书、布告和其他文件。

**第七十八条**　人民法院独立进行审判，只服从法律。

**第七十九条**　最高人民法院是最高审判机关。

最高人民法院监督地方各级人民法院和专门人民法院的审判工作，上级人民法院监督下级人民法院的审判工作。

**第八十条**　最高人民法院对全国人民代表大会负责并报告工作；在全国人民代表大会闭会期间，对全国人民代表大会常务委员会负责并报告工作。地方各级人民法院对本级人民代表大会负责并报告工作。

**第八十一条**　中华人民共和国最高人民检察院对于国务院所属各部门、地方各级国家机关、国家机关工作人员和公民是否遵守法律，行使检察权。地方各级人民检察院和专门人民检察院，依照法律规定的范围行使检察权。

地方各级人民检察院和专门人民检察院在上级人民检察院的领导下，并且一律在最高人民检察院的统一领导下，进行工作。

**第八十二条**　最高人民检察院检察长任期四年。

人民检察院的组织由法律规定。

**第八十三条**　地方各级人民检察院独立行使职权，不受地方国家机关的干涉。

**第八十四条**　最高人民检察院对全国人民代表大会负责并报告工作；在全国人民代表大会闭会期间，对全国人民代表大会常务委员会负责并报告工作。

## 第三章　公民的基本权利和义务

**第八十五条**　中华人民共和国公民在法律上一律平等。

**第八十六条**　中华人民共和国年满十八岁的公民，不分民族、种族、性别、职业、社会出身、宗教信仰、教育程度、财产状况、居住期限，都有选举权和被选举权。但是有精神病的人和依照法律被剥夺选举权和被选举权的人除外。

妇女有同男子平等的选举权和被选举权。

**第八十七条**　中华人民共和国公民有言论、出版、集会、结社、游行、示威的自由。国家供给必需的物质上的便利，以保证公民享受这些自由。

**第八十八条**　中华人民共和国公民有宗教信仰的自由。

**第八十九条**　中华人民共和国公民的人身自由不受侵犯。任何公民，非经人民法院决定或者人民检察院批准，不受逮捕。

**第九十条**　中华人民共和国公民的住宅不受侵犯，通信秘密受法律的保护。

中华人民共和国公民有居住和迁徙的自由。

**第九十一条**　中华人民共和国公民有劳动的权利。国家通过国民经济有计划的发展，逐步扩大劳动就业，改善劳动条件和工资待遇，以保证公民享受这种权利。

**第九十二条**　中华人民共和国劳动者有休息的权利。国家规定工人和职员的工作时间和休假制度，逐步扩充劳动者休息和休养的物质条件，以保证劳动者享受这种权利。

**第九十三条**　中华人民共和国劳动者在年老、疾病或者丧失劳动能力的时候，有获得物质帮助的权利。国家举办社会保险、社会救济和群众卫生事业，并且逐步扩大这些设施，以保证劳动者享受这种权利。

**第九十四条**　中华人民共和国公民有受教育的权利。国家设立并且逐步扩大各种学校和其他文化教育机关，以保证公民享受这种权利。

国家特别关怀青年的体力和智力的发展。

**第九十五条**　中华人民共和国保障公民进行科学研究、文学艺术创作和其他文化活动的自由。国家对于从事科学、教育、文学、艺术和其他文化事业的公民的创造性工作，给以鼓励和帮助。

**第九十六条** 中华人民共和国妇女在政治的、经济的、文化的、社会的和家庭的生活各方面享有同男子平等的权利。

婚姻、家庭、母亲和儿童受国家的保护。

**第九十七条** 中华人民共和国公民对于任何违法失职的国家机关工作人员，有向各级国家机关提出书面控告或者口头控告的权利。由于国家机关工作人员侵犯公民权利而受到损失的人，有取得赔偿的权利。

**第九十八条** 中华人民共和国保护国外华侨的正当的权利和利益。

**第九十九条** 中华人民共和国对于任何由于拥护正义事业、参加和平运动、进行科学工作而受到迫害的外国人，给以居留的权利。

**第一百条** 中华人民共和国公民必须遵守宪法和法律，遵守劳动纪律，遵守公共秩序，尊重社会公德。

**第一百零一条** 中华人民共和国的公共财产神圣不可侵犯。爱护和保卫公共财产是每一个公民的义务。

**第一百零二条** 中华人民共和国公民有依照法律纳税的义务。

**第一百零三条** 保卫祖国是中华人民共和国每一个公民的神圣职责。

依照法律服兵役是中华人民共和国公民的光荣义务。

## 第四章　国旗、国徽、首都

**第一百零四条** 中华人民共和国国旗是五星红旗。

**第一百零五条** 中华人民共和国国徽，中间是五星照耀下的天安门，周围是谷穗和齿轮。

**第一百零六条** 中华人民共和国首都是北京。

# 第 二 编

# 新中国宪法的过渡阶段（1955—1981）

## 一、1975 年《中华人民共和国宪法》

（一）1975 年《中华人民共和国宪法》产生的背景

1975 年《中华人民共和国宪法》又称"七五宪法"，"七五宪法"的产生历经 5 年时间。1970 年 3 月 9 日，中共中央政治局根据毛泽东的建议，成立宪法修改小组，开始起草宪法修改草案。1971 年"九一三"事件发生之后，宪法修改工作一度停滞。1974 年 10 月，毛泽东再次提出召开第四届全国人民代表大会修改宪法。1975 年 1 月 13 日至 17 日，在北京召开了第四届全国人民代表大会，本次大会的 2885 名代表不是经由选举产生，而是通过"民主协商"的形式推选产生，从代表选定到大会召开都是在极端秘密的条件下进行的，这在中国近现代宪政史上是绝无仅有的。[1] 1 月 17 日，大会通过了修改后新的《中华人民共和国宪法》，这是中华人民共和国继"五四宪法"之后的第二部宪法。

"七五宪法"是在特殊的"文化大革命"时期颁布的，这部宪法的制定有着复杂的历史背景。政治上：一是"文化大革命"期间，包括党和国家领导人在内的大批中央党政军领导干部、民主党派负责人、各界知名人士和群众受到诬陷和迫害，"刘少奇事件"等案例严重摧毁了宪法作为国家根本

---

[1] 参见张晋藩：《中国宪法史》，吉林人民出版社 2004 年版，第 340 页。

大法的地位和权威；二是党和政府的各级机构、各级人民代表大会和政协组织等长期陷于瘫痪和不正常状态，公安、检察、司法等专政机关也不能正常运转；三是"家长制"作风滋长，形成个人权力高度集中的"人治"现象，这与"法治"存在着根本冲突，[①] 党内民主和集体领导也遭到破坏；四是"九一三"事件之后，"四人帮"集团企图通过修改宪法以谋取更多权力，要把"文化大革命"夺权的成果——"革命委员会"的法律地位和各项"左"的政策以根本法的形式固定下来。[②] 经济上：一是 1956 年，我国已基本上完成了对农业、手工业和对资本主义工商业的社会主义改造，生产资料的社会主义公有制已经成为国民经济的基础；二是"文化大革命"期间，国民经济发展缓慢，主要比例关系长期失调，经济管理体制僵化，人民生活水平基本没有提高，有些方面甚至有所下降，与发达国家的差距增大。由于计划的存在，加上下级的经济管理官员对经济体制的运转的维持，20 世纪 70 年代初期，国家的经济形势有所好转。在 1972 年和 1973 年中，绝大多数工业产品的产量都有所增长，基本建设的投资也保持在高于 1966—1969 年的平均水平之上，经济上的好转使政治领导人有可能考虑修宪问题。文化上：一是"文化大革命"对教育、科学、文化也造成了严重的破坏，而且影响极为深远，很多知识分子受到迫害，学校停课，文化园地荒芜，许多科研机构被撤销，在一个时期内造成了"文化断层""科技断层""人才断层"，严重阻碍了全民族文化素质的提高和现代化事业的发展；二是思想上，无政府主义、极端个人主义、个人崇拜以及各种愚昧落后的思想泛滥，致使一些人对马克思主义的信仰和社会主义的信念受到严重削弱。

　　因为其颁布的复杂历史背景，对于"七五宪法"的评定，人们普遍的认识是："七五宪法"是新中国四部宪法中最差的一部宪法。譬如周叶中教授在其主编的《宪法》中对"七五宪法"如此评价："这部宪法是在'左'的思想指导下修改制定的，加上'四人帮'的干扰和破坏，致使它存在严

---

① 参见郑志廷、张秋山：《中国宪政百年史纲》，人民出版社 2011 年版，第 382、383 页。《邓小平文选》第二卷，人民出版社 1994 年版，第 329 页记载"革命队伍内的家长制作风，除了使个人权力高度集中以外，还使个人凌驾于组织之上，组织成为个人的工具"。

② 参见郑志廷、张秋山：《中国宪政百年史纲》，人民出版社 2011 年版，第 404 页。

重的"左"倾错误和缺陷。①钱端升先生还认为这两部宪法（"七五宪法"和"七八宪法"）是"屁宪法"。②与之相对，有学者对"七五宪法"则予以较高评价，称之为"永远的宪法"，是决定了新中国社会主义特征的"开国大典"。③

当然，现实总是依附在传统的某个节点上。我们认为，"七五宪法"确实是在特殊时期下、受到特殊的立宪思想的影响、在政治势力的强力干扰下制定的，其把"文化大革命"中的许多错误理论和做法加以法律化、制度化，使之成为国家生活的最高准则，为"四人帮"篡夺政权提供法律依据。"七五宪法"不仅条文较少，内容简单，而且还存在很多错误和缺陷，文字上也有很多不协调之处。但是其中也有很多好的内容，这些内容已经构成了中国宪法的某种共同特质，对当下现代生活仍起着指导作用。譬如在"七五宪法"中首次完整规定了"和平共处五项原则"，这一点在现行宪法中仍然得到保留。类似内容在"七五宪法"中还有多处，下文将有更多说明。因此，由于"七五宪法"制定的特殊时代背景，该部宪法表现出错误和正确交织的复杂状况。对于"七五宪法"，我们不能简单地将其置于宪法学研究或者实践指导的视野之外，应该做到客观、全面、公正的判定，既要认识到其制定因受到特殊历史环境的影响而存在问题，也要认识到其中有关规定的积极意义，去其糟粕，取其精华，为我国宪政制度的完善、为推动中国社会主义现代化法治进程的不断前进作出更大的新的贡献。

（二）1975 年《中华人民共和国宪法》要解决的主要问题

1. "革命成果与革命理论"的巩固

回顾新中国宪法历程，每一部宪法制定的背后都存在着"革命"的推动力，"七五宪法"的制定也不例外，而且还尤为突出。"革命"是指对过去的断裂或颠覆，是事物从旧到新的飞跃过程。"革命"主要包括政治革命、

---

① 周叶中主编：《宪法》，高等教育出版社、北京大学出版社 2005 年版，第 79 页。

② 参见韩大元编：《1954 年宪法与新中国宪法》，湖南人民出版社 2004 年版，第 781 页。

③ 参见管华：《被遗忘的"开国大典"——评七五宪法的遗产》，载《人大法律评论》2010 年卷，第 116 页。

社会革命、文化革命等，"革命"还可以分为革命行为、革命精神、革命理论、革命成果等，本章节探讨的是关于革命成果和革命理论的问题。"七五宪法"的制定正处于动荡混乱的"文化大革命"时期，这里的"革命成果和革命理论"主要是与"文化大革命"相关的革命理论和革命成果，具体是指"文化大革命成果"，"无产阶级专政下继续革命的理论"和"阶级斗争理论"。

第一，"文化大革命"成果在"七五宪法"中规定的背景分析。

"文化大革命"对中国的政治、经济和文化等方面都产生了很大的不利影响，正常的法律秩序和社会秩序遭到破坏，公民的基本权利和自由也被抛弃。20 世纪 70 年代初期，毛泽东提出修改宪法，继而成立宪法修改委员会，林彪集团希望凭借这次修改宪法的机会夺取更多权力，因其遭到挫败，以至于宪法修改草案在九届二中全会中讨论通过却最终没有公布。"九一三"事件之后，在总结经验教训，继续酝酿宪法修改草案的同时，"四人帮"集团企图将"革命委员会"的法律地位和各项"左"的政策以宪法的形式固定下来，以达到固定"文化大革命"成果、巩固自身地位的政治目的。

第二，"无产阶级专政下继续革命"在"七五宪法"中规定的背景分析。

"无产阶级专政下继续革命"的核心是指在无产阶级取得了政权并且建立了社会主义制度的条件下，还要进行一个阶级推翻另一个阶级的政治大革命。[1] "无产阶级专政下继续革命的理论"是毛泽东提出来的，该理论主要针对的是中国传统革命的内在矛盾。毛泽东指出，"无产阶级'文化大革命'所要解决的根本矛盾，是无产阶级和资产阶级两个阶级，社会主义和资本主义两条道路的矛盾。这次运动的重点，是斗争那些党内走资本主义道路的当权派"。[2] 在毛泽东看来，通过这场全民性的"文化大革命"，可以揪出那些反革命分子和走资本主义道路的当权派；全体革命人民可以接受一次"革命"的洗礼；革命所取得的一切成果也可以保留和巩固下来。因此，通过根本大法的形式来巩固革命成果是一种比较可取的方式，这不但使政治权威更

---

[1]  参见张学仁、陈宁生主编：《二十世纪之中国宪政》，武汉大学出版社 2002 年版，第 337 页。

[2]  参见邸延生、邸江枫：《毛泽东与共和国元帅》，人民出版社 2013 年版，第 118 页。

有合法性，而且为对敌斗争提供了法律上的依据，并且也符合世界发展的潮流。①

2. 国家机构的设置

第一，国家主席的设置。

关于国家主席制度的设置问题，我们需要回答以下三个问题：一是我国国家主席制度的内涵？二是从新中国成立以来到"七五宪法"颁布之前，我国国家主席的设置经历了怎样的变迁过程？三是宪法修订时提出是否设置国家主席议题的背景。

中华人民共和国主席（简称国家主席）是我国对内对外的最高代表，它是全国人民代表大会的重要组成部分，从属于全国人民代表大会，它是国家的最高领导岗位。它由主席、副主席等相关部门组成。主席和副主席是由我国全国人民代表大会选举产生，根据全国人民代表大会和全国人民代表大会常务委员会的决定行使各项权力，对全国人民代表大会和全国人民代表大会常务委员会负责。其中，主席既是国家的代表，又是国家的象征。

中国共产党历史上的"主席制"起源于1931年在瑞金成立的中华苏维埃临时中央政府，当时，毛泽东担任临时中央主席。从1949年新中国成立到"五四宪法"制定，在国家机构体系中，并没有设置专门的国家主席，行使国家主席职权的国家机关是中央人民政府委员会。中央人民政府委员会设主席1名，副主席6名，委员56名，秘书长1名。根据1949年9月27日中国人民政治协商会议第一届全体会议通过的《中华人民共和国中央人民政府组织法》，中央人民政府委员会事实上行使国家主席的职权。然而《组织法》又规定了中央人民政府主席"主持"中央人民政府委员会会议，"领导"中央人民政府委员会工作，这些内容表明中央人民政府主席实际上享有类似于国家主席的特殊地位。当时，毛泽东是中央人民政府主席，同时还拥有中共中央主席和中央人民政府人民革命军事委员会主席两个重要头衔，主席成为了权力的中心，这开启了我国党权、政权、军权"三位一体"的国家主席

---

① 参见梁效、任明：《评"三项指示为纲"》，载张伟瑄、刘五一、肖星编：《共和国风云四十年——1949—1989》上，中国政法大学出版社1989年版，第664页。

制度，深刻影响"五四宪法"的制定。1954 年 9 月，第一届全国人民代表大会制定了中国第一部社会主义宪法。"五四宪法"规定，在全国人民代表大会之下设立全国人民代表大会常务委员会和中华人民共和国主席，取消中央人民政府委员会，国家主席是政治体制中一个独立的国家机关。同时，"五四宪法"还对国家主席的产生、任期、地位和职权等一系列问题予以明确的规定。

修改宪法时是否设置国家主席议题的提出背景：一是 1959 年中共中央接受毛泽东辞去国家主席的建议，选举刘少奇担任国家主席，毛泽东仍担任中共中央主席和中央人民政府人民革命军事委员会主席职务，致使政权与党权、军权的分离。实际上，毛泽东仍然居于国家权力的最高地位，并没有达到宪法规定的国家主席统率全国武装力量的立宪目的，出现了宪法文本与政治实践的背离。1966 年，"文化大革命"爆发，国家主席刘少奇受到错误批判，很快被打倒。在此之后，虽然"五四宪法"继续施行，由董必武（时任副主席）担任代国家主席的职务，但国家主席制度已经是名存实亡了。二是 1970 年毛泽东提出召开第四届全国人民代表大会和修改中华人民共和国宪法的意见。但是，在"文化大革命"中已经获得很大权力的林彪集团却希望通过修订宪法的机会夺取更多的权力，坚持设置国家主席。中央领导多数基于国家机器运作的现实考虑，也希望保留国家主席，建议由毛泽东担任国家主席。毛泽东觉察到林彪集团的宗派阴谋活动，坚决提出自己不担任国家主席和不赞成设置国家主席的意见。意见冲突引起了激烈的争论，最后大会废弃设置国家主席，但是通过的宪法修正草案最终也没有公布。[①] 到 1974 年，林彪集团被粉碎之后，修宪工作才又重新提上议程。

第二，人民检察院的设置。

关于人民检察院制度的设置问题，我们要回答以下三个问题：一是我国人民检察院制度的内涵？二是从新中国成立以来到"七五宪法"颁布之前，我国人民检察院的设置经历了怎样的变迁过程？三是是否设置人民检察院议题在修宪中提出的背景。

---

① 　参见郑志廷、张秋山：《中国宪政百年史纲》，人民出版社 2011 年版，第 403、404 页。

　　人民检察院制度是我国一项重要的法律制度，是关于检察机关的性质、地位、任务、职权、组织及活动原则，以及工作程序等规范的总和。根据宪法和人民检察院组织法的规定，人民检察院是国家的法律监督机关，行使国家的检察权，人民检察院由同级人民代表大会产生，向人民代表大会负责并报告工作。检察制度是国家制度的重要组成部分。在我国古代，有与之相似的御史监察制度，专于监察之职，该制度在监察考核、监督选任和纠举弹劾官吏方面具有重要的作用，是我国古代的检察制度。现代意义上的检察制度，是清末从日本引进的。1906 年清政府颁布的《大理院审判编制法》中按照大陆法系的做法首次规定了检察制度。①

　　新中国的检察制度，是在新民主主义革命根据地的检察制度的基础上，学习借鉴苏联的检察制度，结合中国国情创制的。1949 年 9 月 27 日，中国人民政治协商会议第一次全体会议通过的《中华人民共和国中央人民政府组织法》明确规定设立国家的检察机关，《组织法》第 5 条、第 28 条规定："中央人民政府下设最高人民检察署为新中国最高检察机关"，"对政府机关、公务员和全国国民之严格遵守法律，负最高的检察责任"。10 月 1 日，中华人民共和国成立，中央人民政府委员会任命罗荣桓为我国第一任检察长。10 月 22 日，在中南海勤政殿召开第一次检察委员会会议，最高人民检察署宣告成立。12 月 20 日，《中央人民政府最高人民检察署试行组织条例》批准并开始实施，该《条例》对检察机关的职权范围、领导体制等内容作了详细规定，这是关于中国检察机关一般监督权的最初表述。虽然这部条例的出台具有浓厚的苏联色彩，但其作为新中国第一个检察制度的专门法规，开创了中国检察制度的新纪元。1951 年 9 月，审议通过《最高人民检察署暂行条例》和《各级地方人民检察署组织通则》，推进了全国检察系统的组织建设和业务建设，将检察系统的垂直领导体制改为双重领导体制。1954 年，新中国第一部宪法诞生之后，全国人大通过了第一部《中华人民共和国检察院组织法》，以国家最高的形式确定了检察机关的宪法地位和组织结构，进一步完善了我国的检察制度。确立了在全国人民代表大会及常务委员会之下国

---

① 参见张智辉：《检查制度的起源与发展》，《检察日报》2004 年 2 月 10 日。

务院、最高法院和最高检察院"三院"并立的基本体制，以国家根本大法的形式规定了最高检察院具有一般监督权。1956年，各级人民检察院已经全部担当起审查批捕、审查起诉工作，审判监督和对刑事判决执行的监督工作也有所进展，各级人民检察院结合对肃反案件的检查，协同有关部门，对全国监所、劳改机关进行普查。检察机关这种良好的施行状态一直持续到1957年上半年。从1954年至1957年上半年，检察制度蓬勃发展，被称为中国检察制度发展史上的"黄金时期"。①

第三，革命委员会的设置。

革命委员会是"文化大革命"期间我国省及其以下各级政权的特殊组织形式，简称"革委会"。革命委员会实行一元化方式，取消中国共产党和政府的分别，合为一体，人员采取"三结合"方式，这三方主要是部分没有被打倒的革命领导干部代表；"真正代表广大群众的革命群众组织的负责人"；进驻机关、学校和文化事业单位的工人、贫农、下中农的代表和人民解放军代表组成的工农兵代表。"三结合"是该机构的组织原则。干部代表熟悉业务，负责日常业务，在机构中起核心作用和骨干作用。工农兵代表掌管大政方针，居于支配地位，起着重要作用。群众组织代表起着组织负责人的作用，充分维护本单位人民群众的利益。

"七五宪法"修订过程中提出设置"革命委员会"具有特殊的历史背景：(1) 1966年爆发的"文化大革命"已经接近尾声，但它给新中国的发展造成了巨大破坏。而且，"四人帮"集团仍然把持着国家的主要权力，国家秩序仍然没有得到完全正常化运转。(2) 经过一段时期的发展演变，革命委员会已经从设立之初的临时性机构，演变成为实际上地方政权的常设机构，并在全国范围内得到发展。(3) 经济上，1966年春，新中国克服了"大跃进"和三年自然灾害造成的灾难之后，社会经济的发展日益呈现出蒸蒸日上的繁荣景象，整个国民经济已全面好转，全国人民正满怀信心，迎接社会主义建设的新发展。

---

① 参见其康磊：《中国检察权及检察制度的法理学分析》，中国政法大学2009年硕士学位论文。

　　革命委员会的产生和发展。作为"文化大革命"期间我国地方的权力机构，革命委员会是特殊时代背景下的产物。1966 年 12 月 25 日，毛泽东曾在一次会议上指出，1967 年将是全国全面展开阶级斗争的一年。[①] 根据毛泽东的讲话精神，1967 年 1 月 1 日，《人民日报》《红旗》杂志共同发表题为《把无产阶级文化大革命进行到底》的元旦社论，提出"一九六七年，将是无产阶级联合其他革命群众，向党内一小撮走资本主义道路的当权派和社会上的牛鬼蛇神，展开总攻击的一年"。这篇元旦社论，无异于是向全国发布全面夺权的总动员令。

　　1 月 22 日，《人民日报》发表题为《无产阶级革命派联合起来，夺走资本主义道路当权派的权》的社论。社论提出"革命的干部、革命的学生，一定要同工人运动、农民运动相结合"，建立新的政权机构。社论不仅号召要向走资派夺权，而且实际上又提出了新机构中要有革命干部和革命群众的代表。[②]1 月 22 日，张春桥说："我们对所有的权都要夺。"[③]1 月 23 日，《人民日报》转载了上海《红卫战报》的《赞"革命生产委员会"》的文章。文章报道了上海玻璃机械厂的工人造反队向"走资派"夺权，成立了群众自己管理自己的机构——"革命生产委员会"，并称这是一个极其伟大的创举。1 月 24 日，上海玻璃机械厂毛泽东思想战斗队宣布接管原厂级革命生产委员会筹备组，并宣布原先的候选人名单作废。然后，由全体造反队员讨论提名，提出了 17 人的名单，由他们组成厂革命生产委员会。[④]

　　1967 年上海首先发起一月风暴夺权运动，由群众组织夺取中共上海市委和上海市各级政府的权力，组织一个效法巴黎公社的大民主政权机构，由张春桥命名为上海人民公社，随后在毛泽东的支持下，全国各地效仿，纷纷夺权，各地组织的新政权名称并不统一。毛泽东认为上海公社的名称不好，发出了"最高指示"："还是叫革命委员会好"，于是这半句"革命委员会好"

①　参见广艳辉：《特殊年代的特殊产物——革命委员会》，《党史纵横》2004 年第 2 期；张金才：《革命委员会始末》，《史料荟萃》2009 年第 6 期。

②　参见关海庭：《"革命委员会"始末》，《中国党史研究》1991 年第 6 期。

③　参见《历史的审判》编辑组编：《历史的审判》，群众出版社 1981 年版，第 51 页。

④　参见关海庭：《"革命委员会"始末》，《中国党史研究》1991 年第 6 期。

成为全国必须遵守的法律，全国各级政权，从省一级到工厂、学校的政权机构全部改名为革命委员会。

3. 经济制度

关于经济制度的问题，我们需要回答以下三个问题：一是经济制度的内涵；二是从新中国成立以来到"七五宪法"颁布之前，我国宪法关于经济制度规定的变迁过程；三是"七五宪法"修订时，重新讨论经济制度议题的背景。

经济制度这一概念在经济学和宪法学两个领域中被经常使用。然而，在经济学领域中，其属于一定社会的生产关系总和的经济基础。而在宪法学领域中，其则属于上层建筑的范畴，它反映了制宪者或修宪者对不同经济关系所持的态度。经济制度一旦表现为宪法规范，它便成为宪法经济制度。"宪法经济制度是一个国家用宪法、法律所确认和规定的各种生产资料所有制和它们所构成的经济成分，是国家对各种经济成分的基本政策与管理国民经济的原则等方面的制度的总和。"[1] 我们这里所讲的经济制度指代的则是宪法经济制度。一般来讲，"宪法经济制度至少应该包括三方面的内容：其一是产权制度，其主要是财产权制度和所有制制度；其二是经济体制，其包括宏观经济体制，还包括国家管理经济的职权、制度、原则和政策等；其三是分配制度，包括按劳分配或按资分配以及财政、税收、社会保障等再分配制度。其中产权制度是宪法经济制度的基础和核心"。[2]

生产资料所有制是经济制度的基础，决定着经济制度得性质，因此，我国宪法中有关经济制度内容的变动主要表现在生产资料所有制及其相关内容上的变动。1949 年《共同纲领》第四章的经济政策对经济体制作出了规定：第 26 条首先对于新中国成立初期经济建设的方针做了规定；然后是第 27 条规定了土地改革的政策；再者规定了国营经济（第 28 条）、合作社经济（第 29 条）、私营经济（第 30 条）、国家资本和私人资本合作经济（第 31 条）等不同性质的经济形式，《共同纲领》规定不同性质经济成分及其具体

---

① 参见何华辉：《比较宪法学》，武汉大学出版社 1988 年版，第 123 页。

② 参见桂宇石：《中国宪法经济制度》，武汉大学出版社 2005 年版，第 20—21 页。

对应政策，确立了新民主主义社会经济制度的基础；最后第 33 条对于经济管理体制进行了规定，规定中央政府可以通过制定经济计划和直接管理关键性国营企业来控制国民经济命脉。《共同纲领》在分配制度方面采用的是多种分配方式结合的形式，主要包括按劳分配、按资分配、股息红利等。除此之外，《共同纲领》第 32 条明确规定了保障劳动者的社会经济权利，第 40 条对社会财富的再分配，如财政税收方面，也做出了明确规定。综上分析可知，《共同纲领》的经济观是选择多种经济成分并存、允许私营经济发展的新民主主义经济纲领。《共同纲领》起到了临时宪法的作用，确立了中国当时的基本经济制度。同时，它又受中国当时社会政治条件与经济状况的限制，具有明显的过渡性和临时性。"五四宪法"规定了四种所有制形式：国家所有制即全民所有制、合作社所有制即劳动群众集体所有制、个体劳动者所有制和资本家所有制，没有对分配制度进行规定。此外，其还对我国当时各种主要经济成分在国民经济中的地位和前途以及国家对农业、手工业和资本主义工商业实行社会主义改造的具体步骤，作了明确的规定。[①]"五四宪法"继续肯定了国有经济的主体地位，逐渐形成了以公有制经济为主体多种经济成分共同发展的局面，这标志着我国计划经济体制的初步形成。

"七五宪法"修订时所面临的环境较《共同纲领》和"五四宪法"都要复杂得多。一方面，1956 年我国已基本上完成了对农业、手工业和对资本主义工商业的社会主义改造，生产资料的社会主义公有制已经成为国民经济的基础。另一方面，当时的新中国刚刚经历了"文化大革命"，国民经济遭到重创，发展速度缓慢，主要比例关系长期失调，经济管理体制僵化，人民生活水平基本没有提高，有些方面甚至有所下降，与发达国家的差距增大。但是，由于计划经济的存在，加上下级的经济管理官员对经济体制的运转的维持，20 世纪 70 年代初，尤其在 1972—1973 年间，绝大多数工业产品的产量都有所增长，基本建设的投资也保持在高于 1966—1969 年的平均水平之上，经济上取得一些好转，这为"七五宪法"重新考量宪法经济制度问题

---

① 参见李正华：《我国历次修改修正宪法有关经济制度内容的表现与特点》，《北京联合大学学报》（人文社会科学版）2007 年第 1 期。

创造了客观条件。

### 4. 公民的基本权利和义务

我国自"五四宪法"明确设置"公民的基本权利和义务"一章之后，该章节便成为我国历次宪法中必不可少的重要部分。我们知道，宪法关系是宪法规范调整一定范围内的社会关系的结果，是社会生活中最根本的权利义务关系，直接反映着特定社会的基本利益结构和政治结构。公民的基本权利和义务则是公民与国家宪法关系中最为重要的一部分。

从字面上看，公民的基本权利和义务可以划分为公民的基本权利和公民的基本义务两类。公民的基本权利内容涉及公民生存和发展的那些基本条件，其在权利体系中居于核心地位。一国宪法关于公民基本权利的规定，在一定程度上反映了这个国家民主化程度的高低和人权状况优劣，也体现公民在国家政治生活中的地位。宪法义务只是那些决定公民赖以生存的国家命运的义务，这是由宪法的特性所决定的。

宪法为什么要规定公民的基本权利？这涉及宪法是什么法和它是解决什么问题的法。在现代社会中，宪法的作用主要体现了两种价值取向：限制国家权力和保障公民权利。其一，限制国家权力指国家权力如何经人民授权而产生，国家权力机关的职权范围、行使方式和运行程序都有明确规定，其目的是规范国家权力，避免政府滥用权力，损害公民权利。其二，保障公民权利是指在宪法中明确规定公民所享有的权利，要求政府为这些权利的最终实现排除妨碍，并且还要提供各种保障和救济措施。如果政府出于特殊的原因需要限制或剥夺这些权利时，必须给予法律的理由和正当的程序。这两种价值取向在目标选择上是一致的：只有规范限制国家权力，公民权利才能得到保障；公民权利的实现，又可以促使国家权力合理有效地行使。因此，如何限制国家权力和保障公民权利便成了立宪的指导思想和价值所在。这也是宪法规定公民基本权利的意义所在。

宪法为什么要规定公民的基本义务？根据权利与义务相一致原则，没有无权利的义务，也没有无义务的权利，义务的规定是为了保障权利的更好实现。任何公民在享有权利的时候，同时就应承担相应的义务，比如不得损害国家的、社会的、集体的利益和其他公民的合法权益；不得利用宗教进行反革命活动，或者进行破坏社会秩序、损害公民身体健康、妨碍国家教育制度的活动。因此，为了保障公民基本权利的实现，理应在宪法中确立公民的基本义务，实现宪法基本权利和基本义务的一致性。

（三）1975 年《中华人民共和国宪法》对上述问题的回应

"七五宪法"的文本在结构上基本沿袭了"五四宪法"的框架，也由序言，总纲，国家机构，公民的基本权利和义务，国旗、国徽、首都五部分组成，但是在条文数量却由"五四宪法"文本中的 103 条缩减至 30 条，而且在内容上也发生了根本性的变化。针对"七五宪法"起草过程所涉及的问题，即上文提及的问题，颁布的"七五宪法"文本都给予了回应。

1. 巩固"无产阶级专政"的革命成果与革命理论

第一，"文化大革命"成果在宪法中的固化

"七五宪法"作为"文化大革命"的产物，其目的之一就是巩固"文化大革命"的成果。条文中的具体规定主要有：一是在序言中规定："二十多年来，我国各族人民在中国共产党领导下，乘胜前进，取得了社会主义革命和社会主义建设的伟大胜利，取得了无产阶级文化大革命的伟大胜利，巩固和加强了无产阶级专政。"二是明确"四大"革命形式。第 13 条规定："大鸣、大放、大辩论、大字报，是人民群众创造的社会主义革命的新形式。"三是设立"革命委员会"新型的地方政府形式。第 22 条规定："地方各级革命委员会是地方各级人民代表大会的常设机关，同时又是地方各级人民政府。地方各级革命委员会都对本级人民代表大会和上一级国际机关负责并报告工作。"

对在宪法中规定"文化大革命"成果的评析。"文化大革命"是一场由领导者错误发动，被反革命集团利用，给党、国家、民族带来严重灾难的政治运动。① "大鸣、大放、大辩论、大字报"是在 1975 年整风运动中由少数激进分子提出，后又被领导人推动并广泛运用于反右派运动中的四种"文化大革命"的方式。"四大"曾被冠以"大民主"称号，实践证明"四大"并

---

① 　参见中国共产党十一届六中全会通过的《关于建国以来党的若干历史问题的决议》。

没有真正发挥社会主义民主，而且还演变为"大批判、大揪斗、大体罚"，成为造成动乱、助长内乱的工具，成为践踏民主、破坏民主集中制的行为。此次在宪法条文中明确规定"四大"内容，由法外权利转化为宪法权利，违背了社会主义的法制精神，是我国社会主义法治进程的倒退。"革命委员会"是集党政大权于一身，形成党政合一、政企合一的领导体制，其将地方各级人民代表大会及其他政府部门替代，将原来的立法机关、行政机关，甚至司法机关等部门的职能集中于"革命委员会"一体，造成权力集中、权责不明、监督失效的不利局面，这极大地破坏了社会主义宪政制度。

第二，"无产阶级专政下继续革命"理论在宪法中的体现

"七五宪法"作为"文化大革命"的产物，其以"无产阶级专政下继续革命"理论为指导思想，以"阶级斗争"为纲，在总体思想上表现出"左"的思想。条文中的具体表现有两个方面：一是关于"无产阶级专政下继续革命理论"的规定。序言第三段中规定："矛盾只能靠无产阶级专政下继续革命的理论和实践来解决"；序言第四段中规定："坚持无产阶级专政下的继续革命"；总纲第12条规定："无产阶级必须在上层建筑其中包括各个文化领域对资产阶级实行全面的专政"；序言第七段中规定："我国人民有充分的信心，在中国共产党领导下，战胜国内外敌人，克服一切困难，把我国建设成为强大的无产阶级专政的社会主义国家，对于人类作出较大的贡献"；第1条规定："中华人民共和国是工人阶级领导的以工农联盟为基础的无产阶级专政的社会主义国家。"二是关于"阶级斗争"的规定。序言第三段中规定："在这个历史阶段中，始终存在着阶级、阶级矛盾和阶级斗争，存在着社会主义同资本主义两条道路的斗争……这些矛盾，只能靠无产阶级专政下继续革命的理论和实践来解决"；序言第五段中规定："要继续开展阶级斗争、生产斗争和科学实验三大革命运动。"

对在宪法中规定"无产阶级专政下继续革命"理论的评析。"七五宪法"真正强调的是当时毛泽东的指导思想——"无产阶级专政下继续革命"理论。[①] 在此理论的指导下，将"阶级斗争"写进了"七五宪法"，而且是首

---

① 参见孟庆涛：《革命·宪法·现代性》，中国政法大学出版社 2012 年版，第 294—295 页。

次入宪。该理论虽然针对的是当时中国传统矛盾，然而，将其规定于宪法之中也有不当之处，主要有：一是在第 12 条中提出"全面的专政"，实质上是对着知识分子，对着党的干部，对着人民内部，从而混淆了专政与民主的关系，混淆了两类不同性质的矛盾，扩大了斗争的范围，破坏了社会主义民主，削弱了人民政权的社会基础。二是将"阶级斗争为纲"理论写入国家根本大法，可能会造成其在国家管理和社会运行中的突出地位，扰乱社会的发展，造成工作重心的转移。三是一旦社会发生动荡，"阶级斗争为纲"理论就可能被重新拿出来当作"专政"的武器而发挥作用，这就有可能葬送我们已经取得的改革成果，也有可能将民主法制抛却一边，成为威胁民主共和体制的因子。

综上分析，虽然"七五宪法"坚持了"五四宪法"的人民民主原则和社会主义原则，确认了社会主义的政治制度和经济制度，但是就其实际内容而言，本部宪法舍弃了"人民民主"的提法，而代之以"无产阶级专政国家"，巩固了"文化大革命"成果和"无产阶级专政下继续革命"理论，从社会主义宪政制度上讲是"五四宪法"的倒退。

### 2. 更改部分国家机构的设置

第一，取消国家主席的设置

1975 年在第四届全国人民代表大会上通过的宪法中，国家主席的建制被正式取消，"中华人民共和国主席"一节在宪法文本中被删除，国家主席的职权分配给全国人大常务委员会和中共中央行使。①

新中国成立以来，我国宪法对国家主席的性质一直没有进行全面明确的规定，"五四宪法"如此，"七五宪法"也是如此。在"五四宪法"制定的过程中，有人就提出设置国家主席，并确立国家主席的法律地位，即在宪法中明确规定"中华人民共和国主席为国家之元首"。② 但是在草案讨论过程中，宪法起草委员会的许多代表，特别是毛泽东本人，都对这一提法提出了反对意见。他们认为这一提法与中国的国体、政体不和，也与宪法制定的本

---

① 参见管华：《被遗忘的"开国大典"——评七五宪法的遗产》，《人大法学评论》（2010 年卷），第 127 页。

② 《毛泽东传（1949—1976）》上册，中央文献出版社 2003 年版，第 336、324 页。

意不相符，如此规定是不科学的。考虑到各种意见，起草委员会最终决议设置国家主席，但是取消"国家主席为国家的元首"的规定。

第二，取消人民检察院的设置

1975 年在全国第四次人民代表大会上通过的宪法中，人民检察院制度被正式取消，更改为"检察机关的职权由各级公安机关行使"。自此，起步不久的人民检察制度遭到了彻底的废除。

在新中国的宪法发展史上，我们将中国人民检察制度分为四个阶段：一是初创和起步阶段（1949—1957 年）；二是波折和中断阶段（1957—1977 年）；三是恢复和重建阶段（1978—1988 年）；四是改革和纵深发展阶段（1988 年至今）。在"初创和起步"阶段，中国人民政治协商会议通过的《共同纲领》和《中央人民政府组织法》为新中国人民检察制度的创建提供了政治、法律基础，确立了检察机关的重要地位，改变了审检合署的体制。"五四宪法"对检察机关作出了较为科学和便于实施的规定。这些规范性文件对人民检察实践起到了很重要的指导意义，使得人民检察制度在这一时期得到了很大的发展，因此，也有学者将这一时期称为人民检察制度发展的"黄金时期"。[1]

1957 年到 1977 年的"波折和中断"阶段，是我国"人民检察官"制度的中断过程。在"波折和中断"阶段，我国人民检察制度的发展却遭受到了重大的挫折。从 1957 年下半年开始，我国开展了一场扩大化的反右倾斗争，要人治不要法治的观念逐渐在党政领导和普通民众中形成。1966 年 5 月"文化大革命"期间，极"左"思潮泛滥，全国上下开始轻视法律和法制建设。在林彪、江青反革命集团的推波助澜下，全国掀起"砸烂公、检、法"的浪潮，一批敢于秉公执法的检察干部被戴上"右派"的政治帽子，检察机关的正常工作受到极大的影响，检察机关的监督权能也逐渐被政治需求所替代。1961 年，中央开始大规模精简机构，实行公、检、法三机关合署办公，检察业务主要依靠公安部门进行，1968 年，毛泽东代表中共中央批准《关于撤销高检院、内务部、内务办三个单位，公安部、高法院留下少数人的请

---

[1]    参见张进德、何勤华：《中国检察制度六十年》，《人民检察》2009 年第 19 期。

示报告》，正式取消了检察机关，其职权由专政指挥部、革命委员会行使。"七五宪法"第 25 条规定："检察机关的职权由各级公安机关行使"，以国家根本大法的形式确认了撤销检察机关的事实。

"七五宪法"取消"人民检察"制度是我国法制建设的大倒退，自此，新中国的人民检察院制度的发展走向最低潮。总结人民检察制度中断的历史原因，主要有：一是在我们党和国家建设的初期，在思想上，人们仍然摆脱不了不将法律视为神圣的中国封建传统，而将人权置于法律之上的落后观念。党和国家领导人不重视法律和法制的建设。这也是在接下来相当长的一段时期内，中国人民的法治观念淡薄、法制建设落后最直接的原因。二是在新中国成立初期，"左"的思想一直存在着，甚至一度占据统治地位，深刻影响着群众和干部的思想观念，使得他们对于一些进步思想和体制极为敏感，甚至会极力排斥。党内存在轻视法律的"左"倾思想，特别是检察制度可有可无的错误认识，法律监督不再具有价值和存在必要性。三是林彪、江青反革命集团利用他们的政治地位和手中的权力肆意破坏践踏检察制度，为他们的政治野心服务。四是检察机关法律监督角色的模糊与迷失。检察人员不能进行一般法律监督，对其他机关和国家工作人员违法行为的监督也很有限，相反，检察机关从法律监督者演变为专政机关、暴力工具，失去了自我个性和定位。这是导致人民检察制度中断的更深层原因。人民检察制度的取消，表现出来的是司法制度的破坏。

第三，设置地方各级革命委员会

1975 年宪法确立了地方各级革命委员会为地方国家机关，"七五宪法"第 21 条规定："地方各级人民代表大会都是地方国家权力机关"，"省、直辖市的人民代表大会每届任期五年。地区、市、县的人民代表大会每届任期三年。农村人民公社、镇的人民代表大会每届任期两年"。第 22 条规定："地方各级革命委员会是地方各级人民代表大会的常设机关，同时又是地方各级人民政府"，"地方各级革命委员会由主任，副主任若干人，委员若干人组成，由本级人民代表大会选举或者罢免，并报上级国家机关审查批准"，"地方各级革命委员会都对本级人民代表大会和上一级国家机关负责并报告工作"。第 23 条规定："地方各级人民代表大会和它产生的地方各级革命委员会在本地区内，保证法律、法令的执行，领导地方的社会主义革命和社会主义建设，审查和批准地方的国民经济计划和预算、决算，维护革命秩序，保障公民权利。"第 24 条规定："自治区、自治州、自治县都是民族自治地方，它的自治机关是人民代表大会和革命委员会。"

革命委员会，是在"文化大革命"特定历史条件下产生的，除有其特殊的历史背景外，还与"文化大革命"前已经形成的体制、政治文化和思想理论有着深层的历史联系。它的产生在国家法律上找不到任何依据。从其上来看，它没有全国人大最高权力机关的任命、统辖关系；从其下来看，它不是自下而上地由人民代表大会代表选举产生的。实际上，它的产生，是无法可依的。[①] 一是"七五宪法"规定了"地方各级革命委员会是地方各级人民代表大会的常设机关，同时又是地方各级人民政府"，违反了国家机关的合理分工。二是最高人民法院院长改由全国人民代表常务委员会任命，地方各级人民法院院长改由本级革命委员会任命，许多民主的审判制度和原则都被取消，这极大地破坏了司法职权的独立性和权威性，造成司法进程的倒退。

综上分析可以看出，"革命委员会"作为"文化大革命"的产物，是国家政治体制和国家行政工作上的一次重大倒退，随着"文化大革命"的结束，"革命委员会"也必将在中国政治体制中迅速消失。

3. 修改产权制度、经济体制和分配制度

宪法经济制度主要分为产权制度、经济体制和分配制度三部分内容。以下我们将从这三个部分来说明"七五宪法"关于经济制度的新规定：

第一，在产权制度方面

"七五宪法"将"五四宪法"中规定的四种所有制，即全民所有制、集体所有制、个体劳动者所有制、资本家所有制，修改成全民所有制和集体所有制两种所有制。确立了以这两种所有制为主导的产权制度。"七五宪法"第 5 条规定："中华人民共和目的生产资料所有制现阶段主要有两种：社会主义全民所有制和社会主义劳动群众集体所有制。"这条中"主要有"的提法是考虑到除了这两种所有制之外，在广大少数民族地区还存在着其他形式

---

① 参见霞飞：《文革中的"革命委员会"小史》，《党史天地》2008 年第 5 期。

的生产资料所有制。关于自然资源，"七五宪法"删除了"五四宪法"关于自然资源中"由法律规定"的字样，直接规定"国有的森林、荒地和其他资源，都属于全民所有"。"七五宪法"将土地放入自然资源范围内，删除了"五四宪法"中规定的"农民土地所有权"的内容。并且在第六条规定"国家可以依照法律规定，对城乡土地和其他生产资料实行征购、征用或者收归国有"，这实际上实行的是土地公有制所有制制度，其表现出来的是国家对土地等生产资料的干预强度加大，国家运用行政手段对社会的控制力度加强，这与现代国家倡导建立服务性政府的理念不一致。

第二，在经济体制方面

"七五宪法"第 5 条对个体经济作了规定，"允许非农业的个体劳动者在城镇街道组织、农村人民公社生产队的统一安排下，从事法律许可的个体劳动"，最终目的是"引导他们走上社会主义集体化的道路"，这一条与"五四宪法"中"鼓励他们根据自愿的原则组织生产合作和供销合作"相比更为严格，将个体经济作为一种暂时存在的改造对象，其最终目的是引导个体经济向集体经济过渡，实际上是剥夺了个体经济的生存权。"七五宪法"第 6 条规定了"国营经济是国民经济中的领导力量"，摒弃"五四宪法"中"国家保证优先发展国营经济"的规定，以免过于凸显国营经济发展的优先性而剥夺了其他经济成分的国民待遇。"七五宪法"第 6 条对农村人民公社集体经济及其组织形式作了规定，"农村人民公社是政社合一的组织。现阶段农村人民公社的集体所有制经济，一般实行三级所有、队为基础，即以生产队为基本核算单位的公社、生产大队和生产队三级所有"，确立"三级所有，队为基础"的经组织形式。"七五宪法"第 10 条对基本经济方针作了规定，"国家以农业为基础，以工业为主导，充分发挥中央和地方的积极性，促进社会主义经济有计划、按比例地发展，在社会生产不断提高的基础上，逐步改进人民的物质生活和文化生活，巩固国家的独立和安全"，由此可见，"七五宪法"在经济管理体制上实行的是计划经济。

第三，在分配制度方面

"七五宪法"第 9 条规定"国家实行'不劳动者不得食'、'各尽所能、按劳分配'的社会主义原则。国家保护公民的劳动收入、储蓄、房屋和各种生活资料的所有权"，将"五四宪法"中未记入的"按劳分配"原则在"七五宪法"中作了明确规定。"七五宪法"将"五四宪法"规定的"合法收入"修改为"劳动收入"，这就排除了劳动以外的收入，如银行利息、租金、受赠所得等收入的合宪性。这使得"七五宪法"对财产权的保护范围大大缩小。

第四，在社会经济权利方面

"七五宪法"第 27 条规定："公民有劳动的权利，有受教育的权利。劳动者有休息的权利，在年老、疾病或者丧失劳动能力的时候，有获得物质帮助的权利。"与"五四宪法"相比，"七五宪法"缺乏保障措施以保证此类权利的实现。

"七五宪法"确认了以绝对公有制和计划经济为核心的宪法经济制度，这种制度并不符合我国当时生产力的发展状况，致使国民经济丧失活力，乃至停滞。譬如"七五宪法"规定了全民所有制和劳动群众集体所有制的所有制制度，虽然规定了非农业的个体劳动者可以从事不剥削他人的个体劳动，人民公社社员可以经营少量的自留地和家庭副业，但是，它并没有承认私营经济的合法地位，忽视私营经济是社会经济的重要组成部分这一关键要素，而取消农业个体经济，对非农业个体劳动者经济、农村社员的自留地和家庭副业给予极大限制，并没有完成充分发展生产力这个极为重要的任务。再者，在土地政策上，强调土地属于国家或集体所有，实行的土地公有制，农民的土地权利得不到可靠的保障，束缚了农民利用土地生产的积极性，不利于社会经济的发展。而且，由于当时人们对法制漠视，"七五宪法"通过后，既没有制定与之相配套的法律、法规，它本身也在实践中没有受到重视和得到切实贯彻，其规定的经济制度对社会经济生活的影响也是非常有限的。

但是，"七五宪法"规定的经济制度也有其有价值的一面，其中规定的国营经济的主导地位、国家对国民经济的全面控制、按劳分配的分配制度等在后来的"八二宪法"中得到延续。

4. 缩减公民的基本权利和义务

"七五宪法"第三章对"公民的基本权利和义务"作了专门规定，但仅仅有 4 个条文的内容，大大缩减了"五四宪法""公民的基本权利和义务"一章中的 19 条内容，被认为是"难以描述公民的基本权利的"①。从"七五宪法"文本内容来看，其坚持了"五四宪法"的一些基本原则，如强调社会主义民主，保障公民的一些权利和自由。但是，在其他方面存在很大的改变，有的则是根本性的变化。主要体现在以下几点：

第一，将公民义务置于公民权利之前，强调公民对国家的义务。

"七五宪法"第 26 条规定："公民的基本权利和义务是，拥护中国共产党的领导，拥护社会主义制度，服从中华人民共和国宪法和法律。保卫祖国，抵抗侵略，是每一个公民的崇高职责。依照法律服兵役是公民的光荣义务。"由此可以看出，在当时的立法者眼中，国家对公民的要求以及公民对于国家的服从是第一位的，而国家对公民权利的保护则是第二位的。然而，公民基本权利是国家权力的基础和生长点，没有公民基本权利，国家权力就是无源之水、无本之木。"宪法是公民权利的保障书"，制定宪法的目的主要在于保障公民的权利。因此在"七五宪法"中强调公民义务、弱视公民权利的指导理念，不仅是对"五四宪法"的践踏，也是与强调保障公民权利的价值理念背道而驰的。

第二，平等原则、公民住宅不受侵犯、迁徙自由权内容的缺失。

相比较于"五四宪法"，"七五宪法"删去了很多重要的内容。首先，"七五宪法"删除"五四宪法"中规定的"公民在法律上一律平等"的重要原则。平等、自由和财产是近代宪法确定的三大基本人权，平等权利是一切其他权利的基础，否认了平等原则，其他权利则无从谈起，这也是对法治根基的破坏。其次，"七五宪法"也删除了"五四宪法"中规定的公民住宅不受侵犯的内容。再者，关于迁徙权利，有学者对 142 个国家的成文宪法进行统计，其中有 81 个国家的宪法规定了迁徙自由，约占 57%，②我国"五四宪

---

① 参见李涵伟：《从宪法文本变迁视角看公民基本权利的发展》，《四川行政学院学报》2007年第 6 期。

② 参见马岭：《对宪法〈公民的基本权利和义务〉一章的修改建议》，《国家行政学院学报》2003 年第 5 期，转引自亨利·范·马尔赛文、格尔·范·德·唐：《成文宪法的比较研究》，华夏出版社 1987 年版，第 141、157、144、165 页。

法"也曾肯定了迁徙自由，但在"七五宪法"中被删除，自此没有再在我国宪法文本中出现。

第三，选举权、劳动权、受教育权等内容的简化

"七五宪法"第27条第1款中规定的选举权，保留"五四宪法"的主要内容，但是失之太简，也没有纠正"五四宪法""依照法律被剥夺选举权和被选举权的人除外"的繁冗之失。"七五宪法"第27条第2款中规定的劳动权和受教育权，相比较"五四宪法"，也存在过于简化的问题，仅在该款的后半句简单地规定劳动者的休息权和获得帮助的权利。①

第四，增加规定了通信自由、罢工自由等内容

"七五宪法"增加了公民通信自由的权利，但是其把公民的通信自由作为政治自由，规定在第28条的"言论、出版、集会、结社、游行、示威自由"之中，有学者认为公民的通信自由属于私权范畴的活动，归属于政治自由范畴，实属不当。②"七五宪法"在第28条的"自由"中增加了罢工自由的内容，这是"罢工自由"首次入宪，其后经过"七八宪法"保留，至"八二宪法"时被删除。在当下社会中，诸如工人罢工、教师罢课等劳动纠纷现象层出不穷，是否考虑在宪法中重新规定"罢工"自由仍然值得我们进一步的探究。"七五宪法"中这一亮点也为修订宪法提供难能可贵的历史素材。

一个国家的法治越是发展，公民的权利和自由就应该越有保障。从上述内容可以看出，虽然"七五宪法"增加了"罢工自由""通讯自由"等内容，但却删除了"五四宪法"中规定过的公民在法律上一律平等、公民的住宅不受侵犯、迁徙自由、国家关怀青年的发展、公民有进行科学、文艺和其他文化活动的自由等内容。整体上体现的是强调国家权力的权威，弱化公民权利的保障立宪指导思想，把"拥护中国共产党的领导，拥护社会主义制度，服从中华人民共和国宪法和法律"置于首位，公民权利和义务的规定用于满足于政治需要，这不符合社会主义发展的规律，也违背社会主义民主原

---

① 参见商继政、刘鹏：《论宪法文本中公民基本权利变迁》，《理论与改革》2011年第3期。

② 参见许崇德、何华辉：《略论我国一九七五年的宪法》，《法学评论》1980年第6期。

则，与人民群众的愿望是相背离的。我国是人民当家作主的社会主义国家，一切权力属于人民。宪法对公民的基本权利作出规定，是在全国发扬社会主义民主的一个根本保障。随着我国社会的发展、法治事业的进步，我国宪法体制下的公民权利和义务制度一定会越来越完善，公民的权利也会得到越来越好的保障。事实已经证明了这一点。

**附：1975 年《中华人民共和国宪法》文本（1975 年 1 月 17 日）**

### 《中华人民共和国宪法》（1975 年）

（1975 年 1 月 17 日第四届全国人民代表大会
第一次会议通过）

## 序　言

中华人民共和国的成立，标志着中国人民经过一百多年的英勇奋斗，终于在中国共产党领导下，用人民革命战争推翻了帝国主义、封建主义和官僚资本主义的反动统治，取得了新民主主义革命的伟大胜利，开始了社会主义革命和无产阶级专政的新的历史阶段。

二十多年来，我国各族人民在中国共产党领导下，乘胜前进，取得了社会主义革命和社会主义建设的伟大胜利，取得了无产阶级文化大革命的伟大胜利，巩固和加强了无产阶级专政。

社会主义社会是一个相当长的历史阶段。在这个历史阶段中，始终存在着阶级、阶级矛盾和阶级斗争，存在着社会主义同资本主义两条道路的斗争，存在着资本主义复辟的危险性，存在着帝国主义、社会帝国主义进行颠覆和侵略的威胁。这些矛盾，只能靠无产阶级专政下继续革命的理论和实践来解决。

我们必须坚持中国共产党在整个社会主义历史阶段的基本路线和政策，坚持无产阶级专政下的继续革命，使我们伟大的祖国永远沿着马克思主义、列宁主义、毛泽东思想指引的道路前进。

我们要巩固工人阶级领导的以工农联盟为基础的各族人民的大团结，

发展革命统一战线。要正确区别和处理敌我矛盾和人民内部矛盾。要继续开展阶级斗争、生产斗争和科学实验三大革命运动，独立自主，自力更生，艰苦奋斗，勤俭建国，鼓足干劲，力争上游，多快好省地建设社会主义，备战、备荒、为人民。

在国际事务中，我们要坚持无产阶级国际主义。中国永远不做超级大国。我们要同社会主义国家、同一切被压迫人民和被压迫民族加强团结，互相支援；在互相尊重主权和领土完整、互不侵犯、互不干涉内政、平等互利、和平共处五项原则的基础上，争取和社会制度不同的国家和平共处，反对帝国主义、社会帝国主义的侵略政策和战争政策，反对超级大国的霸权主义。

我国人民有充分的信心，在中国共产党领导下，战胜国内外敌人，克服一切困难，把我国建设成为强大的无产阶级专政的社会主义国家，对于人类作出较大的贡献。

全国各族人民团结起来，争取更大的胜利！

## 第一章　总　纲

**第一条**　中华人民共和国是工人阶级领导的以工农联盟为基础的无产阶级专政的社会主义国家。

**第二条**　中国共产党是全中国人民的领导核心。工人阶级经过自己的先锋队中国共产党实现对国家的领导。

马克思主义、列宁主义、毛泽东思想是我国指导思想的理论基础。

**第三条**　中华人民共和国的一切权力属于人民。人民行使权力的机关，是以工农兵代表为主体的各级人民代表大会。

各级人民代表大会和其他国家机关，一律实行民主集中制。

各级人民代表大会代表，由民主协商选举产生。原选举单位和选民，有权监督和依照法律的规定随时撤换自己选出的代表。

**第四条**　中华人民共和国是统一的多民族的国家。实行民族区域自治的地方，都是中华人民共和国不可分离的部分。

各民族一律平等。反对大民族主义和地方民族主义。

各民族都有使用自己的语言文字的自由。

**第五条**　中华人民共和国的生产资料所有制现阶段主要有两种：社会主义全民所有制和社会主义劳动群众集体所有制。

国家允许非农业的个体劳动者在城镇街道组织、农村人民公社的生产队统一安排下，从事在法律许可范围内的，不剥削他人的个体劳动。同时，要引导他们逐步走上社会主义集体化的道路。

**第六条**　国营经济是国民经济中的领导力量。

矿藏、水流，国有的森林、荒地和其他资源，都属于全民所有。

国家可以依照法律规定的条件，对城乡土地和其他生产资料实行征购、征用或者收归国有。

**第七条**　农村人民公社是政社合一的组织。

现阶段农村人民公社的集体所有制经济，一般实行三级所有、队为基础，即以生产队为基本核算单位的公社、生产大队和生产队三级所有。

在保证人民公社集体经济的发展和占绝对优势的条件下，人民公社社员可以经营少量的自留地和家庭副业，牧区社员可以有少量的自留畜。

**第八条**　社会主义的公共财产不可侵犯。国家保证社会主义经济的巩固和发展，禁止任何人利用任何手段，破坏社会主义经济和公共利益。

**第九条**　国家实行"不劳动者不得食"、"各尽所能、按劳分配"的社会主义原则。

国家保护公民的劳动收入、储蓄、房屋和各种生活资料的所有权。

**第十条**　国家实行抓革命，促生产，促工作，促战备的方针，以农业为基础，以工业为主导，充分发挥中央和地方两个积极性，促进社会主义经济有计划、按比例地发展，在社会生产不断提高的基础上，逐步改进人民的物质生活和文化生活，巩固国家的独立和安全。

**第十一条**　国家机关和工作人员，必须认真学习马克思主义、列宁主义、毛泽东思想，坚持无产阶级政治挂帅，反对官僚主义，密切联系群众，全心全意为人民服务。各级干部都必须参加集体生产劳动。

国家机关都必须实行精简的原则。它的领导机构，都必须实行老、中、青三结合。

**第十二条**　无产阶级必须在上层建筑其中包括各个文化领域对资产阶级实行全面的专政。文化教育、文学艺术、体育卫生、科学研究都必须为无产阶级政治服务，为工农兵服务，与生产劳动相结合。

**第十三条**　大鸣、大放、在辩论、大字报，是人民群众创造的社会主义革命的新形式。国家保障人民群众运用这种形式，造成一个又有集中又有民主，又有纪律又有自由，又有统一意志又有个人心情舒畅、生动活泼的政治局面，以利于巩固中国共产党对国家的领导，巩固无产阶级专政。

**第十四条**　国家保卫社会主义制度，镇压一切叛国的和反革命的活动，惩办一切卖国贼和反革命分子。

国家依照法律在一定时期内剥夺地主、富农、反动资本家和其他坏分子的政治权利，同时给以生活出路，使他们在劳动中改造成为守法的自食其力的公民。

**第十五条**　中国人民解放军和民兵是中国共产党领导的工农子弟兵，是各族人民的武装力量。

中国共产党中央委员会主席统率全国武装力量。

中国人民解放军永远是一支战斗队，同时又是工作队，又是生产队。

中华人民共和国武装力量的任务，是保卫社会主义革命和社会主义建设的成果，保卫国家的主权、领土完整和安全，防御帝国主义、社会帝国主义及其走狗的颠覆和侵略。

## 第二章　国家机构

### 第一节　全国人民代表大会

**第十六条**　全国人民代表大会是在中国共产党领导下的最高国家权力机关。

全国人民代表大会由省、自治区、直辖市和人民解放军选出的代表组成。在必要的时候，可以特邀若干爱国人士参加。

全国人民代表大会每届任期五年。在特殊情况下，任期可以延长。

全国人民代表大会会议每年举行一次。在必要的时候，可以提前或者延期。

**第十七条**　全国人民代表大会的职权是：修改宪法，制定法律，根据中国共产党中央委员会的提议任免国务院总理和国务院的组成人员，批准国民经济计划、国家的预算和决算，以及全国人民代表大会认为应当由它行使的其他职权。

**第十八条**　全国人民代表大会常务委员会是全国人民代表大会的常设机关。它的职权是：召集全国人民代表大会会议，解释法律，制定法令，派遣和召回驻外全权代表，接受外国使节，批准和废除同外国缔结的条约，以及全国人民代表大会授予的其他职权。

全国人民代表大会常务委员会由委员长，副委员长若干人，委员若干人组成，由全国人民代表大会选举或者罢免。

## 第二节　国务院

**第十九条**　国务院即中央人民政府。国务院对全国人民代表大会和它的常务委员会负责并报告工作。

国务院由总理，副总理若干人，各部部长，各委员会主任等人员组成。

**第二十条**　国务院的职权是：根据宪法、法律和法令，规定行政措施，发布决议和命令；统一领导各部、各委员会和全国地方各级国家机关的工作；制定和执行国民经济计划和国家预算；管理国家行政事务；全国人民代表大会和它的常务委员会授予的其他职权。

## 第三节　地方各级人民代表大会和地方各级革命委员会

**第二十一条**　地方各级人民代表大会都是地方国家权力机关。

省、直辖市的人民代表大会每届任期五年。地区、市、县的人民代表大会每届任期三年。农村人民公社、镇的人民代表大会每届任期两年。

**第二十二条**　地方各级革命委员会是地方各级人民代表大会的常设机关，同时又是地方各级人民政府。

地方各级革命委员会由主任，副主任若干人，委员若干人组成，由本级人民代表大会选举或者罢免，并报上级国家机关审查批准。

地方各级革命委员会都对本级人民代表大会和上一级国家机关负责并报告工作。

**第二十三条**　地方各级人民代表大会和它产生的地方各级革命委员会在本地区内，保证法律、法令的执行，领导地方的社会主义革命和社会主义建设，审查和批准地方的国民经济计划和预算、决算，维护革命秩序，保障公民权利。

### 第四节　民族自治地方的自治机关

**第二十四条**　自治区、自治州、自治县都是民族自治地方，它的自治机关是人民代表大会和革命委员会。

民族自治地方的自治机关除行使宪法第二章第三节规定的地方国家机关的职权外，可以依照法律规定的权限行使自治权。

各上级国家机关应当充分保障各民族自治地方的自治机关行使自治权，积极支持各少数民族进行社会主义革命和社会主义建设。

### 第五节　审判机关和检察机关

**第二十五条**　最高人民法院、地方各级人民法院和专门人民法院行使审判权。各级人民法院对本级人民代表大会和它的常设机关负责并报告工作。各级人民法院院长由本级人民代表大会的常设机关任免。

检察机关的职权由各级公安机关行使。

检察和审理案件，都必须实行群众路线。对于重大的反革命刑事案件，要发动群众讨论和批判。

## 第三章　公民的基本权利和义务

**第二十六条**　公民的基本权利和义务是，拥护中国共产党的领导，拥护社会主义制度，服从中华人民共和国宪法和法律。

保卫祖国，抵抗侵略，是每一个公民的崇高职责。依照法律服兵役是公民的光荣义务。

**第二十七条**　年满十八岁的公民，都有选举权和被选举权。依照法律被剥夺选举权和被选举权的人除外。

公民有劳动的权利，有受教育的权利。劳动者有休息的权利，在年老、疾病或者丧失劳动能力的时候，有获得物质帮助的权利。

公民对于任何违法失职的国家机关工作人员，有向各级国家机关提出书面控告或者口头控告的权利，任何人不得刁难、阻碍和打击报复。

妇女在各方面享有同男子平等的权利。

婚姻、家庭、母亲和儿童受国家的保护。

国家保护国外华侨的正当权利和利益。

**第二十八条**　公民有言论、通信、出版、集会、结社、游行、示威、罢工的自由，有信仰宗教的自由和不信仰宗教、宣传无神论的自由。

公民的人身自由和住宅不受侵犯。任何公民，非经人民法院决定或者公安机关批准，不受逮捕。

**第二十九条**　中华人民共和国对于任何由于拥护正义事业、参加革命运动、进行科学工作而受到迫害的外国人，给以居留的权利。

### 第四章　国旗、国徽、首都

**第三十条**　国旗是五星红旗。

国徽，中间是五星照耀下的天安门，周围是谷穗和齿轮。

首都是北京。

# 二、1978 年《中华人民共和国宪法》

（一）1978 年《中华人民共和国宪法》产生的背景

1978 年 3 月 5 日，第五届全国人民代表大会第一次会议一致通过了修改后的《中华人民共和国宪法》——1978 年《中华人民共和国宪法》（以下简称"七八宪法"），其被称为新中国第三部宪法。"七八宪法"共 4 章，60 条，它恢复了人民检察院的设置及其检察权的行使，提出了我国在新的发展时期的总任务是"在本世纪内把我国建设成为农业、工业、国防和科学技术现代化的伟大的社会主义强国"，增加了关于科学文化教育事业问题、计划生育问题和台湾问题等规定。

"七八宪法"作为一部过渡时期的宪法，是在特定的历史背景下产生的。政治上，一方面"文化大革命"的结束和"四人帮"的粉碎为党的工作重心转移提供了政治保证，但是专制主义依然存在，居于党和国家最高领导地位的华国锋为树立和巩固接班人的政治权威提出"凡是毛主席作出的决策，我们都坚决维护；凡是毛主席的指示，我们都始终不渝地遵循"（以下简称"两个凡是"），拨乱反正工作难以顺利开展。另一方面，"文化大革命"期间的沉闷氛围和专制作风使人们更加渴望民主与自由。经济上，虽然生产得到了恢复和发展，但是"左"倾思想依然存在，当时略有好转的经济形势被作了过于乐观的估计，经济政策和生产建设目标严重脱离实际，国民经济比例严重失调，积累和消费的比例严重失衡，财政和外汇收支也严重不平衡。思想上，个人崇拜之风仍然盛行，虽然在党内开展了一场"两个凡是"和"实事求是"的思想争论，"两个凡是"也受到种种冲击，但是"实事求是"的思想路线仍未能占据主流地位，党的指导思想未能实现正本清源和拨乱反正。法治上，"文化大革命"期间推崇的"人治"思想所造成的各种负面影响给人们带来了惨痛的经历和深刻的教训，"法治"理念的重塑显得尤为迫切，这也是中国法律发展的必然趋势。正如著名学者梁漱溟先生1978年2月在政协直属小组会上的发言中说："中国的局面由人治渐入法治，现在是个转折点，今后必定要依靠宪法和法律的权威，以法治国，这是历史发展的趋势，中国的前途所在，是任何人阻挡不了的。"① 因此，面对"文化大革命"结束后政治、经济、文化、社会等方面的严峻局势，我国迫切需要制定一部适应当时形势发展要求的宪法。

"七八宪法"是在政治、经济、文化、思想曲折徘徊、缓慢前进的历史背景下产生的，既要继承"五四宪法"的一些内容又要肯定"七五宪法"的一些规定，因此其本身就是一个矛盾的产物。"七八宪法"与"七五宪法"相比，具有一定的进步意义，标志着法治理念的复苏与觉醒。

---

① 参见殷啸虎：《新中国宪政之路》，上海交通大学出版社2000年版，第138页。

（二）1978 年《中华人民共和国宪法》要解决的主要问题

1. 思想方针路线

党的路线是党在一定历史时期关于认识世界和改造世界的一种世界观和方法论，具体包括思想路线、政治路线和组织路线等。思想路线是党在领导国家过程中逐渐形成的一种思想方法和思想原则，是党制定政治路线和组织路线的基础，也是理解和执行政治路线和组织路线的保证。党的思想路线正确与否直接关系到革命和建设事业的成败。

1976 年 10 月 6 日，"四人帮"被粉碎，宣告"文化大革命"结束，国家重新开始走向稳定、有序的正常轨道。然而，由于当时刚进入新的历史发展时期，还未来得及全面总结社会主义革命和社会主义建设的经验教训，再加上还没彻底摆脱"文化大革命"期间一些"左"的指导思想的影响，党的指导思想没有发生根本变化，具体包括"坚持无产阶级专政下继续革命"、"两个凡是"和"四个现代化"等。

1977 年 8 月 12 日，华国锋在中共十一大报告中指出"要高举毛主席的伟大旗帜，继承毛主席的遗志"，"坚持无产阶级专政下的继续革命"。由此可以看出，他不仅充分肯定了"文化大革命"，而且还强调继续以"阶级斗争"为纲。在无产阶级专政下，革命的根本问题说到底就是政权问题。"坚持无产阶级专政下的继续革命"这一思想提出的理论基础是社会主义社会是一个相当长的历史阶段，在其整个历史阶段中，始终存在着阶级、阶级矛盾和阶级斗争，存在着社会主义和资本主义两条道路的较量，存在着资本主义复辟的危险。同时，这一思想提出的现实基础是"文化大革命"刚刚结束，整个社会处在要转折却又未能实现的尴尬时期，人们对社会主要矛盾和未来道路认识不清。

1977 年 2 月 7 日，国内一些主要报刊发表社论，首次提出了"两个凡是"的错误指导思想，即"凡是毛主席作出的决策，我们都坚决维护；凡是毛主席的指示，我们都始终不渝地遵循"。"两个凡是"的提出标志着个人崇拜达到了顶峰，这既表明"文化大革命"专制主义流毒未能彻底清除，又体现着对国家领导人专制统治的维护。因此，从"两个凡是"从发，不能立即纠正"文化大革命"中的"左"倾错误，不能正确认识"文化大革命"的性质，更不能清晰预测中国未来发展的道路和方向，实现伟大的历史转折。"两个凡是"的实质就是推崇对毛主席的个人崇拜，高举毛主席的伟大旗帜。这一思想的产生不仅受到漫长的封建专制统治传统和浓厚的忠君思想的影响，还与毛主席在领导革命和建设中取得的丰功伟绩和表现出来的人格魅力密切相关。

1977 年党的十一大指出，要在"本世纪"（本世纪指 20 世纪）把我国建设成社会主义的现代化强国，这是党在新时期的根本任务。这一理论的提出建立在生产力受到严重破坏以及总结历史经验教训的基础之上，当时党内已深刻认识到只有坚决反对"四人帮"的"唯生产力论"，实现党的工作重心的转移，才能够改变长期以来停滞不前甚至下降的经济状况，全面开拓国家建设事业的新局面。同时，由于未能从根本上改变党的指导思想和方针政策，在"本世纪"这一苛刻的时间范围内决定只能实施以高速发展为主要目标的经济发展战略，这也体现了在经济发展中"左"倾冒进主义的盛行。

综上所述，"七八宪法"制定旨在清除"文化大革命"的思想余毒，纠正党在指导思想上的"左"倾错误，恢复被破坏了的民主法制原则并适时地向全国人民提出新时期社会主义建设的新任务。

2. 人民检察院制度

《新华字典》对"检察"的解释是"检举稽查、考察"，"特指审查被检举的犯罪事实"。① 这一解释说明"检察"具有"监督"之义。纵观新中国宪法的发展历程，我们不难得出将人民检察机关作为我国的法律监督机关已经成为新中国宪法的一种历史传统。1949 年 9 月 27 日，中国人民政治协商会议第一届全体会议通过的《中华人民共和国中央人民政府组织法》第 28 条规定："最高人民检察署对政府机关、公务人员和全国国民之严格遵守法律，负最高的检察责任。"由此可以看出，"最高人民检察署"作为一种特殊的国家机关在该部法律中得以确立并被赋予"最高的检察责任"。1954 年 9 月 20 日第一届全国人民代表大会第一次会议通过的《中华人民共和国宪法》第 81 条规定："中华人民共和国最高人民检察院对于国务院所属各部门、地

---

① 《新华词典》，商务印书馆 2001 年版，第 475 页。

方各级国家机关、国家机关工作人员和公民是否遵守法律，行使检察权。地方各级人民检察院和专门人民检察院，依照法律规定的范围行使检察权。"实际上，该条文中的"检察权"就是指检察机关对国务院所属各部门、地方各级国家机关、国家机关工作人员和公民是否遵守法律的行为进行检视、检举的权力，它是一种"监督权"。可见，虽然上述新中国宪法条文均未出现"法律监督机关"字样，但是都明确赋予了检察机关的检察权，都在内容和立法目的上将检察机关视为国家的法律监督机关。

然而，"文化大革命"时期，由于一些"左"倾思想的盛行和检察理论自身研究的局限性等，批判检察制度的意见被林彪、"四人帮"等野心家所利用，检察机关被认为是"可有可无"、"碍手碍脚"的国家机关而被彻底砸烂。与此同时，在"文化大革命"对我国社会主义法制造成严重的破坏这一历史背景下，1975年1月17日中华人民共和国第四届全国人民代表大会第一次会议通过的《中华人民共和国宪法》第25条第二、三款规定："检察机关的职权由各级公安机关行使。检察和审理案件，都必须实行群众路线。对于重大的反革命刑事案件，要发动群众讨论和批判。"众所周知，设置人民检察院的初衷，是对国家机关、国家机关工作人员是否遵守宪法和法律实施监督监察，而各级公安机关是行使行政权力的国家行政机关，由行政机关来行使监察权，言外之意就是自己监察自己，在逻辑上就是荒唐的，这纸条文在事实上取消了人民检察院，是我国检察院制度的一大倒退。① 由此可以看出，该条规定悖逆了我国新中国宪法将人民检察机关作为法律监督机关的历史传统，违背了我国检察制度发展的客观规律，造成了国家权力的滥用和社会混乱等严重后果。

因此，在制定"七八宪法"时，恢复检察院的设置和完善检察院制度成为当时迫切需要解决的问题之一。同时将检察机关视为国家的法律监督机关具有一定的理论基础，符合历史发展规律，是坚持法制统一、司法公正和依法治国的客观要求。首先，法律具有一般性，其要求人们在它的效力范围

① 参见李峰：《中华人民共和国四部宪法比较研究》，中共中央党校党史系2004年博士学位论文，第125页。

统一适用法律，而根据具体案件情况、执法人员的好恶以及对法律的理解不同，法律的适用又总是具体的、个别的。因此，要保证法制的统一，建立一种法律监督机制以保障每个执法人员都能按照统一的原则和标准适用法律显得尤为重要。其次，执法人员的政治立场及其个人认识能力的局限性等往往会影响到执法人员对事实认定的准确性和对法律规则的把握，进而可能会导致司法不公正。而司法不公正会对公民的合法权利造成不当的侵害，这必然与立法目的和司法的价值追求相违背。因此，建立一种法律监督机制有利于防止和纠正司法不公正，以免对法制和公民造成不利影响。最后，法治的最初目的是用法律来限制政府及其工作人员的权力。正如孟德斯鸠所言："一切有权力的人都容易滥用权力，这是万古不变的一条经验……从事物的性质来说，要防止滥用权力，就必须以权力制约权力。"① 同时江泽民同志在党的十五大报告中指出："依法治国，就是广大人民群众在党的领导下，依照宪法和法律规定，通过各种形式管理国家事务，管理经济文化事务，管理社会事务，保证国家各项工作都依法进行。"② 因此，要充分发挥法律在管理国家事务、管理经济文化事务、管理社会事务等方面的规范性作用，确保一切国家权力都依法进行，就必须建立完善的法律监督机制，采取有效的手段检查监督国家机关及其工作人员严格执法，进而遏制司法腐败或减少司法不公。

就我国国情而言，在我国实行人民代表大会制度这一政体下，将人民检察机关作为我国的法律监督机关予以设置具有一定的合理性，是我国国家制度历史发展的必然选择。一是人民代表大会是我国的权力机关，这决定了其对由它产生并对它负责的其他国家机关的监督只能是一种宏观或者说对影响重大的事项的监督，而无法对行政机关和审判机关的具体执法活动进行经常性的具体的监督。因此，为防止其他国家机关滥用职权，设立一个能够对具体执法活动进行常规性监督的专门机关具有重要意义。二是我国的其他国家机关都是由人民代表大会产生并直接对它负责。这些国家机关之间互不隶属，同时也没有类似西方国家的相互制约的机制，无法实现权力制衡。因

---

① ［法］孟德斯鸠：《论法的精神》上卷，张雁深译，商务印书馆1995年版，第154页。
② 《中国共产党第十五次全国代表大会文件汇编》，人民出版社1997年版，第31页。

此，设置一个不享有实体权力的专门机关来监督其他国家机关的执法活动有利于发挥以权力制约权力的作用。三是我国的法律监督机关是由人民代表大会产生并直接对它负责，其行使法律监督权的范围和方式都是由人民代表大会通过法律规定。因此，这种权力并不是一种不受监督制约的权力，其设置符合权力运行规律。

综上所述，将检察权交由公安机关行使的做法违背了新中国宪法的发展规律，人民检察机关的设置已成为新中国宪法的历史传统，具有一定的历史必然性和合理性。

3. 科学文化发展

《现代汉语词典上》中关于"文化"一词有两种定义：广义的文化是指人类在社会历史发展过程中所创造的物质财富和精神财富的总和，狭义的文化特指精神财富，如文学、艺术、教育、科学等。① 本文所提及的文化是指狭义上的文化，不仅包括文学、艺术、教育、科学，还包括人的生活方式、共处方式、价值观体系、传统和信仰等。这种文化与经济、政治、社会共同构成一个"四位一体"、全面发展的社会。在这样的社会结构中，经济起基础和决定作用，政治是对经济的集中体现，文化则是对经济和政治的反映，又反作用于经济和政治。同时这种文化理念在当今中国社会中占主导地位，也深刻地体现了中国特色社会主义文化建设的题中之义。

纵观历史，我们可以看出，"世界各国宪法，无论是近代宪法还是现代宪法，无论是资本主义国家的宪法还是社会主义国家的宪法，都有文化制度方面的内容，文化制度是宪法不可缺少的一个重要组成部分……文化自身的发展对文化制度化提出新的要求，以一般法律和政策对文化进行制度化，已不足以表明文化在近现代社会关系中的重要性。这一切都要求宪法对文化进行规定，以满足国家、公民以及文化自身发展的需要"。②

由此，我们可以得知文化具有以下特征：一是社会物质生产的历史延续性决定文化发展的历史延续性，新的文化总是在旧的文化的基础上变化和发

---

① 参见《现代汉语词典》，商务印书馆 2002 年版，第 1318 页。
② 参见刘茂林：《中国宪法导论》，北京大学出版社 2009 年版，第 251 页。

展，所以文化是历史沉淀而成的，具有很浓的历史性。二是文化是在社会物质条件的基础上产生、变化和发展的，是对经济与政治的反映，反过来又影响经济与政治，促进社会发展的，故文化又具有社会性。三是随着民族的产生和发展，民族性格、民族语言、民族传统、生活方式等各具特色，文化呈现出民族性和多样性。

　　然而，历时十年的"文化大革命"不仅严重迫害了广大知识分子，禁锢了人们的思想，摧残了我国科教文化事业，还进一步拉大了我国科技文化水平同世界先进国家的差距。由于深受"文化大革命"的影响，在"七八宪法"制定之际，我国在文化方面亟须解决的主要问题包括思想文化领域的领导权问题和科教文化繁荣问题。

　　"文化大革命"期间，"四人帮"窃取了思想文化领域上的很大一部分领导权，并在思想文化领域多次进行反党反社会主义反马克思主义的反革命活动，造成我国思想文化上的一时混乱。而根据毛主席的一贯教导，在思想文化领域的斗争中，必须正确区别和处理两类不同性质的矛盾。对于反革命分子在思想文化领域进行的反党反社会主义反马克思主义的反革命活动，决不能放纵。"在外部，放纵反革命乱说乱动是犯罪的行为，而专政是合法的行为。"对于人民内部的思想问题、学术问题、艺术问题，只能采取说理的批评的讨论的方法，决不容许采取专政的方法。"在内部，压制自由，压制人民对党和政府的错误缺点的批评，压制学术界的自由讨论，是犯罪的行为。"① 由此，我们可以看出，确立马克思主义、列宁主义、毛泽东思想在各个思想文化领域的领导地位，贯彻执行毛主席的无产阶级革命路线，用马克思主义的思想武器去批判修正主义、资产阶级，有利于遏制反革命分子在思想文化领域进行的反党反社会主义反马克思主义的反革命活动，有利于正确对待和处理人民内部矛盾，进而有利于促进社会主义文化的繁荣与发展。

　　"文化大革命"使大批科研人员受到批判，被迫离开科研岗位，同时也使一些科研机构被取消或合并，科技队伍萎缩，科研成果减少，科技水平明显落后于世界先进水平，给工农业生产带来了许多负面影响。同时，"四人

---

① 参见王培英：《中国宪法文献通编》，中国民主法制出版社2004年版，第175页。

帮"炮制的"文艺黑线专政论"也造成了文艺界的一些冤假错案，不利于文化的繁荣与发展。而文化是对经济、政治、社会的一种反映，又可以反作用于经济、政治、社会。具体来说，文化是一个民族、一个国家的"精神家园"，独特的民族文化是维系一个民族生存发展的精神纽带。加强社会主义文化建设有利于保障人民的基本文化权益，丰富人们的精神生活，提高社会成员的思想道德素质和科学文化素质，有利于为经济发展和社会和谐提供强大的智力支持和精神保障，有利于增强中华民族的凝聚力和创造力，有利于增强我国的综合国力，提高国际地位。因此，大力恢复和发展科教文化事业显得尤为重要。

（三）1978 年《中华人民共和国宪法》对上述问题的回应

1. 修改思想方针路线

叶剑英在五届人大一次会议上作的《关于修改宪法的报告》中，明确表示：（1）修改宪法的指导思想是，高举毛主席的伟大旗帜，完整准确地体现马克思列宁主义关于无产阶级专政的学说，完整准确地体现毛主席关于无产阶级专政下继续革命的学说，充分地反映中国共产党的十一大路线和华主席为首的党中央"抓纲治国"的战略决策，总结同"四人帮"斗争的经验，巩固和发展无产阶级"文化大革命"的胜利成果。（2）新时期的总任务是，坚持无产阶级专政下的继续革命，开展阶级斗争、生产斗争和科学实验三大革命运动，在本世纪内把我国建设成为农业、工业、国防和科学技术现代化的伟大的社会主义强国。同时，他还强调，这个总任务，是以毛主席关于无产阶级专政下继续革命的伟大学说、以毛主席制定的中国共产党在整个社会历史阶段的基本路线为根据的。①

"七八宪法"完整地确认了关于修改"七五宪法"的指导思想。关于"坚持无产阶级专政下的继续革命"这一思想理论，它在序言中明确规定："我们要坚持无产阶级革命对资产阶级的斗争，坚持社会主义道路对资本主义道路的斗争，反对修正主义，防止资本主义复辟，准备对付社会主义帝国

---

① 参见周叶中、江国华：《在曲折中前进》，武汉大学出版社 2010 年版，第 495 页。

主义和帝国主义对我国的颠覆和侵略。"同时它还在序言中强调："第一次无产阶级文化大革命的胜利结束，使我国社会主义革命和社会主义建设进入了新的发展时期。"从以上宪法内容，我们可以看出"七八宪法"不但没有否定"文化大革命"，反而在序言中进一步肯定了无产阶级"文化大革命"，认为"文化大革命"对巩固无产阶级专政和防止资本主义复辟是至关重要的，同时还认为像"文化大革命"这样的政治大革命以后还要进行多次。政治大革命是抛弃宪法的革命，以宪法的形式肯定之，本身就是对宪政的反动，与宪法理念、原则、精神背道而驰。① 此外，当时社会主要矛盾是人民日益增长的物质文化需要同落后的社会生产力之间的矛盾，国家工作的重心应当转移到经济建设上来，而不是仍一味地去坚持不利于社会团结和违背历史潮流的无产阶级专政下的继续革命。

关于"两个凡是"这一理论，"七八宪法"在序言中指出："毛主席是中华人民共和国的缔造者。我国革命和建设的一切胜利，都是在马克思主义、列宁主义、毛泽东思想的指引下取得的。永远高举和坚决捍卫毛主席的伟大旗帜，是我国各族人民团结战斗，把无产阶级革命事业进行到底的根本保证。"其中，"永远高举和坚决捍卫毛主席的伟大旗帜"就是指在"坚持无产阶级专政下的继续革命"这一思想理论指导下，在某种程度上肯定毛泽东发动的"文化大革命"的成果。这一规定过多地强调了毛主席的个人作用。这一宪法内容在一定程度上束缚了人们的思想，不利于党内思想的活跃，不利于党的政策的正确落实。

此外，关于"四个现代化"这一理论，"七八宪法"在序言中提出："根据中国共产党在整个社会主义历史阶段的基本路线，全国人民在新时期的总任务是：坚持无产阶级专政下的继续革命，开展阶级斗争、生产斗争和科学实验三大革命运动，在本世纪内把我国建设成为农业、工业、国防和科学技术现代化的伟大的社会主义强国。"这种用宪法的形式将中国共产党第十一次全国代表大会规定的全国人民在新时期的总任务确立下来的做法为社会主义建设事业指明了方向，同时还极大地鼓舞了全国人民的建设热情。同时，

---

① 参见范进学：《中国特色社会主义宪政发展论》，上海人民出版社 2010 年版，第 217 页。

"七八宪法"又在总纲中规定："国家坚持鼓足干劲、力争上游、多快好省地建设社会主义的总路线，有计划、按比例、高速度地发展国民经济，不断提高社会生产力，以巩固国家的独立和安全，逐步改善人民的物质生活和文化生活。"这一宪法内容一方面有利于调动人民的生产积极性，促进国民经济的恢复和发展；另一方面也反映了党和国家过高地估计了当时略有好转的经济形势并进而制定了严重脱离实际的经济建设目标和经济发展政策。

总之，"七八宪法"虽然提出了新时期的总任务，尤其首次提出了"四个现代化"思想，但是"坚持无产阶级专政下的继续革命""两个凡是"等思想仍禁锢着我们的头脑，并未能对"文化大革命"、毛泽东的功过是非和毛泽东思想的历史地位等做出正确的评价，同时也未能确立"解放思想，实事求是"的思想路线和"实践是检验真理的唯一标准"的原则，存在一定的局限性。

2. 恢复人民检察院制度的设置

1978 年 3 月 1 日，叶剑英在中华人民共和国第五届全国人民代表大会第一次会议上作的《关于修改宪法的报告》中明确指出：鉴于同各种违法乱纪行为作斗争的极大重要性，宪法修改草案规定设置人民检察院。国家的各级检察机关按照宪法和法律规定的范围，对于国家机关、国家机关工作人员和公民是否遵守宪法和法律，行使检察权。在加强党的统一领导和依靠群众的前提下，充分发挥公安机关、检察机关、人民法院这些专门机关的作用，使它们互相配合又互相制约，这对于保护人民，打击敌人，是很重要的。[1]该报告强调恢复检察院的设置并重新确立公安机关、检察机关、人民法院之间互相配合又互相制约的工作原则有利于预防和打击各类犯罪，有利于确保司法公正，有利于维护人民民主专政。

"七八宪法"第 43 条第 1 款规定："最高人民检察院对于国务院所属各部门、地方各级国家机关、国家机关工作人员和公民是否遵守宪法和法律，行使检察权。地方各级人民检察院和专门人民检察院，依照法律规定的范围行使检察权。人民检察院的组织由法律规定。"可见，该规定重新赋予了检

---

[1]　参见《叶剑英选集》，人民出版社 1985 年版，第 508 页。

察机关的检察权，规定了最高人民检察院、地方各级人民检察院和专门检察院的权限范围，明确了人民检察院组织设置的原则。这样，检察机关通过对其他国家机关及其工作人员的职务行为和一般公民的行为实施法律监督，一方面有利于促使其他国家机关及其工作人员依法履行职责，保障法律统一正确实施，树立法制权威；另一方面有利于增强公民的法律意识，营造良好的守法氛围，进而有利于真正实现依法治国。当然，"最高人民检察院对于国务院所属各部门、地方各级国家机关、国家机关工作人员和公民是否遵守宪法和法律，行使检察权"的规定也存在着一些不妥。该规定将地方各级国家机关、国家机关工作人员和公民是否遵守宪法和法律统统列入最高人民检察院的职权范围，模糊了最高人民检察院和地方各级人民检察院的职权范围，不利于充分发挥最高人民检察院对地方检察院的领导作用。

"七八宪法"第 43 条第 2 款规定："最高人民检察院监督地方各级人民检察院和专门人民检察院的检察工作，上级人民检察院监督下级人民检察院的检察工作。"该规定明确了最高人民检察院和地方人民检察院之间、上级人民检察院和下级人民检察院之间存在的是监督与被监督关系。然而，该规定并不符合人民检察院的法律性质和职权要求，不利于最高人民检察院和地方人民检察院之间、上级人民检察院和下级人民检察院之间的协调与统一，不利于更好地行使其监督权。人民检察院行使的是对其他国家机关及其工作人员是否依法行使职责的法律监督权，这就要求最高人民检察院和地方人民检察院之间、上级人民检察院和下级人民检察院之间协同一致，齐心合力，共同做好法律监督工作。因此，如同"五四宪法"中"地方各级人民检察院和专门人民检察院在上级人民检察院的领导下，并且一律在最高人民检察院的统一领导下，进行工作"的规定，最高人民检察院和地方人民检察院之间、上级人民检察院和下级人民检察院之间存在的应当是一种领导与被领导关系，而不是一种监督与被监督关系。

最后，"七八宪法"第 43 条第 3 款规定："最高人民检察院对全国人民代表大会和全国人民代表大会常务委员会负责并报告工作。地方各级人民检察院对本级人民代表大会负责并报告工作。"该规定明确了人民代表大会作为权力机关对同级人民检察院的监督，有利于确保人民检察院依法行使监督权，有利于更好地实现司法统一与公正。然而，该规定并未提及"地方各级人民检察院对本级人民代表大会常务委员会负责并报告工作"，存在一定的欠缺。不过，与"五四宪法"并没有规定"地方各级人民检察院对本级人民代表大会负责并报告工作"相比，该规定具有一定的进步性，有利于为地方人民代表大会对于地方人民检察院的监督提供宪法依据，有利于防止人民检察院滥用权力，从而更好地发挥人民检察院的法律监督作用。

总体而言，"七八宪法"在恢复人民检察院制度的设置方面具有一定的进步意义。具体而言，"七八宪法"关于重新赋予检察机关的检察权、明确人民检察院的权限范围和组织设置的原则、赋予人民代表大会对同级人民检察院的监督权等规定，有利于形成一种相互制约、相互配合、共促司法公正的司法体系，有利于树立法律权威和实现法制统一，有利于实现依法治国。不过，"七八宪法"也存在着一些不足，如规定最高人民检察院和地方人民检察院之间、上级人民检察院和下级人民检察院之间存在的是一种监督与被监督关系，再如没有规定地方人民代表大会常务委员会对同级人民检察院的监督等。

3. 重视科教文化事业的发展

1978 年 3 月 1 日，叶剑英在中华人民共和国第五届全国人民代表大会第一次会议上作的《关于修改宪法的报告》中明确指出：实现新时期的总任务，不但需要有一个经济建设的高潮，而且需要有一个文化建设的高潮。宪法修改草案对这一点给予了充分的注意。

同时，该报告也明确指出：为了坚持马克思主义、列宁主义、毛泽东思想在各个思想文化领域的领导地位，无产阶级必须在一切思想文化领域中把领导权牢牢地掌握在自己的手中，贯彻执行毛主席的无产阶级革命路线，必须用马克思主义的思想武器去批判修正主义、批判资产阶级，使社会主义的文化大大繁荣和兴旺起来。毛主席所说的无产阶级在上层建筑其中包括在各个文化领域的专政，就是要求我们这样做。

"七八宪法"第 14 条规定："国家坚持马克思主义、列宁主义、毛泽东思想在各个思想文化领域的领导地位。各项文化事业都必须为工农兵服务，为社会主义服务。国家实行'百花齐放、百家争鸣'的方针，以促进艺术发展和科学进步，促进社会主义文化繁荣。"该规定重新确立了马克思主义、列宁主义、毛泽东思想在各个思想文化领域的领导地位，鲜明地提出了"百花齐放、百家争鸣"的方针。按照这个方针，在六项政治标准的前提下，艺术上不同的形式和风格可以自由发展，科学上不同的学派可以自由争论，艺术和科学中的是非问题，要通过艺术界科学界的自由讨论，通过艺术和科学的实践去解决。我们坚信，认真执行这个方针，一定能够团结广大知识分子，促进他们继续自我教育和自我改造，促进工人阶级知识分子的成长，一定能够进一步加强马克思主义、列宁主义、毛泽东思想在各个思想文化领域的领导地位，放社会主义的百花，锄反社会主义的毒草，迅速地推动艺术发展和科学进步，形成社会主义文化繁荣的局面。[1] 由此可以看出，该规定有利于清算"四人帮"在各个文化领域颠倒是非的罪行，有利于全面执行毛主席关于无产阶级在各个文化领域的专政思想，有利于鼓舞文化工作者的热情，促进科教文化事业的繁荣与发展。

"七八宪法"第12条规定："国家大力发展科学事业，加强科学研究，开展技术革新和技术革命，在国民经济一切部门中尽量采用先进技术。科学技术工作必须实行专业队伍和广大群众相结合、学习和独创相结合。"同时，"七八宪法"第13条规定："国家大力发展教育事业，提高全国人民的文化科学水平。教育必须为无产阶级政治服务，同生产劳动相结合，使受教育者在德育、智育、体育几方面都得到发展，成为有社会主义觉悟的有文化的劳动者。"从"七八宪法"总纲将科技和教育各单独列为一条我们可以看出，国家高度重视科学和教育的发展，并以宪法的形式保障了科学和教育的繁荣与发展。科学技术是第一生产力，是衡量一个国家综合实力的重要标志，大力发展科学教育事业，有利于提高我国科技水平和教育质量，有利于增强我国综合国力，有利于促进经济和社会的发展。因此，上述两条规定具有重要的历史意义。

"七八宪法"第52条规定："公民有进行科学研究、文学艺术创作和其他文化活动的自由。国家对于从事科学、教育、文学、艺术、新闻、出

---

[1]  参见王培英：《中国宪法文献通编》，中国民主法制出版社2004年版，第176页。

版、卫生、体育等文化事业的公民的创造性工作，给以鼓励和帮助。"而与"五四宪法"第 95 条规定："中华人民共和国保障公民进行科学研究、文学艺术创作和其他文化活动的自由。国家对于从事科学、教育、文学、艺术和其他文化事业的公民的创造性工作，给以鼓励和帮助。"相比，这一规定不仅恢复了"五四宪法"关于公民文化权利的有关规定，还进一步明确了文化活动的内容，将"五四宪法"中的"其他文化事业"细化为"新闻、出版、卫生、体育等文化事业"，有利于对这些文化领域的权利保障。这一规定有利于在继承中华优秀文化传统的基础上，促进文化产业的发展和创新能力提高，有利于涌现出一批有国际影响力、广泛传播的文化艺术作品和精品节目以满足国内市场需求和在国际文化市场上占有一席之地，进而提高在国际社会中的吸引力、影响力。

（四）1978 年《中华人民共和国宪法》的两次修正

1978 年 5 月 10 日，《实践是检验真理的唯一标准》一文在中央党校内部刊物《理论动态》上首次发表，抨击了华国锋等人主张的"两个凡是"理论，标志着真理标准大讨论的开始。这一讨论打破了"两个凡是"理论的束缚，推动了具有全国性的马克思主义思想解放运动的发展。1978 年 11 月 10 日到 12 月 15 日，中共中央在北京京西宾馆召开了中央工作会议，这次会议的闭幕，标志着围绕"两个凡是"和实践标准的斗争，以实践标准的胜利而告终，并为党的十一届三中全会的召开做了充分的准备。在中央工作会议后，1978 年 12 月 18 日，中国共产党召开了十一届三中全会，这次会议全面清理了"文化大革命"的错误，深入总结了新中国成立以来的历史经验，确定了解放思想、开动脑筋、实事求是、团结一致向前看的指导方针，果断停止使用"以阶级斗争为纲"的口号，做出把工作重点转移到社会主义现代化建设上来的战略决策，提出了进一步发扬社会主义民主和健全社会主义法制的任务，使国家生活的各个方面发生了重大变化。[1]

在这种历史背景下，"七八宪法"的某些规定已无法适应现实的需要，

---

① 参见周叶中、江国华：《在曲折中前进》，武汉大学出版社 2010 年版，第 485—486 页。

因此，该部宪法在制定后不到两年的时间里就被修改了两次。

1. 1979 年第五届全国人民代表大会第二次会议关于修正《中华人民共和国宪法》若干规定的决议

1979 年 7 月 1 日，第五届全国人民代表大会第二次会议通过关于修正"七八宪法"若干规定的决议，同意县和县以上的地方各级人民代表大会设立常务委员会，将地方各级革命委员会改为地方各级人民政府，将县的人民代表大会改为由选民直接选举，将上级人民检察院同下级人民检察院的关系由监督改为领导。由于以上改变，第五届全国人民代表大会第二次会议决定对"七八宪法"中涉及的有关内容进行修改。这次修改主要是为了加强国家机构的建设，主要涉及以下四个方面：

（1）在县和县级以上的地方各级人民代表大会设立常务委员会，在人大闭会期间行使职权。具体规定为：将"七八宪法"第 35 条增加如下一款作为第 4 款："县和县以上的地方各级人民代表大会设立常务委员会，它是本级人民代表大会的常设机关，对本级人民代表大会负责并报告工作，它的组织和职权由法律规定。"这样规定有利于适应地方国家权力机关要处理的事务越来越复杂精细的客观要求，有利于强化和充分发挥地方人大的权力作用，有利于更好地维护人民当家作主的地位。

（2）将地方各级革命委员会改为地方各级人民政府，具体规定为："七八宪法"第 37 条第 1 款修改为："地方各级人民政府，是地方各级人民代表大会的执行机关，是地方各级国家行政机关。"在革命委员会内部组成人员上，采取了"三结合"的原则，即有革命群众代表、人民解放军代表和革命干部代表联合组成的领导体制。而从实际情况来看，革命委员会并不能有效发挥其应承担的职能：革命群众并非民主选举，而是"夺权运动"中的知识分子；解放军代表担任地方高级领导职务，军队直接介入地方政权，容易形成割据局势，带来负面影响；革命干部代表虽然有一定的政治觉悟和政治能力，但在那种氛围下很难发挥其应有作用。因此这样规定有利于进一步明确和有效发挥政府的职能。

（3）将实行由选民直接选举的范围扩大到县一级，县级人民代表大会代表改为选民直接选举，具体规定为："七八宪法"第 35 条第 2 款修改为：

"省、直辖市、设区的市的人民代表大会代表，由下一级的人民代表大会经过民主协商，无记名投票选举；县、不设区的市、市辖区、人民公社、镇的人民代表大会代表，由选民经过民主协商，无记名投票直接选举。"这样规定扩大了直接选举的范围，有利于充分发挥人大代表的职权，有利于进一步维护人民的政治权利。

（4）将各级人民检察院的监督关系改为领导关系，具体规定为："七八宪法"第37条第4款修改为："地方各级人民政府对本级人民代表大会和上一级国家行政机关负责并报告工作，县和县以上的地方各级人民政府在本级人民代表大会闭会期间，对本级人民代表大会常务委员会负责并报告工作，都受国务院统一领导。"这样有利于保持检察院应有的独立性，有利于更好地执行检察院的任务。

*2. 1980年第五届全国人民代表大会第三次会议关于修正《中华人民共和国宪法》若干规定的决议*

1982年2月，经邓小平提议，中共中央第十一届五中全会正式决定向全国人大常委会提出取消"七八宪法"第45条中公民"有运用'大鸣、大放、大辩论、大字报'的权利"规定的建议。1980年8月26日，根据中共中央的建议，全国人大常委会向全国人大提出关于修改"七八宪法"第45条的议案。1980年9月10日，第五届全国人民代表大会第三次会议通过了关于修改"七八宪法"第45条的决议，该决议取消了"七八宪法"第45条中公民"有运用'大鸣、大放、大辩论、大字报'的权利"的规定。即将45条"公民有言论、通信、出版、集会、结社、游行、示威、罢工的自由，有运用'大鸣、大放、大辩论、大字报'的权利"改为"公民有言论、通信、出版、集会、结社、游行、示威、罢工的自由"。这一规定有利于充分发扬社会主义民主，健全社会主义法制，维护安定团结的政治局面，保障社会主义现代化建设的顺利进行。

对"七八宪法"的两次修改在某种程度上解决了"文化大革命"中遗留的一些法律问题，为"八二宪法"的制定奠定了一定的基础。然而总的来说，"七八宪法"仍没有完全摆脱"左"倾思想的影响，仍需要进一步修改与完善。

**附：1978 年《中华人民共和国宪法》文本（1978 年 3 月 5 日）**

## 《中华人民共和国宪法》（1978 年）
（1978 年 3 月 5 日第五届全国人民代表大会第一次会议通过）

## 序　言

中国人民经过一百多年的英勇奋斗，终于在伟大领袖和导师毛泽东主席为首的中国共产党的领导下，用人民革命战争推翻了帝国主义、封建主义和官僚资本主义的反动统治，取得了新民主主义革命的彻底胜利，在 1949 年建立了中华人民共和国。

中华人民共和国的成立，标志着我国社会主义历史阶段的开始。建国以后，在毛主席和中国共产党领导下，我国各族人民在政治、经济、文化、军事、外交各条战线贯彻执行毛主席的无产阶级革命路线，经过反对国内外敌人的反复斗争，经过无产阶级文化大革命，取得了社会主义革命和社会主义建设的伟大胜利。我国的无产阶级专政得到了巩固和加强。我国已经成为初步繁荣昌盛的社会主义国家。

毛泽东主席是中华人民共和国的缔造者。我国革命和建设的一切胜利，都是在马克思主义、列宁主义、毛泽东思想的指引下取得的。永远高举和坚决捍卫毛主席的伟大旗帜，是我国各族人民团结战斗，把无产阶级革命事业进行到底的根本保证。

第一次无产阶级文化大革命的胜利结束，使我国社会主义革命和社会主义建议进入了新的发展时期。根据中国共产党在整个社会主义历史阶段的基本路线，全国人民在新时期的总任务是：坚持无产阶级专政下的继续革命，开展阶级斗争、生产斗争和科学实验三大革命运动，在本世纪内把我国建设成为农业、工业、国防和科学技术现代化的伟大的社会主义强国。

我们要坚持无产阶级对资产阶级的斗争，坚持社会主义道路对资本主义道路的斗争，反对修正主义，防止资本主义复辟，准备对付社会帝国主义和帝国主义对我国的颠覆和侵略。

我们要巩固和发展工人阶级领导的，以工农联盟为基础的，团结广大知识分子和其他劳动群众，团结爱国民主党派、爱国人士、台湾同胞、港澳同胞和国外侨胞的革命统一战线。要加强全国各民族的大团结。要正确区别和处理敌我矛盾和人民内部矛盾。要在全国人民中努力造成又有集中又有民主，又有纪律又有自由，又有统一意志、又有个人心情舒畅、生动活泼那样一种政治局面，以利于调动一切积极因素，克服一切困难，更好地巩固无产阶级专政，较快地建设我们的国家。

在国际事务中，我们要在互相尊重主权和领土完整、互不侵犯、互不干涉内政、平等互利、和平共处五项原则的基础上，建立和发展同各国的关系。我国永远不称霸，永远不做超级大国。我们要坚持无产阶级国际主义，按照关于三个世界的理论，加强同全世界无产阶级、被压迫人民和被压迫民族的团结，加强同社会主义国家的团结，加强同第三世界国家的团结，联合一切受到社会帝国主义和帝国主义超级大国侵略、颠覆、干涉、控制、欺负的国家，结成最广泛的国际统一战线，反对超级大国的霸权主义，反对新的世界战争，为人类的进步和解放事业而奋斗。

## 第一章 总 纲

**第一条** 中华人民共和国是工人阶级领导的以工农联盟为基础的无产阶级专政的社会主义国家。

**第二条** 中国共产党是全中国人民的领导核心。工人阶级经过自己的先锋队中国共产党实现对国家的领导。

中华人民共和国的指导思想是马克思主义、列宁主义、毛泽东思想。

**第三条** 中华人民共和国的一切权力属于人民。人民行使国家权力的机关，是全国人民代表大会和地方各级人民代表大会。

全国人民代表大会、地方各级人民代表大会和其他国家机关，一律实行民主集中制。

**第四条** 中华人民共和国是统一的多民族的国家。

各民族一律平等。各民族间要团结友爱，互相帮助，互相学习。禁止对任何民族的歧视和压迫，禁止破坏各民族团结的行为，反对大民族主义和地方民族主义。

各民族都有使用和发展自己的语言文字的自由，都有保持或者改革自己的风俗习惯的自由。

各少数民族聚居的地方实行区域自治。各民族自治地方都是中华人民共和国不可分离的部分。

**第五条** 中华人民共和国的生产资料所有制现阶段主要有两种：社会主义全民所有制和社会主义劳动群众集体所有制。

国家允许非农业的个体劳动者在城镇或者农村的基层组织统一安排和管理下，从事法律许可范围内的，不剥削他人的个体劳动。同时，引导他们逐步走上社会主义集体化的道路。

**第六条** 国营经济即社会主义全民所有制经济，是国民经济中的领导力量。

矿藏，水流，国有的森林、荒地和其他海陆资源，都属于全民所有。

国家可以依照法律规定的条件，对土地实行征购、征用或者收归国有。

**第七条** 农村人民公社经济是社会主义劳动群众集体所有制经济，现在一般实行公社、生产大队、生产队三级所有，而以生产队为基本核算单位。生产大队在条件成熟的时候，可以向大队为基本核算单位过渡。

在保证人民公社集体经济占绝对优势的条件下，人民公社社员可以经营少量的自留地和家庭副业，在牧区还可以有少量的自留畜。

**第八条** 社会主义的公共财产不可侵犯。国家保障社会主义全民所有制经济和社会主义劳动群众集体所有制经济的巩固和发展。

国家禁止任何人利用任何手段，扰乱社会经济秩序，破坏国家经济计划，侵吞、挥霍国家和集体的财产，危害公共利益。

**第九条** 国家保护公民的合法收入、储蓄、房屋和其他生活资料的所有权。

**第十条** 国家实行"不劳动者不得食"、"各尽所能、按劳分配"的社会主义原则。

劳动是一切有劳动能力的公民的光荣职责。国家提倡社会主义劳动竞赛，在无产阶级政治挂帅的前提下，实行精神鼓励和物质鼓励相结合而以精神鼓励为主的方针，鼓励公民在劳动中的社会主义积极性和创造性。

**第十一条**　国家坚持鼓足干劲、力争上游、多快好省地建设社会主义的总路线，有计划、按比例、高速度地发展国民经济，不断提高社会生产力，以巩固国家的独立和安全，逐步改善人民的物质生活和文化生活。

国家在发展国民经济中，坚持独立自主、自力更生、艰苦奋斗、勤俭建国的方针，以农业为基础、工业为主导的方针，在中央统一领导下充分发挥中央和地方两个积极性的方针。

国家保护环境和自然资源，防治污染和其他公害。

**第十二条**　国家大力发展科学事业，加强科学研究，开展技术革新和技术革命，在国民经济一切部门中尽量采用先进技术。科学技术工作必须实行专业队伍和广大群众相结合、学习和独创相结合。

**第十三条**　国家大力发展教育事业，提高全国人民的文化科学水平。教育必须为无产阶级政治服务，同生产劳动相结合，使受教育者在德育、智育、体育几方面都得到发展，成为有社会主义觉悟的有文化的劳动者。

**第十四条**　国家坚持马克思主义、列宁主义、毛泽东思想在各个思想文化领域的领导地位。各项文化事业都必须为工农兵服务，为社会主义服务。

国家实行"百花齐放、百家争鸣"的方针，以促进艺术发展和科学进步，促进社会主义文化繁荣。

**第十五条**　国家机关必须经常保持同人民群众的密切联系，依靠人民群众，倾听群众意见，关心群众疾苦，精兵简政，厉行节约，提高效能，反对官僚主义。

国家机关各级领导人员的组成，必须按照无产阶级革命事业接班人的条件，实行老、中、青三结合的原则。

**第十六条**　国家机关工作人员必须认真学习马克思主义、列宁主义、毛泽东思想，全心全意地为人民服务，努力钻研业务，积极参加集体生产劳动，接受群众监督，模范地遵守宪法和法律，正确地执行国家的政策，实事求是，不得弄虚作假，不得利用职权谋取私利。

**第十七条**　国家坚持社会主义的民主原则，保障人民参加管理国家，管理各项经济事业和文化事业，监督国家机关和工作人员。

**第十八条**　国家保卫社会主义制度，镇压一切叛国的和反革命的活动，惩办一切卖国贼和反革命分子，惩办新生资产阶级分子和其他坏分子。

国家依照法律剥夺没有改造好的地主、富农、反动资本家的政治权利，同时给以生活出路，使他们在劳动中改造成为守法的自食其力的公民。

**第十九条**　中华人民共和国武装力量由中国共产党中央委员会主席统率。

中国人民解放军是中国共产党领导的工农子弟兵，是无产阶级专政的柱石。国家大力加强中国人民解放军的革命化现代化建设，加强民兵建设，实行野战军、地方军和民兵三结合的武装力量体制。

中华人民共和武装力量的根本任务是：保卫社会主义革命和社会主义建设，保卫国家的主权、领土完整和安全，防御社会帝国主义、帝国主义及其走狗的颠覆和侵略。

## 第二章　国家机构

### 第一节　全国人民代表大会

**第二十条**　全国人民代表大会是最高国家权力机关。

**第二十一条**　全国人民代表大会由省、自治区、直辖市人民代表大会和人民解放军选出的代表组成。代表应经过民主协商，由无记名投票选举产生。

全国人民代表大会每届任期五年。如果遇到特殊情况，可以延长本届全国人民代表大会的任期，或者提前召开下届全国人民代表大会。

全国人民代表大会会议每年举行一次。在必要的时候，可以提前或者延期。

**第二十二条**　全国人民代表大会行使下列职权：

（一）修改宪法；

（二）制定法律；

（三）监督宪法和法律的实施；

（四）根据中国共产党中央委员会的提议，决定国务院总理的人选；

（五）根据国务院总理的提议，决定国务院其他组成人员的人选；

（六）选举最高人民法院院长和最高人民检察院检察长；

（七）审查和批准国民经济计划、国家的预算和决算；

（八）批准省、自治区和直辖市的划分；

（九）决定战争和和平的问题；

（十）全国人民代表大会认为应当由它行使的其他职权。

**第二十四条**　全国人民代表大会常务委员会是全国人民代表大会的常设机关，对全十三条　全国人民代表大会有权罢免国务院组成人员、最高人民法院院长和最高人民检察院检察长。

第二国人民代表大会负责并报告工作。

全国人民代表大会常务委员会由下列人员组成：

委员长，

副委员长若干人，

秘书长，

委员若干人。

全国人民代表大会选举并且有权罢免全国人民代表常大会务委员会的组成人员。

**第二十五条**　全国人民代表大会常务委员会行使下列职权：

（一）主持全国人民代表大会代表的选举；

（二）召集全国人民代表大会会议；

（三）解释宪法和法律，制定法令；

（四）监督国务院、最高人民法院和最高人民检察院的工作；

（五）改变或者撤销省、自治区、直辖市国家权力机关的不适当的决议；

（六）在全国人民代表大会闭会期间，根据国务院总理的提议，决定任免国务院的个别组成人员；

（七）任免最高人民法院副院长和最高人民检察院副检察长；

（八）决定任免驻外全权代表；

（九）决定批准和废除同外国缔结的条约；

（十）规定和决定授予国家的荣誉称号；

（十一）决定特赦；

（十二）在全国人民代表大会闭会期间，如果遇到国家遭受武装侵犯的情况，决定宣布战争状态；

（十三）全国人民代表大会授予的其他职权。

**第二十六条**　全国人民代表大会常务委员会委员长主持全国人民代表大会常务委员会的工作；接受外国使节；根据全国人民代表大会或者全国人民代表大会常务委员会的决定，公布法律和法令，派遣和召回驻外全权代表，批准同外国缔结的条约，授予国家的荣誉称号。

全国人民代表大会常务委员会副委员长协助委员长工作，可以代行委员长的部分职权。

**第二十七条**　全国人民代表大会和全国人民代表大会常务委员会可以根据需要设立若干专门委员会。

**第二十八条**　全国人民代表大会代表有权向国务院、最高人民法院、最高人民检察院和国务院各部、各委员会提出质询。受质询的机关必须负责答复。

**第二十九条**　全国人民代表大会代表受原选举单位的监督。原选举单位有权依照法律的规定随时撤换自己选出的代表。

### 第二节　国务院

**第三十条**　国务院即中央人民政府，是最高国家权力机关的执行机关，是最高国家行政机关。

国务院对全国人民代表大会负责并报告工作；在全国人民代表大会闭会期间，对全国人民代表大会常务委员会负责并报告工作。

**第三十一条**　国务院由下列人员组成：

总理，

副总理若干人，

各部部长，

各委员会主任。

总理主持国务院工作，副总理协助总理工作。

**第三十二条**　国务院行使下列职权：

（一）根据宪法、法律和法令，规定行政措施，发布决议和命令，并且审查这些决议和命令的实施情况；

（二）向全国人民代表大会或者全国人民代表大会常务委员会提出议案；

（三）统一领导各部、各委员会和其他所属机构的工作；

（四）统一领导全国地方各级国家行政机关的工作；

（五）编制和执行国民经济计划和国家预算；

（六）保护国家利益，维护社会秩序，保障公民权利；

（七）批准自治州、县、自治县、市的划分；

（八）依照法律的规定任免行政人员；

（九）全国人民代表大会和全国人民代表大会常务委员会授予的其他职权。

### 第三节　地方各级人民代表大会和地方各级革命委员会

**第三十三条**　中华人民共和国的行政区域划分如下：

（一）全国分为省、自治区、直辖市；

（二）省、自治区分为自治州、县、自治县、市；

（三）县、自治县分为人民公社、镇。

直辖市和较大的市分为区、县。自治州分为县、自治县、市。

自治区、自治州、自治县都是民族自治地方。

**第三十四条**　省、直辖市、县、市、市辖区、人民公社、镇设立人民代表大会和革命委员会。

人民公社的人民代表大会和革命委员会是基层政权组织，又是集体经济的领导机构。

省革命委员会可以按地区设立行政公署，作为自己的派出机构。

自治区、自治州、自治县设立自治机关。

**第三十五条**　地方各级人民代表大会都是地方国家权力机关。

省、直辖市、县、设区的市的人民代表大会代表，由下一级的人民代表大会经过民主协商，无记名投票选举；不设区的市、市辖区、人民公社、镇的人民代表大会代表，由选民经过民主协商，无记名投票直接选举。

省、直辖市的人民代表大会每届任期五年。县、市、市辖区的人民代表大会每届任期三年。人民公社、镇的人民代表大会每届任期两年。

地方各级人民代表大会会议每年至少举行一次，由本级革命委员会召集。

地方各级人民代表大会代表的选举单位和选民，有权监督和依照法律的规定随时撤换自己选出的代表。

**第三十六条** 地方各级人民代表大会在本行政区域内，保证宪法、法律、法令的遵守和执行，保证国家计划的执行，规划地方的经济建设、文化建设和公共事业，审查和批准地方的经济计划和预算、决算，保护公共财产，维护社会秩序，保障公民权利，保障少数民族的平等权利，促进社会主义革命和社会主义建设的发展。

地方各级人民代表大会可以依照法律规定的权限通过和发布决议。

地方各级人民代表大会选举并且有权罢免本级革命委员会的组成人员。县和县以上的人民代表大会选举并且有权罢免本级人民法院院长和本级人民检察院检察长。

地方各级人民代表大会代表有权向本级革命委员会、人民法院、人民检察院和革命委员会所属机关提出质询。受质询的机关必须负责答复。

**第三十七条** 地方各级革命委员会，即地方各级人民政府，是地方各级人民代表大会的执行机关，是地方各级国家行政机关。

地方各级革命委员会由主任，副主任若干人，委员若干人组成。

地方各级革命委员会执行本级人民代表大会的决议和上级国家行政机关的决议和命令，管理本行政区域的行政工作，依照法律规定的权限发布决议和命令。县和县以上的革命委员会依照法律的规定任免国家机关工作人员。

地方各级革命委员会都对本级人民代表大会和上一级国家行政机关负责并报告工作，受国务院统一领导。

## 第四节　民族自治地方的自治机关

**第三十八条**　自治区、自治州、自治县的自治机关是人民代表大会和革命委员会。

民族自治地方的人民代表大会和革命委员会的产生、任期、职权和派出机构的设置等，应当根据宪法第二章第三节规定的关于地方国家机关的组织的基本原则。

在多民族居住的民族自治地方的自治机关中，各有关民族都应当有适当名额的代表。

**第三十九条**　民族自治地方的自治机关除行使宪法规定的地方国家机关的职权外，依照法律规定的权限行使自治权。

民族自治地方的自治机关可以依照当地民族的政治、经济和文化的特点，制定自治条例和单行条例，报请全国人民代表大会常务委员会批准。

民族自治地方的自治机关在执行职务的时候，使用当地民族通用的一种或者几种语言文字。

**第四十条**　各上级国家机关应当充分保障各民族自治地方的自治机关行使自治权，充分考虑各少数民族的特点和需要，大力培养各少数民族干部，积极支持和帮助各少数民族进行社会主义革命和社会主义建设，发展社会主义经济和文化。

## 第五节　人民法院和人民检察院

**第四十一条**　最高人民法院、地方各级人民法院和专门人民法院行使审判权。人民法院的组织由法律规定。

人民法院审判案件，依照法律的规定实行群众代表陪审的制度。对于重大的反革命案件和刑事案件，要发动群众讨论和提出处理意见。

人民法院审判案件，除法律规定的特别情况外，一律公开进行。被告人有权获得辩护。

**第四十二条**　最高人民法院是最高审判机关。

最高人民法院监督地方各级人民法院和专门人民法院的审判工作，上级人民法院监督下级人民法院的审判工作。

最高人民法院对全国人民代表大会和全国人民代表大会常务委员会负责并报告工作。地方各级人民法院对本级人民代表大会负责并报告工作。

**第四十三条**　最高人民检察院对于国务院所属各部门、地方各级国家机关、国家机关工作人员和公民是否遵守宪法和法律，行使检察权。地方各级人民检察院和专门人民检察院，依照法律规定的范围行使检察权。人民检察院的组织由法律规定。

最高人民检察院监督地方各级人民检察院和专门人民检察院的检察工作，上级人民检察院监督下级人民检察院的检察工作。

最高人民检察院对全国人民代表大会和全国人民代表大会常务委员会负责并报告工作。地方各级人民检察院对本级人民代表大会负责并报告工作。

## 第三章　公民的基本权利和义务

**第四十四条**　年满十八岁的公民，都有选举权和被选举权。依照法律被剥夺选举权和被选举权的人除外。

**第四十五条**　公民有言论、通信、出版、集会、结社、游行、示威、罢工的自由，有运用"大鸣、大放、大辩论、大字报"的权利。

**第四十六条**　公民有信仰宗教的自由和不信仰宗教、宣传无神论的自由。

**第四十七条**　公民的人身自由和住宅不受侵犯。

任何公民，非经人民法院决定或者人民检察院批准并由公安机关执行，不受逮捕。

**第四十八条**　公民有劳动的权利。国家根据统筹兼顾的原则安排劳动就业，在发展生产的基础上逐步提高劳动报酬，改善劳动条件，加强劳动保护，扩大集体福利，以保证公民享受这种权利。

**第四十九条**　劳动者有休息的权利。国家规定劳动时间和休假制度，逐步扩充劳动者休息和休养的物质条件，以保证劳动者享受这种权利。

**第五十条**　劳动者在年老、生病或者丧失劳动能力的时候，有获得物质帮助的权利。国家逐步发展社会保险、社会救济、公费医疗和合作医疗等事业，以保证劳动者享受这种权利。

国家关怀和保障革命残废军人、革命烈士家属的生活。

**第五十一条**　公民有受教育的权利。国家逐步增加各种类型的学校和其他文化教育设施，普及教育，以保证公民享受这种权利。

国家特别关怀青少年的健康成长。

**第五十二条**　公民有进行科学研究、文学艺术创作和其他文化活动的自由。国家对于从事科学、教育、文学、艺术、新闻、出版、卫生、体育等文化事业的公民的创造性工作，给以鼓励和帮助。

**第五十三条**　妇女在政治的、经济的、文化的、社会的和家庭的生活各方面享有同男子平等的权利。男女同工同酬。

男女婚姻自主。婚姻、家庭、母亲和儿童受国家的保护。

国家提倡和推行计划生育。

**第五十四条**　国家保护华侨和侨眷的正当的权利和利益。

**第五十五条**　公民对于任何违法失职的国家机关和企业、事业单位的工作人员，有权向各级国家机关提出控告。公民在权利受到侵害的时候，有权向各级国家机关提出申诉。对这种控告和申诉，任何人不得压制和打击报复。

**第五十六条**　公民必须拥护中国共产党的领导，拥护社会主义制度，维护祖国的统一和各民族的团结，遵守宪法和法律。

**第五十七条**　公民必须爱护和保卫公共财产，遵守劳动纪律，遵守公共秩序，尊重社会公德，保守国家机密。

**第五十八条**　保卫祖国，抵抗侵略，是每一个公民的崇高职责。

依照法律服兵役和参加民兵组织是公民的光荣义务。

**第五十九条**　中华人民共和国对于任何由于拥护正义事业、参加革命运动、进行科学工作而受到迫害的外国人，给以居留权利。

## 第四章　国旗、国徽、首都

**第六十条**　中华人民共和国国旗是五星红旗。

　　中华人民共和国国徽，中间是五星照耀下的天安门，周围是谷穗和齿轮。

　　中华人民共和国首都是北京。

# 第 三 编

# 新中国宪法的发展阶段（1982—2014）

## 一、1982 年《中华人民共和国宪法》

（一）1982 年《中华人民共和国宪法》产生的背景

1982 年 12 月 4 日，五届全国人民代表大会第五次会议通过了新中国历史上的第四部宪法，即我国现行宪法（以下简称"八二宪法"）。与新中国历史上其他几部宪法相比，"八二宪法"所发挥的作用和产生的影响都是前所未有的，该法涉及经济、政治、社会、文化建设等方方面面，堪称新中国宪法发展的集大成之作。

作为我国迄今施行时间最长的一部宪法，"八二宪法"是在经历了极为曲折的宪政立法进程之后制定的。政治上，1978 年 12 月，中国共产党十一届三中全会召开。该次会议的主要内容有：决定停止使用"以阶级斗争为纲"的口号；作出了从 1979 年起将党的工作重心转移到社会主义现代化建设上来的战略决策；提出了进一步扩大人民民主、加强社会主义法制的要求。1981 年 6 月召开了中国共产党十一届六中全会，全面总结了新中国成立 32 年以来社会主义革命和社会主义建设的经验教训，特别是"文化大革命"的经验教训；充分肯定了党的十一届三中全会以来逐步确立的适合我国国情的建设社会主义现代化强国的正确道路，确定了社会主义革命的根本任务之一是逐步建立高度民主的社会主义政治制度，从而完成了全党和全国人民在指导思想上的拨乱反正。党的十一届三中全会以来国家的生活民主化进程明显加快，国家在领导体制和经济体制方面的改革已经或即将着手进行；过于集权、国家领导干部职务的终身制和最高职务的任期限制问题已经引起了广泛关注；进一步健全人民代表大会制度，并且使各级人民代表大会及其常设机构成为有权威的人民权力机关；在基层政权和基层社会中逐步实现人民的直接民主等等。经济上实行了"改革、开放、搞活"的方针，重视商品生产和市场调节的作用；扩大国营企业的自主权；改变单一的经济结构，实现以国营经济为主导、公有制为基础的、开放的、充满活力的多元经济结构；等等。① 整个国家在政治、经济、文化等各个方面都取得了长足的发展，人民民主专政得到巩固，一个安定团结、生动活泼的政治局面已经形成。但是，"七八宪法"没有也不可能反映现实生活中的这些变化，也没有反映社会进一步发展所提出的要求。因此，对"七八宪法"的修改势在必行。在国家立法方面，1979 年五届全国人大二次会议对 1953 年的选举法进行了重大修改，包括直接选举的范围由原来的乡一级扩大到县一级，改等额选举为差额选举，改举手表决为无记名投票等。这次会议还通过了对地方各级人大和人民政府组织法的修改，增加了县级以上人大常委会的设置，将革命委员会改为人民政府等。在法制建设方面，1979 年制定了《刑法》《刑事诉讼法》《中外合资经营企业法》《环境保护法》（试行）、《人民检察院组织法》《森林法》（试行）、《逮捕拘留条例》等；1980 年国家制定了《学位条例》《律师暂行条例》《国籍法》《婚姻法》《中外合资经营企业所得税法》《惩治军人违反职责罪暂行条例》；1982 年国家制定了《民事诉讼法》（试行）、《海洋环境保护法》《商标法》《文物保护法》《食品卫生法》（试行）、《全国人民代表大会组织法》《国务院组织法》等。在这数年间，全国人大和全国人大常委会还通过了关于国家生活中许多重要问题的决定和决议。不断凸显的社会民主化要求需要通过宪法以法律的形式加以确认。在法学研究方面，法学教育理论获得了快速发展。各个院校恢复或新建了法律系，法学教育和研究队伍开始壮大；法学研究禁区开始一一被冲破，法学研究领域随着社会发展需要

① 参见马传刚：《关于 1982 宪法修改的经济原因》，《湖北省社会主义学院学报》2004 年第 3 期。

而扩大，研究层次不断深入；同时学界也开始注意研究和吸纳国外法学研究的成果。这些都为新宪法的修改提供了理论准备。①

　　1980 年 8 月 18 日，邓小平在中央政治局扩大会议的讲话《党和国家领导制度的改革》中明确指出：中央将向五届人大三次会议提出修改建议。1980 年 8 月 30 日，中共中央向第五届全国人民代表大会第三次会议主席团提出了成立宪法修改委员会、全面修改宪法的建议。根据中共中央的建议，1980 年 9 月，五届全国人大三次会议在对"七八宪法"进行了第二次部分修改的同时，接受了中共中央的修改建议，通过了《关于修改宪法和成立宪法修改委员会的决议》，决定了全面修改"七八宪法"。

　　在这种历史背景下，1982 年 12 月 4 日，五届全国人民代表大会第五次会议在北京拉开序幕，"八二宪法"应运而生。

（二）1982 年《中华人民共和国宪法》要解决的主要问题

1. 思想方针路线

　　社会主义现代化建设的指导思想是确保我国顺利实现社会主义现代化建设的重要保证。我国新民主主义革命胜利和社会主义事业的胜利，都是在马列主义、毛泽东思想指引下取得的，我们一定要坚持马列主义、毛泽东思想。没有马列主义、毛泽东思想，就没有党的领导，就没有人民民主专政，就没有社会主义。自粉碎"四人帮"后，社会上和党内出现了一些思想动向。一方面，一部分人的思想仍然是僵化或半僵化状态，这严重阻碍着十一届三中全会路线的贯彻；另一方面，极少数"四人帮"党羽，利用中国共产党发扬民主的机会和"文化大革命"给党和国家造成的困难，宣扬无政府主义和资产阶级自由化的主张，反对社会主义制度，反对共产党的领导，反对无产阶级专政的政权，反对毛泽东思想的指导地位，从右的方面歪曲和反对十一届三中全会的路线，继而造成了一部分青年的思想混乱。究竟如何评价新中国成立后的历史，如何认识社会主义和共产党的领导，如何认识毛泽东的历史地位，成为当时有争议的问题。针对这种情况，1979 年 3 月 30 日，

---

① 参见顾昂然：《回忆八二宪法的制定工作》，《秘书工作》2009 年第 12 期。

邓小平代表中共中央在北京召开的理论工作务虚会上作了题为"坚持四项基本原则"的讲话。将我们党一贯所强调的思想政治方面的原则，科学地概括为"四项基本原则"，这就是"第一，必须坚持社会主义道路；第二，必须坚持无产阶级专政；第三，必须坚持共产党的领导；第四，必须坚持马列主义、毛泽东思想"。他指出，我们必须一方面继续坚定地肃清"四人帮"的流毒，帮助一部分还在中间的同志醒悟过来，对极少数所散布的诽谤党中央的反动言论给予痛击；另一方面用巨大的努力同怀疑四项基本原则思想做坚决的斗争。一切偏离四项基本原则的言论和行动都是现代化建设的指导思想。"这是实现四个现代化的根本前提。"①

社会主义现代化建设的根本任务是集中力量把我国建设成为具有现代化工业、现代化农业、现代化国防和现代化科学技术的，高度民主的，文明的社会主义国家。它所要解决的主要矛盾已经不是无产阶级同资产阶级的矛盾，而是人民日益增长的物质文化需要同落后的社会生产之间的矛盾。新中国成立之后，特别是在生产资料所有制的社会主义改造基本完成以后，国家工作的重点应当转移到经济建设上来，党的八大就确定了这个方针。可惜在以后的实践中，没有坚定不移地实现这个转移。党的十一届三中全会总结新中国成立以来正反两方面的经验，重新确定了这项重大的战略方针。彭真同志在关于宪法修改草案的报告中指出："拨乱反正的一项重大战略方针，就是把国家的工作重点坚决转移到社会主义现代化经济建设上来。一切工作都要围绕这个重点，为这个重点服务。国家的巩固强盛，社会的安定繁荣，人民物质文化生活的改善提高，最终都取决于生产的发展，取决于现代化建设的成功。"② 只有生产力充分发展了，才能实现好、维护好、发展好最广大人民的根本利益。③

社会主义现代化的根本任务离不开社会主义现代化建设指导思想的引领，即离不开坚持四项基本原则。四项基本原则是我们治国安邦的基础，是全国各族人民团结前进，实现社会主义现代化的根本保证。这二者的有机

---

① 参见任仲夷：《再谈坚持四项基本原则》，《学理论》2000 年第 11 期。

② 《彭真文选》，人民出版社 1991 年版，第 439 页。

③ 参见刘荣刚：《彭真与 1982 年宪法的制定》，《人大研究》2004 年第 9 期。

结合，是我国历史发展客观规律的必然要求。我们从新中国成立开始，就以四项基本原则作为立国之本，1949 年起临时宪法作用的《共同纲领》和"五四宪法"，都在实际上确立了四项基本原则对于国家和社会生活的指导地位。新中国成立以来的事实已经证明，凡是正确坚持四项基本原则，我们的国家就能安定，我们的社会就能前进。反之，就会遭受挫折。在目前新的历史时期，我们要建设一个现代化、高度文明、高度民主的社会主义国家，仍然必须坚定地执行四项基本原则。宪法作为治理国家的总章程，是制定各项法律、法规的依据，而国家的一切法律、法规，只有体现了四项基本原则，才符合全国人民的根本利益，才能得到顺利贯彻、推进社会主义事业的发展。①

2. 国家性质与政权组织形式

（1）无产阶级专政与人民民主专政

无产阶级专政就是工人阶级领导全体劳动者，团结一切可以团结的力量，在人民内部实现民主而对敌人实行专政，以消灭剥削、消灭阶级为使命的新型国家政权。无产阶级专政理论是马克思主义的精髓，也是人类社会发展史上的伟大飞跃。无产阶级专政采取的形式，依据各国的情况、历史特点和革命发展过程而有所不同。1948 年 9 月 8 日，在西柏坡中央政治局会议报告中，毛泽东指出："我们的政权的阶级性是这样：无产阶级领导的，以工农联盟为基础，但不仅仅是工农，还有资产阶级民主分子参加的人民民主专政。"同年 12 月 30 日，毛泽东在《将革命进行到底》的新年贺词中指出，中国人民要在"全国范围内建立无产阶级领导的以工农联盟为主体的人民民主专政的共和国"。1949 年 3 月，在新民主主义革命胜利前夕，毛泽东在党的七届二中全会的报告中明确提出了建立无产阶级领导的、以工农联盟为基础的人民民主专政的主张。1949 年 6 月，毛泽东在《论人民民主专政》一文中对人民民主专政理论作了系统阐述。他深刻总结了中国共产党领导新民主主义革命 28 年的经验，集中论述了人民民主专政的基本职能和任务。新

---

① 参见徐崇温：《关于中国特色社会主义理论体系的起点》，《中国特色社会主义研究》2008年第 2 期。

民主主义革命时期，人民民主专政是以工人阶级为领导、工农联盟为基础的各革命阶级的联合专政，担负着反对帝国主义、封建主义和官僚资本主义的新民主主义革命的任务。由于新民主主义革命是资产阶级民主主义的革命，所以此时的人民民主专政，还不是无产阶级专政。在新民主主义革命胜利以后，根据毛泽东的人民民主专政的理论，新中国建立了人民民主专政的国家政权。新中国成立前夕制定的《共同纲领》和"五四宪法"，写的都是"人民民主专政"。"七五宪法"改为"无产阶级专政"，"七八宪法"沿用了"无产阶级专政"的提法，但在"文化大革命"中被林彪、"四人帮"歪曲践踏了。那时不是"无产阶级专政"，而是对广大干部和群众的专政。因此，广大人民群众更愿意使用"人民民主专政"的提法。

人民民主专政作为无产阶级专政的一种形式，是无产阶级专政在我国特定历史条件下的具体体现。我们将其表述为"人民民主专政"。这样更能确切地表明我国社会的阶级状况和政权的广泛基础，体现国家政权的民主性质和特色。理由如下：人民民主专政跨越了新民主主义革命与社会主义革命、建设和改革开放两个历史时期，集中反映了我国革命、建设和改革的历史特点。人民民主专政表明了我国社会的阶级状况和政权的阶级基础，即工人阶级比重小，农民占绝对数，这就决定了我国必须以工农联盟为基础创建和发展国家政权。人民民主专政有着更加广泛的政治基础。在长期的中国革命、建设和改革实践中，我国已经结成了由中国共产党领导的，有各民主党派和人民团体参加的，包括全体社会主义劳动者、社会主义事业建设者、拥护社会主义的爱国者和拥护祖国统一的爱国者的广泛的爱国统一战线。人民民主专政能够适应我国现阶段公有制为主体、多种所有制经济共同发展的基本经济制度和按劳分配为主体、多种分配方式并存的分配制度。人民民主专政的提法具有广泛性、适应性、开放性，能够准确反映社会主义初级阶段社会发展和人民范围变化的实际情况。人民民主专政体现了对人民实行民主和对敌人实行专政的两个方面，从而准确体现了我国国家政权的民主与专政职能，反映了国家的本质特征。我国的国家性质是工人阶级领导的、以工农联盟为基础的社会主义国家。在中国实行人民民主专政的国体，是中国共产党把马克思主义国家理论特别是无产阶级专政学说同中国具体实践相结合的伟大创造，是近代以来中国社会发展的必然选择，是中国社会发展进步的必然结果。人民民主专政作为我国的国体，是当代中国社会发展进步的根本政治前提和制度基础。人民民主专政既具有无产阶级专政的本质特征，又具有鲜明的中国特色，是对马克思主义无产阶级专政理论的丰富和发展，建立和坚持人民民主专政，是中国社会主义民主政治建设的一项基本理论和基本实践。①

（2）人民代表大会制度

全国人民代表大会作为我国最高权力机关，确保其地位的至高无上是维护我国社会主义民主形式完整性的关键所在。随着社会主义建设事业的蓬勃发展，国家权力机关的立法活动和政府的行政事务日益繁重。而一个法的确立，都需要极大的工作量。如果草率从事，不作调查，不作研究，不经过从群众中来到群众中去的"实践、认识，再实践、再认识"的过程，是无法立出好法来的。全国人民代表大会由三千多代表组成，每个代表都有自己专门的本职工作；全国人大每年只开一次会议，会议一般一周左右。代表如此之多，会议如此之短，因此如果将所有的工作都交给全国人大来做是不科学，也不实际的。那么，如何改革全国人大成为一个亟待解决的问题。对于这个问题，过去众说纷纭。说法一是把代表人数大幅度地减少；说法二是采取专职代表制；说法三是把会期延长；说法四是采取两院制，分摊议事和工作。但这些方案对我们国家来说是不适宜的，事实上也难以实现。而扩大常务委员会的权力，尤其是立法权，应该说是从实际情况出发的最为适宜的改革措施。其实，提高和加强全国人大常委会的地位和作用，在社会主义国家是早有先例的。1918 年《俄罗斯社会主义联邦苏维埃共和国宪法》（简称"苏俄宪法"）曾经规定"俄罗斯社会主义联邦苏维埃共和国的最高权力机关属于全俄苏维埃代表大会，而在代表大会闭会期间则属于全俄中央执行委员会"。同时还规定"全俄苏维埃中央执行委员会为俄罗斯社会主义联邦共和国最高立法、号令及监督机关"。苏俄宪法是在列宁领导下制定的，它在建立和巩固苏维埃社会主义制度的斗争中起过重大的作用。列宁创下的先例，

---

① 参见于浩成：《无产阶级专政，还是人民民主专政?》，《法学杂志》1981 年第 2 期。

无疑是可以为我们在政治制度改革中学习和参考的。

另外，根据我国"五四宪法"，全国人民代表大会设有民族委员会、法案委员会、预算委员会、代表资格审查委员会四个常设专门委员会。专门委员会就它们的工作范围与工作性质而言，只是协助全国人大及其常委会从事具体的业务活动。但是对于不经常召开会议进行工作的最高国家权力机关来说，这些专门委员会的辅助作用确实是必不可少的。因此增设专门委员会，将有助于全国人大及其常委会正确地处理一些专业性较强的立法工作。同时，它把全国人大开会时对政府的监督以及其他工作与闭会期间的经常性工作结合起来，使全国人大及其常务委员会的一部分工作趋于经常化和专业化。对于增强最高权力机关的能力，具有重大意义。①

3. 经济制度

（1）集体所有制经济

在生产资料私有制的社会主义改造以后，集体所有制经济在国民经济中占有十分重要的地位。集体所有制经济单位不仅承担了农业生产的主要任务，城镇集体企业和农村社队企业也遍及工业生产、交通运输、商业和服务性行业等各个经济领域。无论在农村还是在城市，集体所有制经济是社会主义经济的一个重要阵地，构成国民经济重要组成部分，它同国家建设和人民的生活关系非常密切，具有十分重要的地位和作用。一方面，它是联合个体走向社会主义道路的基本形式；另一方面，它为改造农业和手工业生产的落后面貌提供了可能和条件。无论是个体农业还是个体手工业，都是一种孤立、分散的生产，大都很难进行扩大再生产，不具备采用先进的科学技术和实现机械化的条件，经不起天灾人祸。而集体所有制经济有一定的规模和范围，有一定的人力、物力和财力，可以进行一定的分工协作，是一种初级形式的社会化生产，这样就为使用机器和先进的科学技术提供了可能，因而，就可以运用集体经济所提供的优越性促进生产发展，以便逐步改变农业和手工业生产的落后面貌。尤为重要的是集体生产可以提高劳动生产率，为国家积累更多资金。

---

① 参见盛正德：《人民代表大会制度中需要完善的若干问题》，《政治与法律》2005 年第 6 期。

但由于长期以来，我国采取了一套"左"的政策，在所有制结构问题上，不顾生产力发展的实际情况，认为生产关系变革越快越好，公有经济越纯越好。在实践中，对工业、商业全面搞"小集体"向"大集体"过渡，"大集体"向"全民"过渡。我国自党的十一届三中全会以来，批判和纠正了"左"的错误，端正社会主义建设的指导思想，明确我国社会主义经济制度的基础是生产资料的社会主义公有制，即全民所有制和劳动群众集体所有制。在农村，集体所有制经济是主要的经济形式，适合现阶段我国农业生产力发展水平，因而是优越的、进步的。在城镇手工业、修理业、服务业等行业中，也有一部分适于采取集体所有制经济形式。因此，我们必须充分认识集体经济的重要性和长期存在的客观必然性。

（2）个体经济

由于过去，在"左"的思想指导下，特别是林彪、"四人帮"的影响，我国的个体所有制遭到了毁灭性的摧残。我们在所有制上一直搞"一刀切"，在很短时间内，由个体过渡到合作社，又由合作社过渡到人民公社，使生产关系超过了生产力的发展，破坏了生产，也给人民生活带来很大的困难。人民生活消费品，主要由国营经济和集体经济提供。然而我国各地区经济文化水平差异很大，国民经济各部门各行业发展水平极不平衡，国营经济和集体经济的产品不能满足人民的需要，加之人口众多，资金有限，就业十分紧张。因此，要解决这个矛盾，我们不仅要大力发展国营经济和集体经济，还应立足我国的国情，扶植和发展一些个体经济。个体经济规模小、工具简单、操作方便、经营灵活。恢复和适当发展个体经济，可以弥补一些小商品生产的不足，网点的不足，可以促使国营和集体工商业改善经营管理，改变经营作风，提高服务质量，可以促进生产，活跃市场，扩大就业，增加财政收入，满足人民日益增长的需要。但长期以来，我们对个体经济的定性存在偏差，在城乡大割"资本主义尾巴"，消灭个体经济，造成生产力大破坏。因此，要让个体经济为我们所用，必须对其进行正确的认识和肯定。

1980年8月17日中共中央转发《进一步做好城镇劳动就业工作》的文件，提出要对劳动体制进行全面改革，鼓励和扶植城镇个体经济的发展。在文件中，对个体经济作了如下阐释："从事法律许可范围内的，不剥削他人的个体劳动。这种个体经济是社会主义公有制经济的不可缺少的补充，在今后相当长的历史时期内都将发挥积极作用。"1981 年 6 月在通过的《关于建国以来党的若干历史问题的决议》中，又明确指出"一定范围的劳动者个体经济是公有制经济的必要补充"。1981 年 7 月 7 日，国务院发出《关于城镇非农业个体经济若干政策性规定》。文件不但进一步对个体经济的性质作了定义，而且还肯定了个体经济在当下的作用：发展生产，活跃市场，扩大就业，满足人民生活的需要。1981 年 10 月 17 日中央发表了《关于广开门路、搞活经济、解决就业人口的若干决定》的报告。报告提出，在公有制占优势的前提下，"实行多种经济形式和多种经营方式长期并存，是我党的一项战略决策，决不是一种权宜之计。个体户是我国社会主义的劳动者"。接着在1982 年 9 月 1 日召开的党的十二大会议上，明确指出"在农村和城市，都要鼓励劳动者个体经济在国家规定的范围内和工商行政管理下适当发展，作为公有制经济的必要的、有益的补充"。如何正确对待个体经济，对于今后搞好国民经济调整和改革，搞好社会主义经济至关重要。①

（3）外资企业和中外合资企业

国际经济交往的发展和我国经济技术与世界先进水平的差距，是发展外资企业、中外合资企业的客观要求。无产阶级夺取政权后，是否需要利用资本主义国家的资本、技术和科学地经营管理经验来建设社会主义，处在自由资本主义时代的马克思和恩格斯没有论述过。利用外资来建设社会主义的理论，是列宁首次提出来的，是列宁对于科学社会主义理论的一个重大发展。他认为，利用资本主义国家的资金、技术和管理经验对于社会主义革命和建设具有重要意义。首先，允许和鼓励外资经济的存在和健康发展，有利于引进外国的先进技术和设备，扩大生产建设规模，有助于生产力水平的提高，为国家提供资金，特别是外汇资金，可以弥补国家建设资金的不足。其次有利于学习外国的先进管理经验，提高生产经营管理水平；有利于我们开拓国外市场，扩大产品出口，增加外汇收入，提高国家在国际市场上的竞争能力；最后，有利于安排就业，培养一批技术人才和熟练工人。

①　参见胡家勇：《中国个体经济发展的回顾与展望》，《财经研究》2003 年第 29 期。

在我国，20世纪50年代中苏关系正常的时候，也曾举办过两国合营企业，后来同波兰、坦桑尼亚设有合营的远洋运输公司。但是，"文化大革命"时由于我们工作中的缺点和失误，特别是林彪、"四人帮"的干扰和破坏，虽然第三届、第四届人大提出了建设四个现代化的宏伟任务，而全国工作重点的转移，在毛泽东生前一直未能实现。毛泽东曾经明确指出："一切好的经验我们都要学，不管是社会主义国家的，还是资本主义国家的，这一点是肯定的。"70年代初，我们又积极建交，为扩大国际合作和技术交流创造了有利的条件。目前，世界上各国都力图在世界市场上寻找发展自己经济的出路。资本主义国家要寻求产品市场、原料产地和过剩资本的投资场所，经济不发达国家则要利用国际经济合作改变自己的落后状况。在这样的历史条件下，我国应当在坚持自力更生的基础上，按照平等互利的原则，发展外资企业和中外合资企业，尽可能吸收一部分外资，引进先进技术和管理经验，来加快我国经济的发展。

### 4. 公民的基本权利和义务

公民的基本权利，在权利体系中居于核心地位，构成普通法律所规定的公民权利的基础。从法理角度讲，有以下几个方面：一是基本权利对公民来说，是最重要的那些权利，它涉及公民基本生存和发展的那些条件。它在一定程度上反映了国家的民主化程度和人权状况，体现了公民在国家政治生活中的地位。二是基本权利在公民权利体系中居于核心地位，构成普通法律所规定的公民权利的基础。三是基本权利是经过几百年的政治实践不断趋于扩大、完善，它有较高的稳定性，不论时代的变迁和政治风云变幻，基本权利都要受到保护的原则和精神不会变。四是基本权利作为民主与专制斗争的产物，它被人类社会所普遍接受，在现代民主国家已形成共性。

宪法为什么要规定公民的基本权利？这涉及宪法是什么法和它主要解决什么问题。在现代社会中，宪法的作用主要体现了两种价值取向：对国家权力的限制和对公民权利的保障。其一，产生和限制国家权力，主要是指国家权力如何经人民授权产生，不同机关的职权范围，行使职权的方式和程序，通过这些必要的措施以规范国家权力，避免政府滥用权力，损害公民权利。其二，保障公民权利，是指明确规定公民权利，要求政府为这些权利的最终实现排除妨碍，提供各种保障和救济措施。这两种价值取向在目标选择上是一致的。只有规范限制国家权力，公民权利才能得到保障，而公民权利的实现，又促使国家权力合理有效地行使。唯有如此，如何限制国家权力，如何保障公民权利，便成为立宪的指导思想，同时也是宪法的价值所在。可见宪法规定公民的基本权利的意义在于：人民选择不得不需要政府的情况下，人民在授予政府权力的同时，宣告基本权利是公民最重要的权利，是政府不可侵犯的，而且当这些权利受到侵害时，政府有提供保护和救济的义务。所以，宪法规定公民基本权利就是给公民划出一块政府不可侵犯的领地，如果政府出于特殊的原因需要限制或剥夺这些权利时，必须给予法律的理由和正当的程序。对公民基本权利保护的宽窄，与一个国家的政府职能大小、意识形态的价值观、国家经济发展水平有关，保障公民基本权利需要政府的付出和经济代价。虽然基本权利在各国的规定不同，实现程度和表现方式有所差异，但对其基本内容和价值的认识是相同的。因此公民基本权利是国家权力的基础和生长点，没有公民基本权利，国家权力就是无源之水、无本之木。在宪法中规定公民基本权利，是宪法的核心。制定宪法的目的主要在于保障公民的权利，说宪法是"人权的保障书"，是恰如其分的。所以，保护这些权利已成为现代文明的共识。①

　　我国是人民当家作主的社会主义国家，一切权力属于人民。宪法对公民的基本权利作出规定，是在发扬社会主义民主的一个根本保障。首先，我国的法律是工人阶级领导全国人民制定的，它体现了广大人民的意志。人民遵守法律，就是服从人民自己的意志。法律面前一律平等，是我国公民的一项基本权利，也是健全社会主义法制的一个原则。其次，人民按照民主集中制的原则，民主选举自己的代表，并通过他们组成的各级人民代表大会行使管理国家的权力，包括决定政府组成人员、决定经济、文化等事务，这是人民享有的最重要、最根本的权利。最后，为保证公民的基本权利不是一句空话，而是成为现实，给予保障公民基本权利条款是十分必要的。坚持权利和

---

① 参见周叶中：《关于中国共产党运用宪法思维执政的思考》，《中共中央党校学报》2007 年第 5 期。

义务的一致性，是马克思主义的一个根本观点。在社会主义国家，没有无权利的义务，也没有无义务的权利，这已为健全社会主义法制的实践所肯定。任何公民在享有权利的时候，同时就应承担相应的义务。比如，不得损害国家的、社会的、集体的利益和其他公民的合法权益；不得利用宗教进行反革命活动，或者进行破坏社会秩序、损害公民身体健康、妨碍国家教育制度的活动。因此，自由是相对的，不是绝对地不受限制。回顾中外近代历史，没有哪一个国家，它的自由是绝对的。相反，世界上早有从宪法和法律上规定不能滥用自由的先例。其中，《法国人权宣言》是规定得最早的，它规定"每个公民都有言论、著述和出版自由，但在法律规定的情况下，应对滥用此项自由承担责任"。在我们国家，人民是国家的主人，维护国家的、社会的、集体的利益，实际上就是维护绝大多数的人民的利益，而防止滥用自由则恰恰是维护人民的绝大多数的利益，因而它和公民行使自由权利的目的是一致的，绝不会限制公民的合法的民主以及自由权利。

5. 国家机构

（1）全国人民代表大会

中华人民共和国人民代表大会是最高国家权力机关，它的常设机关是全国人民代表大会常务委员会。作为人民行使最高国家权力的机关，由它产生、领导和监督其他国家机关。

人民代表大会之所以作为我国人民行使国家权力的组织形式，主要是由于我国实行民主集中制式的民主。它的理论根源是"人民主权""议会主权"和"议会至上"，因而反对三权分立。从马克思赞赏巴黎公社的立法行政合一式的集权，到列宁的"一切权力归苏维埃"，都能看到人民代表大会制的理论和制度的源流。由于我国人口众多、地域辽阔，经济交通、通讯都不发达，比较可行的办法就是采取代表大会制，间接选举。因此，人民代表大会制度是适合我国国情的根本政治制度，它直接体现我国是人民民主专政的国家性质，是建立我国其他国家管理制度的基础。一个国家实行什么样的政治制度和政权组织形式，是由这个国家的经济、政治和社会历史条件决定的。正如毛泽东所说，"不管是资产阶级君主立宪制，还是资产阶级民主共和制，在中国都行不通。究其原因就在于，这些政治制度脱离了中国的基本国情。人民代表大会制度是同我国人民民主专政的国体相适应的政治制度"。我国是人民民主专政的国体，在客观上要求作为政权组织形式的政体，只能是在民主集中制基础上的人民代表大会制度。从理论上说，实行人民代表大会制度是为了保证对人民代表机关的集权，从而从根本上保证人民真正行使国家权力。①

　　(2) 国家主席

　　中华人民共和国国家主席制度是我国社会主义政治制度的重要组成部分。新中国成立初期到 1954 年，在国家机构体系中，没有设置专门的国家主席，行使国家主席职权的国家机关是中央人民政府委员会。中央人民政府委员会设主席 1 名，副主席 6 名，委员 56 名，秘书长 1 名。中央人民政府主席主持中央人民政府委员会会议和领导中央人民政府委员会的工作，在国家政治生活中发挥着重要作用。但中央人民政府主席不是一个独立的国家机关，不是国家元首，而只是中央人民政府委员会的组成人员，不过在实际上中央人民政府主席行使了一部分属于国家元首的职权。因此，在新中国成立至 1954 年 9 月，中央人民政府委员会就相当于国家主席。中华人民共和国设置国家主席开始于 1954 年 9 月召开的第一届全国人民代表大会，会议制定了中国第一部社会主义宪法。"五四宪法"规定，在全国人民代表大会之下设立全国人民代表大会常务委员会和中华人民共和国主席，取消中央人民政府委员会，国家主席是政治体制中一个独立的国家机关，既是国家的代表，又是国家的象征。那么为什么要设置国家主席？毛泽东解释说："为保证国家安全起见，设个主席。我们中国是一个大国，叠床架屋地设个主席，目的是为着使国家更加安全。有议长，有总理，又有个主席，就更加安全些，不至于三个地方同时都出毛病。……设国家主席，在国务院与全国人民代表大会常务委员会之间有个缓冲作用。"可见，设立国家主席是毛泽东在领导体制上为保障党和国家的安全提出的重要建议。1954 年至 1965 年，中国的国家主席制度基本上得到正常运转。1954 年 9 月至 1959 年 4 月，毛泽

① 参见杨建党：《启动、定向、设计、完善：领袖与人民代表大会制度成长》，《兰州学刊》2010 年第 7 期。

东和朱德分别担任国家主席和副主席。1959 年和 1965 年，刘少奇两次当选为国家主席。在 1954 年至 1965 年期间，国家主席根据全国人民代表大会及其常务委员会的决定，公布了大批的法律法令，召开了多次国务会议，接见外国使节，并进行了其他许多有关的职务活动。1966 年至 1975 年间，由于担任国家主席的刘少奇被迫害致死，国家主席职位长期处于空缺状态。1975 年 1 月 17 日，第四届全国人民代表大会第一次会议通过了中华人民共和国成立后的第二部成文宪法。这部宪法正式取消了国家主席的建制。1978 年 3 月 5 日，第五届全国人民代表大会第一次会议通过了中华人民共和国成立后的第三部成文宪法。根据该部宪法的规定，在国家机构的设置问题上，仍然坚持不设置国家主席。不过，"七八宪法"把"五四宪法"所规定的由国家主席行使的一些职权，包括，接受外国使节，根据全国人民代表大会或者全国人民代表大会常务委员会的决定，公布法律和法令，派遣和召回驻外全权代表，批准同外国缔结的条约，授予国家的荣誉称号等，改为由全国人民代表大会常务委员会委员长行使。然而实践证明，国家主席在我国政治生活中发挥了重要的作用，设立国家主席是十分必要的。理由如下：一是国家主席作为国家元首，对外对内代表国家，是国家的象征。二是设立国家主席制度，国家主席、党的主席、总理各司其职，各负其责。这既是党政分开的需要，同时还可以减轻总理在对外事务特别是礼仪方面的负担。三是设立国家主席可以协调全国人大和国务院之间的关系，进一步健全我国的政治体制。四是"文革"结束后，恢复国家主席制度是拨乱反正的任务之一。因此设立国家主席是恢复国家正常政治秩序，保持我国政治稳定和安定团结的需要。①

（3）中央军事委员会

武装力量是国家机构的重要组成部分，这是马克思主义国家学说的基本原理之一。中国人民解放军是在长期革命战争中由中国共产党亲手缔造和组织起来的人民军队，随着中国革命的胜利，人民解放军就成为国家的武装力量。国家武装力量由谁领导，我国四部宪法先后确立了不同的制度。"五四宪法"规定，国家主席统率全国武装力量，并担任国防委员会主席。

---

① 参见李峰：《我国国家主席制度的变迁》，《大连干部学刊》2004 年第 1 期。

"七五宪法"和"七八宪法"，国家主席的建制取消，武装力量改由中国共产党中央委员会主席统率。但很多委员指出这种体制搞乱了党和国家的关系，为使军队和国家关系正常化。坚持"党指挥枪"的原则是正确的，然而不宜由党直接代替国家机构的职能。因此邓小平提出，"宪法要专门规定设军委主席，军委主席和国家主席都由全国人大选举产生。中央军事委员会既是国家的中央军事委员会，也是党的中央军事委员会，是一套班子两块牌子，不是削弱党对军队的领导作用，而是有利于加强党的领导作用。国家应该设置直接统率武装力量的中央机构。"①

宪法作为国家的根本大法，科学地规定国家的军事制度，确立军事力量的最高领导机关在国家机构中的地位和作用，对组织和完善国家领导体制，加强国防和军队建设，保障国家的长治久安，都具有十分重要的意义。

（4）国务院

中华人民共和国国务院，即中央人民政府，是最高国家权力机关的执行机关，是最高国家行政机关。中华人民共和国国务院，前身为成立于1949年10月1日的中央人民政府政务院。1954年9月，中华人民共和国第一届全国人民代表大会第一次会议召开。这次会议决定并成立了"中华人民共和国国务院"。在国务院与最高国家权力机关的关系上，它是最高国家权力机关的执行机关；在国务院与各级行政机关的关系上，它处于各级行政机关的顶层，是最高国家行政机关，处于最高的领导地位，国务院所属的各部委和地方各级行政机关都要服从国务院的领导。因此加强国务院的行政职能，在国务院内部实行总理负责制，各部、委实行部长、主任负责制；建立国务院常务会议和全体会议制度，使总理负责制与集体领导制相结合，限制总理任期，限定副总理名额；增设审计机关，对各级政府及其所属的财政金融机构、企事业的财政进行审计监督至关重要。

（5）地方各级人大及其政府

我国的地方政权由地方各级人民代表大会和地方各级人民政府组成，

① 参见陈斯喜、刘松山：《宪法确立国家中央军事委员会的经过》，《人大研究》2001年第3期。

它是指根据行政区划建立的。新中国成立初期，根据临时宪法《共同纲领》的规定，地方各级人民政府成为"人民政府"。"五四宪法"将人民政府改称"革命委员会"。"七五宪法"把"文化大革命"产生的新的政权形式"革命委员会"写入宪法，革命委员会是党、政、军、法合一的，实行"一元化"领导体制。粉碎"四人帮"以后，我们国家曾多次着手对地方各级人民代表大会和人民政府进行改革。例如在县和县以上地方各级人民代表大会设立常务委员会，作为本级人民代表大会的常设机关；县、不设区的市、市辖区、人民公社、镇的人民代表大会代表，由选民经过充分的民主讨论，无记名投票直接选举；将地方各级革命委员会一律改为人民政府（公社改为管理委员会）；省、自治区、直辖市的人民代表大会和常务委员会有权制定和颁布地方性法规；等等。

综上，总结历史经验，恢复"五四宪法"规定的乡人民代表大会和人民政府的建制，改变我国从1958年开始实行的政社合一的体制，既有利于乡人民代表大会和乡人民政府专门行使国家权力，加强人民民主专政；又有利于作为经济组织的人民公社组织经济、管理生产，避免以行政手段过多地干预经济活动，以至于出现过去屡见不鲜的瞎指挥现象。

（6）人民法院和人民检察院

人民法院是我国国家机构的重要组成部分，是国家的审判机关，行使国家审判权。"五四宪法"规定"人民法院独立行使审判权，只服从法律"。"七五宪法""七八宪法"取消了这一规定。然而在"文革"中，许多人私设公堂、刑讯逼供，无视社会主义法制，严重损害公民的权利。因此人民法院能否独立行使审判权，对公民权利的保护和法制建设尤为重要。考虑到"五四宪法"的规定有些绝对，"人民法院独立行使审判权，只服从法律"，依字面意思理解，法院是完全独立的。而根据我国实际情况，人民法院必须接受国家权力机关的监督。法院要对同级人民代表大会负责并报告工作，虽然人民代表大会不能干涉法院对具体案件的审判，但可以监督法院工作。同时，法院审判要接受中国共产党的领导，因此，规定法院独立行使审判权不受行政机关、社会团体和个人的干涉更为确切。

检察机关是国家的法律监督机关，我国人民检察院不仅有公诉职能，还有对国家机关工作人员犯罪进行侦查的即监督国家机关工作人员的职权和对司法机关进行司法监督，以及对其他国家进行一般法律监督的职能。"文革"期间检察机关被撤销，其职权改由公安机关行使。"七五宪法"确认了这种体制。"七八宪法"恢复了人民检察院的设置，并明确人民检察院行使检察权。恢复"五四宪法"规定，明确人民检察院是国家的监督机关具有重要意义。①

（三）1982 年《中华人民共和国宪法》对上述问题的回应

1. 确立现代化的思想方针路线

（1）剔除"左"的思想，确立"四项基本原则"

1982 年《宪法》序言部分中关于社会主义现代化建设指导思想和根本任务的阐述："中国各族人民将继续在中国共产党领导下，在马克思列宁主义、毛泽东思想指引下，坚持人民民主专政，坚持社会主义道路，不断完善社会主义的各项制度，发展社会主义民主，健全社会主义法制，自力更生，艰苦奋斗，逐步实现工业、农业、国防和科学技术的现代化，把我国建设成为高度文明、高度民主的社会主义国家。"

从研究修改《宪法》伊始，邓小平明确提出把四项基本原则作为现代化建设的指导思想写入宪法。② 新中国成立前夕制定的《共同纲领》和新中国成立后制定的"五四宪法"，都没有把马列主义、毛泽东思想和中国共产党的领导写入条文，"五四宪法"只是在"序言"有两处提到党的领导，"七五宪法"和"七八宪法"则在条文中有对马列主义、毛泽东思想和党的领导的规定。四项基本原则写入序言，从叙述中国近代历史发展的事实来表明坚持四项基本原则的应当性。20 世纪以来，中国发生了四件翻天覆地的大事：一是辛亥革命；二是推翻三座大山，建立中华人民共和国；三是完成了社会主义改造；四是基本上建成了独立的、比较完整的工业体系。在这四件大事中，除辛亥革命是孙中山领导的外，其余三件都是在中国共产党领导

---

①　参见单民、薛伟宏：《新中国检察制度的演变与特色》，《法学杂志》2008 年第 29 卷第 1 期。
②　参见《邓小平文选》第二卷，人民出版社 1994 年版，第 164 页。

下，在马列主义、毛泽东思想指引下取得的。20世纪以来中国革命和建设的实践说明四项基本原则既反映了不以人的意志为转移的客观规律，又是我国亿万人民在长期革命斗争中作出的历史性选择。因此，要采取在"序言"中用叙述历史事实的方式来阐述四项基本原则。

1982年《宪法》确立坚持四项基本原则的主要意义有：一是四项基本原则发挥了立国之本的作用。四项基本原则提出后，先后被载入党章和宪法，成为全党全国人民必须遵循的基本准则。它是中国人民长期流血奋斗取得的历史经验，是党和国家团结、稳定、发展、进步的最重要政治根基。二是四项基本原则保证了改革开放和现代化建设的正确方向。十一届三中全会以来，我国通过改革开放推进社会主义现代化建设。为确保社会主义方向，必须坚持四项基本原则不可动摇。我国通过改革开放解放和发展生产力，是为了完善和发展社会主义，而不是损害和背离社会主义；是为了改善和加强党的领导，而不是削弱和否定党的领导；是为了巩固人民民主专政的国家政权，而不是动摇这个政权。三是四项基本原则保证了国家和社会发展的稳定。坚持四项基本原则，全党有一个明确的政治方向，全国各族人民有一个团结凝聚的核心，一切活动和工作在一定的法制和规范的范围内进行。坚持四项基本原则，对稳定、大局、人民、中华民族的前途和命运有利。历史的经验和教训要求我们坚持"四项基本原则"不动摇。

（2）确立社会主义现代化建设的根本任务

1982年《宪法》序言部分规定："中国新民主主义革命的胜利和社会主义事业的成就，都是中国共产党领导中国各族人民，在马克思列宁主义、毛泽东思想的指引下，坚持真理，修正错误，战胜许多艰难险阻而取得的。今后国家的根本任务是集中力量进行社会主义现代化建设。"

新中国成立之后，特别是在生产资料所有制的社会主义改造基本完成以后，国家工作的重点应当转移到经济建设上来，党的八大就确定了这个方针。但在实践中，没有坚定不移地实现这个转移。党的十一届三中全会总结新中国成立以来正反两方面的经验，重新确定了这项重大的战略方针。1982年《宪法》在序言部分确立了社会主义现代化建设的根本任务，其主要意义表现在：一是将建设有中国特色的社会主义现代化建设事业推向21世纪的重要战略部署，有利于为我国社会主义现代化建设指明方向。二是社会主义现代化建设目标的建立。展示了我国现代化建设的美好前景，有利于凝聚社会主义现代化建设的巨大力量。三是有利于充分调动广大人民群众的积极性，为构建社会主义和谐社会提供动力。

(3) 确立宪法的主导地位

1982 年《宪法》第 5 条明确规定："一切法律、行政法规和地方性法规都不得同宪法相抵触。""一切国家机关和武装力量、各政党和各社会团体、各企业事业组织都必须遵守宪法和法律。一切违反宪法和法律的行为，必须予以追究。""任何组织或者个人都不得有超越宪法和法律的特权。"

1982 年《宪法》条文中明确确立宪法主导地位的主要意义表现在：一是宪法具有最高的法律权威和最大的法律效力，标志着宪法既是国家治国安邦的总章程，也是公民立身行事的总依据。二是依据宪法，我国的法制体系将更加完善，社会主义现代化建设将得到更大的发展。

2. 增加和确立新的政治制度

(1) 确立人民民主专政的国体

1982 年《宪法》中将无产阶级专政的提法修改为人民民主专政，在序言部分关于人民民主专政的具体阐述为："工人阶级领导的、以工农联盟为基础的人民民主专政，实质上即无产阶级专政，得到巩固和发展。"1982 年《宪法》第 1 条规定："中华人民共和国是工人阶级领导的、以工农联盟为基础的人民民主专政的社会主义国家。"

人民民主专政是无产阶级专政的一种模式，但二者不能简单地画等号。人民民主专政带有中国特色，外延宽泛，有统一战线。人民民主专政理论是对无产阶级专政理论的发展。无产阶级专政是马克思主义国家理论的精髓，是马克思主义的基本理论和基本实践。建立和巩固无产阶级专政是马克思主义不可动摇的基本原则。[1] 中国共产党在领导中国革命的过程中，坚持将马克思主义关于无产阶级专政的理论同中国国情相结合，创造性地提出了人民民主专政的理论，丰富和发展了马克思主义关于无产阶级专政的学说。人民

---

[1] 参见《马克思恩格斯选集》第 1 卷，人民出版社 1972 年版。

民主专政是新型的民主与新型的专政相结合。对人民实行民主和对敌人实行
专政是我国人民民主专政的两个方面。在人民内部实行民主是实现对敌人专
政的前提和基础，而对敌人实行专政又是对人民民主的有力保障。民主与专
政是统一的辩证关系，两者紧密相连，相辅相成，不可偏废。人民民主，即
社会主义民主，就是社会绝大多数人享有管理国家和社会的一切权力，就是
人民当家做主。敌对势力和敌对分子，对极少数危害国家安全的犯罪分子、
严重破坏社会主义经济和严重危害社会治安的犯罪分子实行专政。[①]

（2）确立中国人民政治协商会议制度

1982 年《宪法》序言中对中国人民政治协商会议制度的阐述为："中国
人民政治协商会议是有广泛代表性的统一战线组织，过去发挥了重要的历史
作用，今后在国家政治生活、社会生活和对外友好活动中，在进行社会主
义现代化建设、维护国家的统一和团结的斗争中，将进一步发挥它的重要
作用。"

中国人民政治协商会议（简称"人民政协"）主要职能是政治协商、民
主监督、参政议政。政治协商是对国家和地方的大政方针以及政治、经济、
文化和社会生活中的重要问题进行协商。民主监督是对国家宪法、法律和法
规的实施，重大方针政策的贯彻执行，国家机关及其工作人员的工作，通过
建议和批评进行监督。参政议政是组织参加政协的各党派、团体和各族各界
人士，以各种形式参与国家政治、经济、文化和社会生活。

"八二宪法"确立人民政协制度的意义主要表现在：一是人民政协的界
别设置，为社会各界的利益表达提供了制度保障。二是人民政协是多党合作
的机构，是国家政党关系的制度体现。三是人民政协制度与人民代表大会制
度纵横交织，为执政党提供坚实的民意基础。

（3）增加社会主义法制的内容

"八二宪法"第 5 条规定"国家维护社会主义法制的统一和尊严"。社
会主义法制通常指社会主义国家的法律和制度，或者指社会主义民主的制度
化、法律化。社会主义法制是在打碎旧的国家机器、废除旧的法制体系的基

---

[①]　参见《毛泽东选集》第四卷，人民出版社 1991 年版，第 1480 页。

础上建立的。代表了社会主义国家全体人民的最大利益和意志。社会主义法制是立法、执法、守法的总称。它包括立法、执法、守法三个方面，要求做到"有法可依，有法必依，执法必严，违法必究"。其基本原则主要有社会主义民主，法律由国家统一制定和实施，法律面前人人平等等。

在宪法中增加社会主义法制建设内容的意义有：一是以宪法的形式确认人民当家作主的地位和保障人民享有广泛的民主权利和自由。二是有利于镇压敌对分子的破坏活动，维护社会秩序，保障社会的稳定。三是有利于保障社会主义经济建设，促进社会生产力的发展。四是从社会主义物质文明、政治文明和精神文明方面看，能够积极促进三个文明的建设。

（4）建设社会主义精神文明

"八二宪法"第24条规定"国家通过普及理想教育、道德教育、文化教育、纪律和法制教育，通过在城乡不同范围的群众中制定和执行各种守则、公约，加强社会主义精神文明的建设"。"国家提倡爱祖国、爱人民、爱劳动、爱科学、爱社会主义的公德，在人民中进行爱国主义、集体主义和国际主义、共产主义的教育，进行辩证唯物主义和历史唯物主义的教育，反对资本主义的、封建主义的和其他的腐朽思想。"

"八二宪法"规定建设社会主义精神文明的意义主要有：一是可以使越来越多的公民成为有理想、有道德、有文化、守纪律的公民，从而树立起新的社会道德风尚，形成我们民族的革命的朝气蓬勃的精神面貌。二是可以指导我们的现代化建设坚持社会主义的方向，使我们社会的发展保持前进的目标和精神的动力。

3. 增加新的经济制度

（1）增加集体所有制经济形式的规定

"八二宪法"第6条规定："中华人民共和国的社会主义经济制度的基础是生产资料的社会主义公有制，即全民所有制和劳动群众集体所有制。"第8条规定："农村人民公社、农业生产合作社和其他生产、供销、信用、消费等各种形式的合作经济，是社会主义劳动群众集体所有制经济。参加农村集体经济组织的劳动者，有权在法律规定的范围内经营自留地、自留山、家庭副业和饲养自留畜。"以上条文都明确了集体所有制经济形势是我国公有制经济的重要表现形式之一，是我国重要的经济形式之一。①

集体所有制经济是我国社会主义公有制经济的组成部分。它不是在全社会范围内的公有制而是在一定范围的成员公有制，而且集体成员仍保留对一定的生产资料的私有制或个人所有制，因而，它尚不是完全性的公有制。集体所有制就其制度实现形式而言，它必然要求将生产资料的所有权界定为集体范围的全体成员集体所有，以集体所有权制度保障属于集体所有的生产资料由集体成员不可分割地共同享有所有权，实现其利益。

"八二宪法"确立集体所有制经济形式的意义在于：一是集体所有制经济形式的确立和发展是实现集体成员个人利益的基础和源泉，是宪法层面上的制度保障。二是对农村和城市的经济发展具有积极推动作用。在农业中，集体所有制经济占绝对优势，承担加强国民经济基础的重大任务；在城镇，集体所有制经济也占重要地位、在增加生产、繁荣市场、扩大就业、满足人民需要和扩大出口方面，都发挥着重要作用。

（2）增加个体经济的规定

"八二宪法"第11条规定："在法律规定范围内的城乡劳动者个体经济，是社会主义公有制经济的补充。国家保护个体经济的合法的权利和利益。"

个体经济，指在劳动者个人占有生产资料的基础上，从事个体劳动和个体经营的私有制经济。个体经济具有规模小、工具简单、操作方便、经营灵活等特点，基本上无剥削。个体经济有两个明显的特征：一是生产资料和劳动成果归个人所有；二是劳动者以自己的劳动为基础。个体经济中，生产者既是直接的劳动者，又是生产资料的所有者，劳动者主要依靠自己的劳动取得收入，是一种不带有剥削关系的私有经济。

个体经济的存在和适当发展，对国有经济和集体经济可以起到拾遗补阙的作用。对于发展生产，活跃市场，方便生活，安排就业，都有诸多好处。一是有利于发展生产，可以为工矿、林区、基本建设和大工业制造零件，为社会增加财富，为国家建设积累资金。二是有利于满足城乡人民消费品方面的需要，给人民的生活带来方便。三是有利于加快商品流通，沟通城

---

① 参见《邓小平文选》第三卷，人民出版社1993年版，第137页。

乡物资交流，活跃市场，加快资金周转，对促进工业和农副业生产都具有积极的作用。四是有利于劳动就业，个体商业的发展可以扩大就业的门路。

(3) 增加外资企业和中外合资企业的规定

"八二宪法"第18条规定："中华人民共和国允许外国的企业和其他经济组织或者个人依照中华人民共和国法律的规定在中国投资，同中国的企业或者其他经济组织进行各种形式的经济合作。在中国境内的外国企业和其他外国经济组织以及中外合资经营的企业，都必须遵守中华人民共和国的法律。它们的合法的权利和利益受中华人民共和国法律的保护。"

"八二宪法"规定除了个体经济、私营经济外，我国的非公有制经济成分还包括外资经济，主要是指中外合资经营企业、中外合作经营企业和外商独资企业。外资企业是一个独立的经济实体，独立经营，独立核算，独立承担法律责任。在组织形式上，外资企业可以是法人，也可以是非法人实体，具备法人条件的外资企业，依法取得法人资格，其组织形式一般为有限责任公司，外国投资者对企业的责任以其认缴的出资额为限。中外合资企业是外国公司、企业和其他经济组织或个人同中国的公司、企业或其他经济组织在中国境内共同投资举办的企业。我国在《宪法》条文中对外资经济加以明确规定，对引进外资和先进技术，提高我国的生产力水平具有非常重要的意义。

4. 重视并增加公民的基本权利和义务

(1) 将公民的基本权利和义务置于国家机构之前

"七八宪法"以及之前的两部宪法都把"公民的基本权利和义务"作为第三章放在"国家机构"后面，而"八二宪法"则把它改为第二章，紧随总纲之后，表明它是总纲的延伸也显示出国家对公民权利认识的深化和对公民权利保障的重视。

"公民在法律上一律平等"这一原则曾被写入"五四宪法"。"五四宪法"第三章第85条规定："中华人民共和国公民在法律上一律平等。"但在"七五宪法"和"七八宪法"则取消了这一规定。而"八二宪法"在第二章第33条规定："中华人民共和国公民在法律面前一律平等"，"八二宪法"对此原则的恢复确立了中国的宪政原则，奠定了中国的宪政基础，更有利于公民权利的行使与义务的履行，创造了有利于公民平等发展的良好社会环境。

（2）删除"大鸣、大放、大辩论、大字报"的内容

1980 年 9 月，五届全国人大三次会议通过《关于修改〈中华人民共和国宪法〉第四十五条的决议》，决定将"七八宪法"第 45 条"公民有言论、通信、出版、集会、结社、游行、示威、罢工的自由，有运用'大鸣、大放、大辩论、大字报'的权利"修改为"公民有言论、通信、出版、集会、结社、游行、示威、罢工的自由"，取消了"有运用'大鸣、大放、大辩论、大字报'的权利"的规定，并最终在 1982 年宪法中得以确认。这一改变纠正了"七八宪法"的"文化大革命"遗风，对公民自由行使权利的方式予以了合理限制，更有利于保护全体公民的合法权利，形成文明的社会风气。

（3）增加"公民的人格尊严不受侵犯"的规定

"八二宪法"第二章第 38 条规定："中华人民共和国公民的人格尊严不受侵犯。禁止用任何方法对公民进行侮辱、诽谤和诬告陷害。"这是宪法首次对公民人格尊严不受侵犯的规定。人格尊严是指人格所应受到的尊重和保护，主要包含四个内容：姓名权、肖像权、名誉权、人身权。侵犯他人的这四种权利的行为则构成对公民人格尊严的侵犯。"八二宪法"将此加入宪法，体现了国家对公民权利更全面的保护。

（4）增加公民获得国家赔偿权利的规定

"八二宪法"第二章第 41 条第 3 款规定："由于国家机关和国家工作人员侵犯公民权利而受到损失的人，有依照法律规定取得赔偿的权利。"这是宪法首次对公民获得国家赔偿的权利的规定。该宪法对公民这一权利的规定是国家由人治走向法治的重要标志之一，它不仅确立了政府必须为自己的错误行为以及给民众带来的各种损害予以事后补偿的原则，还更好地约束了政府工作人员的执法行为，从而为公民权利的实现以及补救提供了更加全面完善的保障。

（5）增加公民依法纳税义务的规定

"八二宪法"第二章第 56 条规定："中华人民共和国公民有依照法律纳税的义务。"该规定肯定了税收在国家财政收入中的重要作用。在宪法中规定税收义务具有重要意义，它突出了税收具有以下几个特点：首先，税收必须符合国家根本任务的价值取向。宪法中关于国家任务的条文，为宪法处理

国家利益与社会利益、个人利益以及整体利益与局部利益之间的关系提供了价值标准。其次，公民纳税义务与国家征税权、预算权紧密相连，必须从国家机关的职权与行使程序中，理解税的合法性合理性。再次，宪法中关于市场经济地位的确立，赋予税收更多调控经济的职能，是保持稳定的税收立法和灵活多变的税收调控政策之间的平衡基因。最后，人权条款及社会保障条款等的引入，使得国家必须为承担相应的给付义务而改革税收，促进社会公平与公民之间的平等。

5. 修改并进一步完善国家机构的设置

(1) 完善人民代表大会制度

"八二宪法"对于人民代表大会制度的完善的主要内容为：一是扩大全国人大常委会的职权，以加强常委会的地位。这表现在：赋予常委会以国家立法权（按之前宪法的规定，全国人大"是行使国家立法权的唯一机关"）；扩大常委会职权的其他方面（具体表现：监督宪法的实施；全国人大闭会期间，审查和批准国家计划、预算在执行中所必须作的部分调整方案；全国人大闭会期间，根据国务院总理的提名，决定部长、委员会主任、审计长、秘书长的人选等）。二是规定人大常委会委员长、副委员长连续任职不得超过两届，从而废除了实际上存在过的领导职务终身制。三是全国人大常委会组成人员中，应有适当名额的少数民族代表。四是全国人大常委会的组成人员不得担任行政机关、审判机关和检察机关的职务。五是由委员长、副委员长、秘书长组成委员长会议，处理全国人大常委会的重要日常工作。六是全国人大设立专门委员会；必要时可组织调查委员会。七是省、自治区、直辖市人民代表大会及其常委会可以制定地方性法规。

(2) 恢复国家主席的设置

"八二宪法"第三章第79条到第84条对中华人民共和国国家主席制度作了详细的规定，恢复了国家主席的设置。"五四宪法"对于国家主席的法律地位没有做出明确规定。"七五宪法"和"七八宪法"取消了国家主席的建制。"八二宪法"在恢复国家主席的建制的基础上又对国家主席制度做了相应的修改。"八二宪法"对于国家主席制度的恢复以及完善具有重大意义，有助于有效执行国家机关分工职能，有助于我国开展国际交往，符合传统惯例，符合中国人民感情需要。

（3）增加中央军事委员会的设置

"八二宪法"第三章第93条规定："中华人民共和国中央军事委员会领导全国武装力量。中央军事委员会由下列人员组成：主席，副主席若干人，委员若干人。中央军事委员会实行主席负责制。中央军事委员会每届任期同全国人民代表大会每届任期相同。"第三章第94条规定："中央军事委员会主席对全国人民代表大会和全国人民代表大会常务委员会负责。""八二宪法"在国家机构中设置中央军事委员会不仅明确了人民武装力量在国家体制中的地位，而且对中央国家领导机关分工行使国家权力，加强武装力量建设，都具有重要意义。

（4）确立国务院的职责和建制

"八二宪法"在第三章第85条到第92条规定了国务院的职责和建制。"八二宪法"中规定"中华人民共和国国务院，即中央人民政府，是最高国家权力机关的执行机关，是最高国家行政机关"。这一规定确立了国务院的地位，有助于国家机关权力的明确与分工协作。同时，"八二宪法"中规定了国务院的组成人员及其相关职责。国务院自身享有"根据宪法和法律，规定行政措施，制定行政法规，发布决定和命令"，"向全国人民代表大会或者全国人民代表大会常务委员会提出议案"，"规定各部和各委员会的任务和职责，统一领导各部和各委员会的工作，并且领导不属于各部和各委员会的全国性行政工作"等相关职责。"八二宪法"通过对国务院职责和建制的规定，促进了国家权力的高效合理的行使，并且有利于其他国家机关对国务院行使职责的监督以及对具体相关责任人责任的追究。

（5）确立各级人大及其政府的权力范围

"八二宪法"在第三章第95条到第111条规定了各级人民代表大会及其政府的权力。这些条文规定了地方人大的内部建制，规定了人大代表的选举方式以及任期。宪法还具体规定了地方各级人大的职权："地方各级人民代表大会在本行政区域内，保证宪法、法律、行政法规的遵守和执行；依照法律规定的权限，通过和发布决议，审查和决定地方的经济建设、文化建设和公共事业建设的计划。县级以上的地方各级人民代表大会审查和批准本行政区域内的国民经济和社会发展计划、预算以及它们的执行情况的报告；有权改变或者撤销本级人民代表大会常务委员会不适当的决定。民族乡的人民代表大会可以依照法律规定的权限采取适合民族特点的具体措施。""地方各级人民代表大会分别选举并且有权罢免本级人民政府的省长和副省长、市长和副市长、县长和副县长、区长和副区长、乡长和副乡长、镇长和副镇长。县级以上的地方各级人民代表大会选举并且有权罢免本级人民法院院长和本级人民检察院检察长。选出或者罢免人民检察院检察长，须报上级人民检察院检察长提请该级人民代表大会常务委员会批准。""县级以上的地方各级人民代表大会常务委员会讨论、决定本行政区域内各方面工作的重大事项；监督本级人民政府、人民法院和人民检察院的工作；撤销本级人民政府的不适当的决定和命令；撤销下一级人民代表大会的不适当的决议；依照法律规定的权限决定国家机关工作人员的任免；在本级人民代表大会闭会期间，罢免和补选上一级人民代表大会的个别代表"等。同样，"八二宪法"也对地方各级人民政府的性质、职权、内部建制作了详细的规定。通过宪法来规定地方权力机关与行政机关的相关内容，有利于进一步明确其各自的职权范围，保证各级机关有序高效的行使权力。同时，这也有利于人民群众对于权力的监督，保证国家权力更好地为人民服务。

（6）规定人民法院和人民检察院的职权

"八二宪法"在第三章第123条到第135条对人民法院和人民检察院的职权作了规定。第125条规定："人民法院审理案件，除法律规定的特别情况外，一律公开进行，被告人有权获得辩护"。第126条规定："人民法院依照法律规定独立行使审判权，不受行政机关、社会团体和个人的干涉"。第127条规定："最高人民法院是最高审判机关。最高人民法院监督地方各级人民法院和专门人民法院的审判工作，上级人民法院监督下级人民法院的审判工作"。第129条规定："中华人民共和国人民检察院是国家的法律监督机关。最高人民检察院检察长每届任期同全国人民代表大会每届任期相同，连续任职不得超过两届。人民检察院的组织由法律规定"。第131条规定："人民检察院依照法律规定独立行使检察权，不受行政机关、社会团体和个人的干涉。""八二宪法"对于我国人民法院以及人民检察院的规定，明确确立了两者的地位，权限范围，这对于保持司法机关独立，公平审判案件，促进社会正义具有重大的意义。

## 附：1982 年《中华人民共和国宪法》文本（1982 年 11 月 26 日）

### 《中华人民共和国宪法》（1982 年）

（1982 年 12 月 4 日第五届全国人民代表大会第五次会议通过）

## 序　言

中国是世界上历史最悠久的国家之一。中国各族人民共同创造了光辉灿烂的文化，具有光荣的革命传统。

一八四〇年以后，封建的中国逐渐变成半殖民地、半封建的国家。中国人民为国家独立、民族解放和民主自由进行了前仆后继的英勇奋斗。

二十世纪，中国发生了翻天覆地的伟大历史变革。

一九一一年孙中山先生领导的辛亥革命，废除了封建帝制，创立了中华民国。但是，中国人民反对帝国主义和封建主义的历史任务还没有完成。

一九四九年，以毛泽东主席为领袖的中国共产党领导中国各族人民，在经历了长期的艰难曲折的武装斗争和其他形式的斗争以后，终于推翻了帝国主义、封建主义和官僚资本主义的统治，取得了新民主主义革命的伟大胜利，建立了中华人民共和国。从此，中国人民掌握了国家的权力，成为国家的主人。

中华人民共和国成立以后，我国社会逐步实现了由新民主主义到社会主义的过渡。生产资料私有制的社会主义改造已经完成，人剥削人的制度已经消灭，社会主义制度已经确立。工人阶级领导的、以工农联盟为基础的人民民主专政，实质上即无产阶级专政，得到巩固和发展。中国人民和中国人民解放军战胜了帝国主义、霸权主义的侵略、破坏和武装挑衅，维护了国家的独立和安全，增强了国防。经济建设取得了重大的成就，独立的、比较完整的社会主义工业体系已经基本形成，农业生产显著提高。教育、科学、文化等事业有了很大的发展，社会主义思想教育取得了明显的成效。广大人民的生活有了较大的改善。

中国新民主主义革命的胜利和社会主义事业的成就，都是中国共产党领导中国各族人民，在马克思列宁主义、毛泽东思想的指引下，坚持真理，修正错误，战胜许多艰难险阻而取得的。今后国家的根本任务是集中力量进行社会主义现代化建设。中国各族人民将继续在中国共产党领导下，在马克思列宁主义、毛泽东思想指引下，坚持人民民主专政，坚持社会主义道路，不断完善社会主义的各项制度，发展社会主义民主，健全社会主义法制，自力更生，艰苦奋斗，逐步实现工业、农业、国防和科学技术的现代化，把我国建设成为高度文明、高度民主的社会主义国家。

在我国，剥削阶级作为阶级已经消灭，但是阶级斗争还将在一定范围内长期存在。中国人民对敌视和破坏我国社会主义制度的国内外的敌对势力和敌对分台湾是中华人民共和国的神圣领土的一部分。完成统一祖国的大业是包括台湾同胞在内的全中国人民的神圣职责。

社会主义的建设事业必须依靠工人、农民和知识分子，团结一切可以团结的力量。在长期的革命和建设过程中，已经结成由中国共产党领导的，有各民主党派和各人民团体参加的，包括全体社会主义劳动者、拥护社会主义的爱国者和拥护祖国统一的爱国者的广泛的爱国统一战线，这个统一战线将继续巩固和发展。中国人民政治协商会议是有广泛代表性的统一战线组织，过去发挥了重要的历史作用，今后在国家政治生活、社会生活和对外友好活动中，在进行社会主义现代化建设、维护国家的统一和团结的斗争中，将进一步发挥它的重要作用。

中华人民共和国是全国各族人民共同缔造的统一的多民族国家。平等、团结、互助的社会主义民族关系已经确立，并将继续加强。在维护民族团结的斗争中，要反对大民族主义，主要是大汉族主义，也要反对地方民族主义。国家尽一切努力，促进全国各民族的共同繁荣。

中国革命和建设的成就是同世界人民的支持分不开的。中国的前途是同世界的前途紧密地联系在一起的。中国坚持独立自主的对外政策，坚持互相尊重主权和领土完整、互不侵犯、互不干涉内政、平等互利、和平共处的五项原则，发展同各国的外交关系和经济、文化的交流；坚持反对帝国主义、霸权主义、殖民主义，加强同世界各国人民的团结，支持被压迫民族和发展中国家争取和维护民族独立、发展民族经济的正义斗争，为维护世界和平和促进人类进步事业而努力。

本宪法以法律的形式确认了中国各族人民奋斗的成果，规定了国家的根本制度和根本任务，是国家的根本法，具有最高的法律效力。全国各族人民、一切国家机关和武装力量、各政党和各社会团体、各企业事业组织，都必须以宪法为根本的活动准则，并且负有维护宪法尊严、保证宪法实施的职责。

## 第一章　总　纲

**第一条**　中华人民共和国是工人阶级领导的、以工农联盟为基础的人民民主专政的社会主义国家。

社会主义制度是中华人民共和国的根本制度。禁止任何组织或者个人破坏社会主义制度。

**第二条**　中华人民共和国的一切权力属于人民。

人民行使国家权力的机关是全国人民代表大会和地方各级人民代表大会。

人民依照法律规定，通过各种途径和形式，管理国家事务，管理经济和文化事业，管理社会事务。

**第三条**　中华人民共和国的国家机构实行民主集中制的原则。

全国人民代表大会和地方各级人民代表大会都由民主选举产生，对人民负责，受人民监督。

国家行政机关、审判机关、检察机关都由人民代表大会产生，对它负责，受它监督。

中央和地方的国家机构职权的划分，遵循在中央的统一领导下，充分发挥地方的主动性、积极性的原则。

**第四条**　中华人民共和国各民族一律平等。国家保障各少数民族的合法的权利和利益，维护和发展各民族的平等、团结、互助关系。禁止对任何民族的歧视和压迫，禁止破坏民族团结和制造民族分裂的行为。

国家根据各少数民族的特点和需要，帮助各少数民族地区加速经济和文化的发展。

各少数民族聚居的地方实行区域自治，设立自治机关，行使自治权。各民族自治地方都是中华人民共和国不可分离的部分。

各民族都有使用和发展自己的语言文字的自由，都有保持或者改革自己的风俗习惯的自由。

**第五条**  国家维护社会主义法制的统一和尊严。

一切法律、行政法规和地方性法规都不得同宪法相抵触。

一切国家机关和武装力量、各政党和各社会团体、各企业事业组织都必须遵守宪法和法律。一切违反宪法和法律的行为，必须予以追究。

任何组织或者个人都不得有超越宪法和法律的特权。

**第六条**  中华人民共和国的社会主义经济制度的基础是生产资料的社会主义公有制，即全民所有制和劳动群众集体所有制。

社会主义公有制消灭人剥削人的制度，实行各尽所能，按劳分配的原则。

**第七条**  国营经济是社会主义全民所有制经济，是国民经济中的主导力量。国家保障国营经济的巩固和发展。

**第八条**  农村人民公社、农业生产合作社和其他生产、供销、信用、消费等各种形式的合作经济，是社会主义劳动群众集体所有制经济。参加农村集体经济组织的劳动者，有权在法律规定的范围内经营自留地、自留山、家庭副业和饲养自留畜。

城镇中的手工业、工业、建筑业、运输业、商业、服务业等行业的各种形式的合作经济，都是社会主义劳动群众集体所有制经济。

国家保护城乡集体经济组织的合法的权利和利益，鼓励、指导和帮助集体经济的发展。

**第九条**  矿藏、水流、森林、山岭、草原、荒地、滩涂等自然资源，都属于国家所有，即全民所有；由法律规定属于集体所有的森林和山岭、草原、荒地、滩涂除外。

国家保障自然资源的合理利用，保护珍贵的动物和植物。禁止任何组织或者个人用任何手段侵占或者破坏自然资源。

**第十条**　城市的土地属于国家所有。

农村和城市郊区的土地，除由法律规定属于国家所有的以外，属于集体所有；宅基地和自留地、自留山，也属于集体所有。

国家为了公共利益的需要，可以依照法律规定对土地实行征用。

任何组织或者个人不得侵占、买卖、出租或者以其他形式非法转让土地。

一切使用土地的组织和个人必须合理地利用土地。

**第十一条**　在法律规定范围内的城乡劳动者个体经济，是社会主义公有制经济的补充。国家保护个体经济的合法的权利和利益。

国家通过行政管理，指导、帮助和监督个体经济。

**第十二条**　社会主义的公共财产神圣不可侵犯。

国家保护社会主义的公共财产。禁止任何组织或者个人用任何手段侵占或者破坏国家的和集体的财产。

**第十三条**　国家保护公民的合法的收入、储蓄、房屋和其他合法财产的所有权。

国家依照法律规定保护公民的私有财产的继承权。

**第十四条**　国家通过提高劳动者的积极性和技术水平，推广先进的科学技术，完善经济管理体制和企业经营管理制度，实行各种形式的社会主义责任制，改进劳动组织，以不断提高劳动生产率和经济效益，发展社会生产力。

国家厉行节约，反对浪费。

国家合理安排积累和消费，兼顾国家、集体和个人的利益，在发展生产的基础上，逐步改善人民的物质生活和文化生活。

**第十五条**　国家在社会主义公有制基础上实行计划经济。国家通过经济计划的综合平衡和市场调节的辅助作用，保证国民经济按比例地协调发展。

禁止任何组织或者个人扰乱社会经济秩序，破坏国家经济计划。

**第十六条**　国营企业在服从国家的统一领导和全面完成国家计划的前

提下，在法律规定的范围内，有经营管理的自主权。

国营企业依照法律规定，通过职工代表大会和其他形式，实行民主管理。

第十七条　集体经济组织在接受国家计划指导和遵守有关法律的前提下，有独立进行经济活动的自主权。

集体经济组织依照法律规定实行民主管理，由它的全体劳动者选举和罢免管理人员，决定经营管理的重大问题。

第十八条　中华人民共和国允许外国的企业和其他经济组织或者个人依照中华人民共和国法律的规定在中国投资，同中国的企业或者其他经济组织进行各种形式的经济合作。

在中国境内的外国企业和其他外国经济组织以及中外合资经营的企业，都必须遵守中华人民共和国的法律。它们的合法的权利和利益受中华人民共和国法律的保护。

第十九条　国家发展社会主义的教育事业，提高全国人民的科学文化水平。

国家举办各种学校，普及初等义务教育，发展中等教育、职业教育和高等教育，并且发展学前教育。

国家发展各种教育设施，扫除文盲，对工人、农民、国家工作人员和其他劳动者进行政治、文化、科学、技术、业务的教育，鼓励自学成才。

国家鼓励集体经济组织、国家企业事业组织和其他社会力量依照法律规定举办各种教育事业。

国家推广全国通用的普通话。

第二十条　国家发展自然科学和社会科学事业，普及科学和技术知识，奖励科学研究成果和技术发明创造。

第二十一条　国家发展医疗卫生事业，发展现代医药和我国传统医药，鼓励和支持农村集体经济组织、国家企业事业组织和街道组织举办各种医疗卫生设施，开展群众性的卫生活动，保护人民健康。

国家发展体育事业，开展群众性的体育活动，增强人民体质。

第二十二条　国家发展为人民服务、为社会主义服务的文学艺术事业、新闻广播电视事业、出版发行事业、图书馆博物馆文化馆和其他文化事业，开展群众性的文化活动。

国家保护名胜古迹、珍贵文物和其他重要历史文化遗产。

**第二十三条**　国家培养为社会主义服务的各种专业人才，扩大知识分子的队伍，创造条件，充分发挥他们在社会主义现代化建设中的作用。

**第二十四条**　国家通过普及理想教育、道德教育、文化教育、纪律和法制教育，通过在城乡不同范围的群众中制定和执行各种守则、公约，加强社会主义精国家提倡爱祖国、爱人民、爱劳动、爱科学、爱社会主义的公德，在人民中进行爱国主义、集体主义和国际主义、共产主义的教育，进行辩证唯物主义和历史唯物主义的教育，反对资本主义的、封建主义的和其他的腐朽思想。

**第二十五条**　国家推行计划生育，使人口的增长同经济和社会发展计划相适应。

**第二十六条**　国家保护和改善生活环境和生态环境，防治污染和其他公害。

国家组织和鼓励植树造林，保护林木。

**第二十七条**　一切国家机关实行精简的原则，实行工作责任制，实行工作人员的培训和考核制度，不断提高工作质量和工作效率，反对官僚主义。

一切国家机关和国家工作人员必须依靠人民的支持，经常保持同人民的密切联系，倾听人民的意见和建议，接受人民的监督，努力为人民服务。

**第二十八条**　国家维护社会秩序，镇压叛国和其他反革命的活动，制裁危害社会治安、破坏社会主义经济和其他犯罪的活动，惩办和改造犯罪分子。

**第二十九条**　中华人民共和国的武装力量属于人民。它的任务是巩固国防，抵抗侵略，保卫祖国，保卫人民的和平劳动，参加国家建设事业，努力为人民服务。

国家加强武装力量的革命化、现代化、正规化的建设，增强国防力量。

**第三十条**　中华人民共和国的行政区域划分如下：

（一）全国分为省、自治区、直辖市；

（二）省、自治区分为自治州、县、自治县、市；

（三）县、自治县分为乡、民族乡、镇。

直辖市和较大的市分为区、县。自治州分为县、自治县、市。

自治区、自治州、自治县都是民族自治地方。

**第三十一条**　国家在必要时得设立特别行政区。在特别行政区内实行的制度按照具体情况由全国人民代表大会以法律规定。

**第三十二条**　中华人民共和国保护在中国境内的外国人的合法权利和利益，在中国境内的外国人必须遵守中华人民共和国的法律。

中华人民共和国对于因为政治原因要求避难的外国人，可以给予受庇护的权利。

## 第二章　公民的基本权利和义务

**第三十三条**　凡具有中华人民共和国国籍的人都是中华人民共和国公民。

中华人民共和国公民在法律面前一律平等。

任何公民享有宪法和法律规定的权利，同时必须履行宪法和法律规定的义务。

**第三十四条**　中华人民共和国年满十八周岁的公民，不分民族、种族、性别、职业、家庭出身、宗教信仰、教育程度、财产状况、居住期限，都有选举权和被选举权；但是依照法律被剥夺政治权利的人除外。

**第三十五条**　中华人民共和国公民有言论、出版、集会、结社、游行、示威的自由。

**第三十六条**　中华人民共和国公民有宗教信仰自由。

任何国家机关、社会团体和个人不得强制公民信仰宗教或者不信仰宗教，不得歧视信仰宗教的公民和不信仰宗教的公民。

国家保护正常的宗教活动。任何人不得利用宗教进行破坏社会秩序、损害公民身体健康、妨碍国家教育制度的活动。

宗教团体和宗教事务不受外国势力的支配。

**第三十七条**　中华人民共和国公民的人身自由不受侵犯。

任何公民，非经人民检察院批准或者决定或者人民法院决定，并由公安机关执行，不受逮捕。

禁止非法拘禁和以其他方法非法剥夺或者限制公民的人身自由，禁止非法搜查公民的身体。

**第三十八条**　中华人民共和国公民的人格尊严不受侵犯。禁止用任何方法对公民进行侮辱、诽谤和诬告陷害。

**第三十九条**　中华人民共和国公民的住宅不受侵犯。禁止非法搜查或者非法侵入公民的住宅。

**第四十条**　中华人民共和国公民的通信自由和通信秘密受法律的保护。除因国家安全或者追查刑事犯罪的需要，由公安机关或者检察机关依照法律规定的程序对通信进行检查外，任何组织或者个人不得以任何理由侵犯公民的通信自由和通信秘密。

**第四十一条**　中华人民共和国公民对于任何国家机关和国家工作人员，有提出批评和建议的权利；对于任何国家机关和国家工作人员的违法失职行为，有向有关国家机关提出申诉、控告或者检举的权利，但是不得捏造或者歪曲事实进行诬告陷害。

对于公民的申诉、控告或者检举，有关国家机关必须查清事实，负责处理。任何人不得压制和打击报复。

由于国家机关和国家工作人员侵犯公民权利而受到损失的人，有依照法律规定取得赔偿的权利。

**第四十二条**　中华人民共和国公民有劳动的权利和义务。

国家通过各种途径，创造劳动就业条件，加强劳动保护，改善劳动条件，并在发展生产的基础上，提高劳动报酬和福利待遇。

劳动是一切有劳动能力的公民的光荣职责。国营企业和城乡集体经济组织的劳动者都应当以国家主人翁的态度对待自己的劳动。国家提倡社会主义劳动竞赛，奖励劳动模范和先进工作者。国家提倡公民从事义务劳动。

国家对就业前的公民进行必要的劳动就业训练。

**第四十三条**　中华人民共和国劳动者有休息的权利。

国家发展劳动者休息和休养的设施，规定职工的工作时间和休假制度。

**第四十四条**　国家依照法律规定实行企业事业组织的职工和国家机关工作人员的退休制度。退休人员的生活受到国家和社会的保障。

**第四十五条**　中华人民共和国公民在年老、疾病或者丧失劳动能力的情况下，有从国家和社会获得物质帮助的权利。国家发展为公民享受这些权利所需要的社会保险、社会救济和医疗卫生事业。

国家和社会保障残废军人的生活，抚恤烈士家属，优待军人家属。

国家和社会帮助安排盲、聋、哑和其他有残疾的公民的劳动、生活和教育。

**第四十六条**　中华人民共和国公民有受教育的权利和义务。

国家培养青年、少年、儿童在品德、智力、体质等方面全面发展。

**第四十七条**　中华人民共和国公民有进行科学研究、文学艺术创作和其他文化活动的自由。国家对于从事教育、科学、技术、文学、艺术和其他文化事业的公民的有益于人民的创造性工作，给以鼓励和帮助。

**第四十八条**　中华人民共和国妇女在政治的、经济的、文化的、社会的和家庭的生活等各方面享有同男子平等的权利。

国家保护妇女的权利和利益，实行男女同工同酬，培养和选拔妇女干部。

**第四十九条**　婚姻、家庭、母亲和儿童受国家的保护。

夫妻双方有实行计划生育的义务。

父母有抚养教育未成年子女的义务，成年子女有赡养扶助父母的义务。

禁止破坏婚姻自由，禁止虐待老人、妇女和儿童。

**第五十条**　中华人民共和国保护华侨的正当的权利和利益，保护归侨和侨眷的合法的权利和利益。

**第五十一条**　中华人民共和国公民在行使自由和权利的时候，不得损害国家的、社会的、集体的利益和其他公民的合法的自由和权利。

**第五十二条**　中华人民共和国公民有维护国家统一和全国各民族团结的义务。

**第五十三条**　中华人民共和国公民必须遵守宪法和法律，保守国家秘密，爱护公共财产，遵守劳动纪律，遵守公共秩序，尊重社会公德。

**第五十四条**　中华人民共和国公民有维护祖国的安全、荣誉和利益的义务，不得有危害祖国的安全、荣誉和利益的行为。

**第五十五条**　保卫祖国、抵抗侵略是中华人民共和国每一个公民的神圣职责。

依照法律服兵役和参加民兵组织是中华人民共和国公民的光荣义务。

**第五十六条**　中华人民共和国公民有依照法律纳税的义务。

## 第三章　国家机构

### 第一节　全国人民代表大会

**第五十七条**　中华人民共和国全国人民代表大会是最高国家权力机关。它的常设机关是全国人民代表大会常务委员会。

**第五十八条**　全国人民代表大会和全国人民代表大会常务委员会行使国家立法权。

**第五十九条**　全国人民代表大会由省、自治区、直辖市和军队选出的代表组成。各少数民族都应当有适当名额的代表。

全国人民代表大会代表的选举由全国人民代表大会常务委员会主持。

全国人民代表大会代表名额和代表产生办法由法律规定。

**第六十条**　全国人民代表大会每届任期五年。

全国人民代表大会任期届满的两个月以前，全国人民代表大会常务委员会必须完成下届全国人民代表大会代表的选举。如果遇到不能进行选举的非常情况，由全国人民代表大会常务委员会以全体组成人员的三分之二以上的多数通过，可以推迟选举，延长本届全国人民代表大会的任期。在非常情况结束后一年内，必须完成下届全国人民代表大会代表的选举。

**第六十一条**　全国人民代表大会会议每年举行一次，由全国人民代表大会常务委员会召集。如果全国人民代表大会常务委员会认为必要，或者有五分之一以上的全国人民代表大会代表提议，可以临时召集全国人民代表大会会议。

全国人民代表大会举行会议的时候，选举主席团主持会议。

**第六十二条** 全国人民代表大会行使下列职权：

（一）修改宪法；

（二）监督宪法的实施；

（三）制定和修改刑事、民事、国家机构的和其他的基本法律；

（四）选举中华人民共和国主席、副主席；

（五）根据中华人民共和国主席的提名，决定国务院总理的人选；根据国务院总理的提名，决定国务院副总理、国务委员、各部部长、各委员会主任、审计长、秘书长的人选；

（六）选举中央军事委员会主席；根据中央军事委员会主席的提名，决定中央军事委员会其他组成人员的人选；

（七）选举最高人民法院院长；

（八）选举最高人民检察院检察长；

（九）审查和批准国民经济和社会发展计划和计划执行情况的报告；

（十）审查和批准国家的预算和预算执行情况的报告；

（十一）改变或者撤销全国人民代表大会常务委员会不适当的决定；

（十二）批准省、自治区和直辖市的建置；

（十三）决定特别行政区的设立及其制度；

（十四）决定战争和和平的问题；

（十五）应当由最高国家权力机关行使的其他职权。

**第六十三条** 全国人民代表大会有权罢免下列人员：

（一）中华人民共和国主席、副主席；

（二）国务院总理、副总理、国务委员、各部部长、各委员会主任、审计长、秘书长；

（三）中央军事委员会主席和中央军事委员会其他组成人员；

（四）最高人民法院院长；

（五）最高人民检察院检察长。

**第六十四条** 宪法的修改，由全国人民代表大会常务委员会或者五分之一以上的全国人民代表大会代表提议，并由全国人民代表大会以全体代表的三分之二以上的多数通过。

法律和其他议案由全国人民代表大会以全体代表的过半数通过。

**第六十五条**　全国人民代表大会常务委员会由下列人员组成：

委员长，

副委员长若干人，

秘书长，

委员若干人。

全国人民代表大会常务委员会组成人员中，应当有适当名额的少数民族代表。

全国人民代表大会选举并有权罢免全国人民代表大会常务委员会的组成人员。

全国人民代表大会常务委员会的组成人员不得担任国家行政机关、审判机关和检察机关的职务。

**第六十六条**　全国人民代表大会常务委员会每届任期同全国人民代表大会每届任期相同，它行使职权到下届全国人民代表大会选出新的常务委员会为止。

委员长、副委员长连续任职不得超过两届。

**第六十七条**　全国人民代表大会常务委员会行使下列职权：

（一）解释宪法，监督宪法的实施；

（二）制定和修改除应当由全国人民代表大会制定的法律以外的其他法律；

（三）在全国人民代表大会闭会期间，对全国人民代表大会制定的法律进行部分补充和修改，但是不得同该法律的基本原则相抵触；

（四）解释法律；

（五）在全国人民代表大会闭会期间，审查和批准国民经济和社会发展计划、国家预算在执行过程中所必须作的部分调整方案；

（六）监督国务院、中央军事委员会、最高人民法院和最高人民检察院的工作；

（七）撤销国务院制定的同宪法、法律相抵触的行政法规、决定和命令；

（八）撤销省、自治区、直辖市国家权力机关制定的同宪法、法律和行政法规相抵触的地方性法规和决议；

（九）在全国人民代表大会闭会期间，根据国务院总理的提名，决定部长、委员会主任、审计长、秘书长的人选；

（十）在全国人民代表大会闭会期间，根据中央军事委员会主席的提名，决定中央军事委员会其他组成人员的人选；

（十一）根据最高人民法院院长的提请，任免最高人民法院副院长、审判员、审判委员会委员和军事法院院长；

（十二）根据最高人民检察院检察长的提请，任免最高人民检察院副检察长、检察员、检察委员会委员和军事检察院检察长，并且批准省、自治区、直辖市的人民检察院检察长的任免；

（十三）决定驻外全权代表的任免；

（十四）决定同外国缔结的条约和重要协定的批准和废除；

（十五）规定军人和外交人员的衔级制度和其他专门衔级制度；

（十六）规定和决定授予国家的勋章和荣誉称号；

（十七）决定特赦；

（十八）在全国人民代表大会闭会期间，如果遇到国家遭受武装侵犯或者必须履行国际间共同防止侵略的条约的情况，决定战争状态的宣布；

（十九）决定全国总动员或者局部动员；

（二十）决定全国或者个别省、自治区、直辖市的戒严；

（二十一）全国人民代表大会授予的其他职权。

**第六十八条**　全国人民代表大会常务委员会委员长主持全国人民代表大会常务委员会的工作，召集全国人民代表大会常务委员会会议。副委员长、秘书长协助委员长工作。

委员长、副委员长、秘书长组成委员长会议，处理全国人民代表大会常务委员会的重要日常工作。

**第六十九条**　全国人民代表大会常务委员会对全国人民代表大会负责并报告工作。

第七十条　全国人民代表大会设立民族委员会、法律委员会、财政经济委员会、教育科学文化卫生委员会、外事委员会、华侨委员会和其他需要设立的专门委员会。在全国人民代表大会闭会期间，各专门委员会受全国人民代表大会常务委员会的领导。

各专门委员会在全国人民代表大会和全国人民代表大会常务委员会领导下，研究、审议和拟订有关议案。

第七十一条　全国人民代表大会和全国人民代表大会常务委员会认为必要的时候，可以组织关于特定问题的调查委员会，并且根据调查委员会的报告，作出相应的决议。

调查委员会进行调查的时候，一切有关的国家机关、社会团体和公民都有义务向它提供必要的材料。

第七十二条　全国人民代表大会代表和全国人民代表大会常务委员会组成人员，有权依照法律规定的程序分别提出属于全国人民代表大会和全国人民代表大会常务委员会职权范围内的议案。

第七十三条　全国人民代表大会代表在全国人民代表大会开会期间，全国人民代表大会常务委员会组成人员在常务委员会开会期间，有权依照法律规定的程序提出对国务院或者国务院各部、各委员会的质询案。受质询的机关必须负责答复。

第七十四条　全国人民代表大会代表，非经全国人民代表大会会议主席团许可，在全国人民代表大会闭会期间非经全国人民代表大会常务委员会许可，不受逮捕或者刑事审判。

第七十五条　全国人民代表大会代表在全国人民代表大会各种会议上的发言和表决，不受法律追究。

第七十六条　全国人民代表大会代表必须模范地遵守宪法和法律，保守国家秘密，并且在自己参加的生产、工作和社会活动中，协助宪法和法律的实施。

全国人民代表大会代表应当同原选举单位和人民保持密切的联系，听取和反映人民的意见和要求，努力为人民服务。

第七十七条　全国人民代表大会代表受原选举单位的监督。原选举单位有权依照法律规定的程序罢免本单位选出的代表。

**第七十八条**　全国人民代表大会和全国人民代表大会常务委员会的组织和工作程序由法律规定。

## 第二节　中华人民共和国主席

**第七十九条**　中华人民共和国主席、副主席由全国人民代表大会选举。

有选举权和被选举权的年满四十五周岁的中华人民共和国公民可以被选为中华人民共和国主席、副主席。

中华人民共和国主席、副主席每届任期同全国人民代表大会每届任期相同，连续任职不得超过两届。

**第八十条**　中华人民共和国主席根据全国人民代表大会的决定和全国人民代表大会常务委员会的决定，公布法律，任免国务院总理、副总理、国务委员、各部部长、各委员会主任、审计长、秘书长，授予国家的勋章和荣誉称号，发布特赦令，发布戒严令，宣布战争状态，发布动员令。

**第八十一条**　中华人民共和国主席代表中华人民共和国，接受外国使节；根据全国人民代表大会常务委员会的决定，派遣和召回驻外全权代表，批准和废除同外国缔结的条约和重要协定。

**第八十二条**　中华人民共和国副主席协助主席工作。

中华人民共和国副主席受主席的委托，可以代行主席的部分职权。

**第八十三条**　中华人民共和国主席、副主席行使职权到下届全国人民代表大会选出的主席、副主席就职为止。

**第八十四条**　中华人民共和国主席缺位的时候，由副主席继任主席的职位。

中华人民共和国副主席缺位的时候，由全国人民代表大会补选。

中华人民共和国主席、副主席都缺位的时候，由全国人民代表大会补选；在补选以前，由全国人民代表大会常务委员会委员长暂时代理主席职位。

## 第三节　国务院

**第八十五条**　中华人民共和国国务院，即中央人民政府，是最高国家权力机关的执行机关，是最高国家行政机关。

**第八十六条**　国务院由下列人员组成：

总理，

副总理若干人，

国务委员若干人，

各部部长，

各委员会主任，

审计长，

秘书长。

国务院实行总理负责制。各部、各委员会实行部长、主任负责制。

国务院的组织由法律规定。

**第八十七条**　国务院每届任期同全国人民代表大会每届任期相同。

总理、副总理、国务委员连续任职不得超过两届。

**第八十八条**　总理领导国务院的工作。副总理、国务委员协助总理工作。

总理、副总理、国务委员、秘书长组成国务院常务会议。

总理召集和主持国务院常务会议和国务院全体会议。

**第八十九条**　国务院行使下列职权：

（一）根据宪法和法律，规定行政措施，制定行政法规，发布决定和命令；

（二）向全国人民代表大会或者全国人民代表大会常务委员会提出议案；

（三）规定各部和各委员会的任务和职责，统一领导各部和各委员会的工作，并且领导不属于各部和各委员会的全国性的行政工作；

（四）统一领导全国地方各级国家行政机关的工作，规定中央和省、自治区、直辖市的国家行政机关的职权的具体划分；

（五）编制和执行国民经济和社会发展计划和国家预算；

（六）领导和管理经济工作和城乡建设；

（七）领导和管理教育、科学、文化、卫生、体育和计划生育工作；

（八）领导和管理民政、公安、司法行政和监察等工作；

（九）管理对外事务，同外国缔结条约和协定；

（十）领导和管理国防建设事业；

（十一）领导和管理民族事务，保障少数民族的平等权利和民族自治地方的自治权利；

（十二）保护华侨的正当的权利和利益，保护归侨和侨眷的合法的权利和利益；

（十三）改变或者撤销各部、各委员会发布的不适当的命令、指示和规章；

（十四）改变或者撤销地方各级国家行政机关的不适当的决定和命令；

（十五）批准省、自治区、直辖市的区域划分，批准自治州、县、自治县、市的建置和区域划分；

（十六）决定省、自治区、直辖市的范围内部分地区的戒严；

（十七）审定行政机构的编制，依照法律规定任免、培训、考核和奖惩行政人员；

（十八）全国人民代表大会和全国人民代表大会常务委员会授予的其他职权。

**第九十条**　国务院各部部长、各委员会主任负责本部门的工作；召集和主持部务会议或者委员会会议、委务会议，讨论决定本部门工作的重大问题。

各部、各委员会根据法律和国务院的行政法规、决定、命令，在本部门的权限内，发布命令、指示和规章。

**第九十一条**　国务院设立审计机关，对国务院各部门和地方各级政府的财政收支，对国家的财政金融机构和企业事业组织的财务收支，进行审计监督。

审计机关在国务院总理领导下，依照法律规定独立行使审计监督权，不受其他行政机关、社会团体和个人的干涉。

**第九十二条** 国务院对全国人民代表大会负责并报告工作；在全国人民代表大会闭会期间，对全国人民代表大会常务委员会负责并报告工作。

### 第四节 中央军事委员会

**第九十三条** 中华人民共和国中央军事委员会领导全国武装力量。

中央军事委员会由下列人员组成：

主席，

副主席若干人，

委员若干人。

中央军事委员会实行主席负责制。

中央军事委员会每届任期同全国人民代表大会每届任期相同。

**第九十四条** 中央军事委员会主席对全国人民代表大会和全国人民代表大会常务委员会负责。

### 第五节 地方各级人民代表大会和地方各级人民政府

**第九十五条** 省、直辖市、县、市、市辖区、乡、民族乡、镇设立人民代表大会和人民政府。

地方各级人民代表大会和地方各级人民政府的组织由法律规定。

自治区、自治州、自治县设立自治机关。自治机关的组织和工作根据宪法第三章第五节、第六节规定的基本原则由法律规定。

**第九十六条** 地方各级人民代表大会是地方国家权力机关。

县级以上的地方各级人民代表大会设立常务委员会。

**第九十七条** 省、直辖市、设区的市的人民代表大会代表由下一级的人民代表大会选举；县、不设区的市、市辖区、乡、民族乡、镇的人民代表大会代表由选民直接选举。

地方各级人民代表大会代表名额和代表产生办法由法律规定。

**第九十八条** 省、直辖市、设区的市的人民代表大会每届任期五年。县、不设区的市、市辖区、乡、民族乡、镇的人民代表大会每届任期三年。

**第九十九条**　地方各级人民代表大会在本行政区域内，保证宪法、法律、行政法规的遵守和执行；依照法律规定的权限，通过和发布决议，审查和决定地方的经济建设、文化建设和公共事业建设的计划。

县级以上的地方各级人民代表大会审查和批准本行政区域内的国民经济和社会发展计划、预算以及它们的执行情况的报告；有权改变或者撤销本级人民代表大会常务委员会不适当的决定。

民族乡的人民代表大会可以依照法律规定的权限采取适合民族特点的具体措施。

**第一百条**　省、直辖市的人民代表大会和它们的常务委员会，在不同宪法、法律、行政法规相抵触的前提下，可以制定地方性法规，报全国人民代表大会常务委员会备案。

**第一百零一条**　地方各级人民代表大会分别选举并且有权罢免本级人民政府的省长和副省长、市长和副市长、县长和副县长、区长和副区长、乡长和副乡长、镇长和副镇长。

县级以上的地方各级人民代表大会选举并且有权罢免本级人民法院院长和本级人民检察院检察长。选出或者罢免人民检察院检察长，须报上级人民检察院检察长提请该级人民代表大会常务委员会批准。

**第一百零二条**　省、直辖市、设区的市的人民代表大会代表受原选举单位的监督；县、不设区的市、市辖区、乡、民族乡、镇的人民代表大会代表受选民的监督。

地方各级人民代表大会代表的选举单位和选民有权依照法律规定的程序罢免由他们选出的代表。

**第一百零三条**　县级以上的地方各级人民代表大会常务委员会由主任、副主任若干人和委员若干人组成，对本级人民代表大会负责并报告工作。

县级以上的地方各级人民代表大会选举并有权罢免本级人民代表大会常务委员会的组成人员。

县级以上的地方各级人民代表大会常务委员会的组成人员不得担任国家行政机关、审判机关和检察机关的职务。

**第一百零四条**　县级以上的地方各级人民代表大会常务委员会讨论、

决定本行政区域内各方面工作的重大事项；监督本级人民政府、人民法院和人民检察院的工作；撤销本级人民政府的不适当的决定和命令；撤销下一级人民代表大会的不适当的决议；依照法律规定的权限决定国家机关工作人员的任免；在本级人民代表大会闭会期间，罢免和补选上一级人民代表大会的个别代表。

第一百零五条　地方各级人民政府是地方各级国家权力机关的执行机关，是地方各级国家行政机关。

地方各级人民政府实行省长、市长、县长、区长、乡长、镇长负责制。

第一百零六条　地方各级人民政府每届任期同本级人民代表大会每届任期相同。

第一百零七条　县级以上地方各级人民政府依照法律规定的权限，管理本行政区域内的经济、教育、科学、文化、卫生、体育事业、城乡建设事业和财政、民政、公安、民族事务、司法行政、监察、计划生育等行政工作，发布决定和命令，任免、培训、考核和奖惩行政工作人员。

乡、民族乡、镇的人民政府执行本级人民代表大会的决议和上级国家行政机关的决定和命令，管理本行政区域内的行政工作。

省、直辖市的人民政府决定乡、民族乡、镇的建置和区域划分。

第一百零八条　县级以上的地方各级人民政府领导所属各工作部门和下级人民政府的工作，有权改变或者撤销所属各工作部门和下级人民政府的不适当的决定。

第一百零九条　县级以上的地方各级人民政府设立审计机关。地方各级审计机关依照法律规定独立行使审计监督权，对本级人民政府和上一级审计机关负责。

第一百一十条　地方各级人民政府对本级人民代表大会负责并报告工作。县级以上的地方各级人民政府在本级人民代表大会闭会期间，对本级人民代表大会常务委员会负责并报告工作。

地方各级人民政府对上一级国家行政机关负责并报告工作。全国地方各级人民政府都是国务院统一领导下的国家行政机关，都服从国务院。

第一百一十一条　城市和农村按居民居住地区设立的居民委员会或者

村民委员会是基层群众性自治组织。居民委员会、村民委员会的主任、副主任和委员由居民选举。居民委员会、村民委员会同基层政权的相互关系由法律规定。

居民委员会、村民委员会设人民调解、治安保卫、公共卫生等委员会，办理本居住地区的公共事务和公益事业，调解民间纠纷，协助维护社会治安，并且向人民政府反映群众的意见、要求和提出建议。

### 第六节　民族自治地方的自治机关

**第一百一十二条**　民族自治地方的自治机关是自治区、自治州、自治县的人民代表大会和人民政府。

**第一百一十三条**　自治区、自治州、自治县的人民代表大会中，除实行区域自治的民族的代表外，其他居住在本行政区域内的民族也应当有适当名额的代表。

自治区、自治州、自治县的人民代表大会常务委员会中应当有实行区域自治的民族的公民担任主任或者副主任。

**第一百一十四条**　自治区主席、自治州州长、自治县县长由实行区域自治的民族的公民担任。

**第一百一十五条**　自治区、自治州、自治县的自治机关行使宪法第三章第五节规定的地方国家机关的职权，同时依照宪法、民族区域自治法和其他法律规定的权限行使自治权，根据本地方实际情况贯彻执行国家的法律、政策。

**第一百一十六条**　民族自治地方的人民代表大会有权依照当地民族的政治、经济和文化的特点，制定自治条例和单行条例。自治区的自治条例和单行条例，报全国人民代表大会常务委员会批准后生效。自治州、自治县的自治条例和单行条例，报省或者自治区的人民代表大会常务委员会批准后生效，并报全国人民代表大会常务委员会备案。

**第一百一十七条**　民族自治地方的自治机关有管理地方财政的自治权。凡是依照国家财政体制属于民族自治地方的财政收入，都应当由民族自治地方的自治机关自主地安排使用。

**第一百一十八条**　民族自治地方的自治机关在国家计划的指导下，自主地安排和管理地方性的经济建设事业。

国家在民族自治地方开发资源、建设企业的时候，应当照顾民族自治地方的利益。

**第一百一十九条**　民族自治地方的自治机关自主地管理本地方的教育、科学、文化、卫生、体育事业，保护和整理民族的文化遗产，发展和繁荣民族文化。

**第一百二十条**　民族自治地方的自治机关依照国家的军事制度和当地的实际需要，经国务院批准，可以组织本地方维护社会治安的公安部队。

**第一百二十一条**　民族自治地方的自治机关在执行职务的时候，依照本民族自治地方自治条例的规定，使用当地通用的一种或者几种语言文字。

**第一百二十二条**　国家从财政、物资、技术等方面帮助各少数民族加速发展经济建设和文化建设事业。

国家帮助民族自治地方从当地民族中大量培养各级干部、各种专业人才和技术工人。

### 第七节　人民法院和人民检察院

**第一百二十三条**　中华人民共和国人民法院是国家的审判机关。

**第一百二十四条**　中华人民共和国设立最高人民法院、地方各级人民法院和军事法院等专门人民法院。

最高人民法院院长每届任期同全国人民代表大会每届任期相同，连续任职不得超过两届。

人民法院的组织由法律规定。

**第一百二十五条**　人民法院审理案件，除法律规定的特别情况外，一律公开进行。被告人有权获得辩护。

**第一百二十六条**　人民法院依照法律规定独立行使审判权，不受行政机关、社会团体和个人的干涉。

**第一百二十七条**　最高人民法院是最高审判机关。

最高人民法院监督地方各级人民法院和专门人民法院的审判工作，上级人民法院监督下级人民法院的审判工作。

第一百二十八条　最高人民法院对全国人民代表大会和全国人民代表大会常务委员会负责。地方各级人民法院对产生它的国家权力机关负责。

第一百二十九条　中华人民共和国人民检察院是国家的法律监督机关。

第一百三十条　中华人民共和国设立最高人民检察院、地方各级人民检察院和军事检察院等专门人民检察院。

最高人民检察院检察长每届任期同全国人民代表大会每届任期相同，连续任职不得超过两届。

人民检察院的组织由法律规定。

第一百三十一条　人民检察院依照法律规定独立行使检察权，不受行政机关、社会团体和个人的干涉。

第一百三十二条　最高人民检察院是最高检察机关。

最高人民检察院领导地方各级人民检察院和专门人民检察院的工作，上级人民检察院领导下级人民检察院的工作。

第一百三十三条　最高人民检察院对全国人民代表大会和全国人民代表大会常务委员会负责。地方各级人民检察院对产生它的国家权力机关和上级人民检察院负责。

第一百三十四条　各民族公民都有用本民族语言文字进行诉讼的权利。人民法院和人民检察院对于不通晓当地通用的语言文字的诉讼参与人，应当为他们翻译。

在少数民族聚居或者多民族共同居住的地区，应当用当地通用的语言进行审理；起诉书、判决书、布告和其他文书应当根据实际需要使用当地通用的一种或者几种文字。

第一百三十五条　人民法院、人民检察院和公安机关办理刑事案件，应当分工负责，互相配合，互相制约，以保证准确有效地执行法律。

### 第四章　国旗、国徽、首都

第一百三十六条　中华人民共和国国旗是五星红旗。

第一百三十七条　中华人民共和国国徽，中间是五星照耀下的天安门，周围是谷穗和齿轮。

**第一百三十八条**　中华人民共和国首都是北京。

# 二、1988 年《中华人民共和国宪法》的修正

（一）1988 年《中华人民共和国宪法》修正的背景

1988 年 4 月 12 日，第七届全国人民代表大会第一次会议通过了两条宪法修正案。一是在第 11 条后增加"国家允许私营经济在法律规定的范围内存在和发展。私营经济是社会主义公有制经济的补充。国家保护私营经济的合法的权利和利益，对私营经济实行引导、监督和管理"的规定。这一规定确认了私营经济的合法存在，并且对私营经济的地位、性质和相关措施也做了相应的阐述。二是删去了第 10 条第 4 款中不得出租土地的规定，增加了"土地的使用权可以依照法律的规定转让"的规定。[①]

从政治上看，自十一届三中全会以来，改革开放一直是宪法的基本精神，中国共产党在拨乱反正的基础上，坚持以经济建设为中心，坚决而有步骤地进行全面改革和对外开放，在经济、政治、思想、文化、国防、外交等各个领域都取得了显著的成就。到了 1987 年，党中央召开了第十三次全国代表大会，坚持和发展十一届三中全会以来的路线，进一步确定今后经济建设、经济体制改革和政治体制改革的基本方针，确定在改革开放中加强党的建设的基本方针。此次大会的中心任务就是深化和改革。在经济上，1982 年宪法完全是计划经济的产物，不允许本国的个人办私营企业，但规定外国的个人可以在我国办私营企业、合作企业和合资企业，即所谓的"三资"企业。这与当时党的指导方针和改革开放有关，当时正处于急于引进外资发展本国经济的关键时刻，允许外国个人兴办企业是一种很有力的举措，但从法律上看其实是对国民的一种不平等待遇，本国私人企业的合法性缺失。1982 年五届人大修改宪法，正式宣布"城市的土地属于国家所有"。1984 年后，

---

[①]　参见周叶中：《宪法》，高等教育出版社 2001 年版，第 81 页。

经济体制改革开始转入城市，到了 1987 年中国共产党的第十三次全国代表大会对经济体制有了实质性突破。多种所有制形式出现，分配形式多样化，土地随着商品经济的发展进入流通领域。

为了适应政治与经济发展的需要，又不破坏宪法的稳定性，七届全国人大一次会议在保留宪法原来的结构、原则和基本条文的前提下，对"八二宪法"进行了部分内容的修改，以修正案的形式附于宪法文本之后。

(二) 1988 年《中华人民共和国宪法》修正解决的主要问题

1. 私有制经济

私有制经济的主要问题是合法性受到质疑。随着改革的深入发展，在经济方面出现的以生产资料社会主义公有制为主体的多种经济形式，事实上已突破了现行宪法的规定，即除了全民所有制、集体所有制、个体劳动者所有制以外，已经发展了以雇佣劳动关系为基础的私人所有制，个体经济得到了发展，出现了一批私营企业。据统计，到 1987 年年底，在我国已注册的个体户当中雇工在 8 人以上的，全国共有 11.5 万家，雇工总数约为 184.7 万人。并且较多私营企业在工商部门登记时仍是为个体工商户，并没有单独命名为私营企业。事实上从所有制来看，事实上的私营企业更多。据估计，全国约有 225 万户，雇工人数为 360 万人，其中 70% 以上的私营企业分布在农村，尤其以沿海和经济发达地区较多。从行业上分，比较多的是工业、采矿业、运输业、建筑业，纯商业的私人企业不多。1987 年上半年有关部门对这些企业的资金情况做了一次调查，资金在 10 万元以下的占 60% 以上，百万元以上的只占少数。这些私营企业的发展，拉动了地方经济，解决了大量的就业问题，以其绝对性的优势体现了对于公有制经济的巨大作用。那么到底是什么原因导致这些作出巨大贡献的私营企业戴着面纱在市场经济当中穿行呢？其实是怕被冠以"剥削者""寄生虫""吸血鬼"的称号，在当时的背景下政治上经济上都会有一定的危害，所以宁愿挂靠在乡镇或街道企业的名义上，用"集体企业"的合法的招牌，保险一些。① 因此，当前最大的问

① 参见曾献文：《聚焦共和国第一个宪法修正案 20 周年》，《检察日报》2008 年 4 月 12 日。

题是私营经济无法律保障，立法上得不到帮助，在实践中就带来三种恶劣后果；一是这种企业的经营者经常性地在集体企业或个体户名义下少缴税金，也就是通常所说的偷税漏税，难以制裁和制止。二是经营者不敢扩大投资，使大量可以用于扩大再生产的资金作为个人消费基金，白白挥霍掉，有数据显示，1978 年至 1986 年 9 年间，这类企业用于扩大再生产的仅占其净收入的 26.4%。三是有的企业本来是合法利用自己的钱正当做生意的，在严厉打击经济犯罪时却受到制裁。针对这种情况，考虑到深化改革、发展社会生产、搞活经济的迫切需要，亟须使私营经济合法化，首先使它得到宪法的承认，然后才好制定有关法规。

2. 土地使用权的流转

随着改革的深入发展，土地的管理和使用也出现了新的情况和问题。经济的高速发展使得滥用土地的现象尤为严重。城乡非农业建设乱占滥用土地的问题普遍存在，有的地方甚至出现了猛增的势头。乡镇企业和农村建房乱占耕地、滥用土地的现象极为突出。许多地方耕地大量减少，有的省一年减少一个中等县的耕地面积，有的城镇郊区农民几乎已无地可种。由此，1986 年国务院公报发布了《中共中央、国务院关于加强土地管理、制止乱占耕地的通知》："万分珍惜和合理利用每寸土地，切实保护耕地，是我国必须长期坚持的一项基本国策。"[①] 并且《宪法》第 10 条第 4 款规定了包括出租在内的禁止非法转让土地的内容。但是，随着对内搞活对外开放政策的进一步实施，在深圳特区，由于发展经济的迫切需要，首先突破了宪法的禁止性规定，开始了拍卖土地使用权的大胆尝试。同时，上海、天津、广州和海南岛等地也效法这种改革，开始允许转让土地使用权的试点工作。这是在改革征途中的新的探索和试验，它有利于更好地实行对内对外开放和搞活经济的政策，有利于充分合理地开发和利用土地资源。然而，它们的这种改革是担当了违宪的风险的。如果宪法的规定不适应改革的需要作必要的修改，改革就无法进行了。

---

[①]《中共中央、国务院关于加强土地管理、制止乱占耕地的通知》，《人民日报》1986 年 4 月 1 日。

（三）1988 年《中华人民共和国宪法》修正案对上述问题的回应

1. 确立私有制经济的地位

1988 年宪法修正案奠定了私营经济在我国的基本法律地位。它确立了私营经济在我国的"合法性"，实现了私营经济从非法状态到合法状态的历史性转变，具有里程碑的意义。在 1954 年宪法中，私营经济是被允许存在的，这主要是为了完成新民主主义到社会主义的过渡。1975 年宪法则完全否定了非公有制经济的存在。到 1982 年修改宪法时，也仅允许个体经济存在。依当时的规定，凡私人雇工八人以上的就不再是个体经济了，而是带有资本主义色彩的经济，很容易构成 1979 年刑法中的破坏社会主义经济秩序罪。修正案给土地使用权的流转提供了宪法依据。随后，1988 年 6 月 3 日国务院第七次常务会议通过了《中华人民共和国私营企业暂行条例》。第 1 条规定：为鼓励、引导私营企业健康发展，保障私营企业的合法权益，加强监督管理，繁荣社会主义有计划商品经济，制定本条例。第 2 条规定：本条例所称私营企业是指企业资产属于私人所有、雇工八人以上的营利性的经济组织。第 3 条规定：私营经济是社会主义公有制经济的补充。国家保护私营企业的合法权益。私营企业必须在国家法律、法规和政策规定的范围内从事经营活动。[1]

值得注意的是，《条例》第 2 条规定的私营企业定义：雇工八人以上。这就从法律上对个体经济和私营经济作了界定。雇工不足八人，为个体经济；雇工八人以上即为私营经济。为企业设立、登记和监督、管理，确定了明确的标准。同时条例详细规定了私营企业的种类及其承担责任的形式，允许其从事生产经营的范围，它们的权利义务，私营企业职工的权益保护，国家对私营企业的登记管理、劳动管理、财务税收管理以及私营企业违法应承担的责任等。《条例》在国家引导、监督和管理私营经济，使之健康地发展，并保护其合法权益，从而鼓励它们在促进生产、活跃市场、扩大就业、满足人民生活需要等方面发挥积极作用，提供了有效的法律保障。事实证明，私营经济目前在全国工业总产值中所占比重不到 1%。有人测算，如果依法引

---

[1]　参见梁慧星：《对宪法修正案的若干司法解读》，《当代法学》2004 年第 5 期。

导其发展，使其产值能占到全国工业总产值的 10%，将可解决 3600 万人的就业问题，其作用不可低估。

2. 确立土地使用权的流转制度

宪法修正案同时增加了关于允许依法转让土地使用权的新规定。这一规定体现了所有权和经营权的分离原则，它不仅有利于提高土地使用效益，为国家筹集建设基金开辟新财源，而且有利于包括房地产等市场在内的社会主义市场体系的建立，对于深化经济体制改革具有全局性的意义。同时这一规定也肯定了深圳特区拍卖土地的做法，随后，《土地管理法》也做了相应的修改。它改变了我国长期对土地实行的无偿、无限使用的政策，对于防止和制止浪费、滥用土地，充分发挥土地的经济效益大有裨益。

**附：《中华人民共和国宪法修正案》文本（1988 年 4 月 12 日）**

**《中华人民共和国宪法修正案》（1988 年）**

（1988 年 4 月 12 日第七届全国人民代表大会第一次会议通过）

**第一条**　宪法第十　条增加规定："国家允许私营经济在法律规定的范围内存在和发展。私营经济是社会主义公有制经济的补充。国家保护私营经济的合法的权利和利益，对私营经济实行引导、监督和管理。"

**第二条**　宪法第十条第四款"任何组织或者个人不得侵占、买卖、出租或者以其他形式非法转让土地。"修改为："任何组织或者个人不得侵占、买卖或者以其他形式非法转让土地。土地的使用权可以依照法律的规定转让。"

# 三、1993 年《中华人民共和国宪法》的修正

（一）1993 年《中华人民共和国宪法》修正的背景

1993 年 3 月 29 日，第八届全国人民代表大会第一次会议通过宪法修正案，并由中华人民共和国全国人民代表大会公告第八号公布施行。这是对现

行宪法进行的第二次修正，涉及宪法序言和七个条文，产生了九条宪法修正案。本次修订是经历了多次慎重讨论得出的成果，它对我国社会主义现代化建设事业产生了深远的影响，也为建设具有中国特色的社会主义提供了宪法的依据和保障。

1993 年修改宪法是我国宪法制度建设适应社会主义发展的新需要，也是为了发展市场经济和健全社会主义民主政治的客观需要而采取的一项重大举措。①1993 年宪法修正案是经过多次讨论之后产生的。我国在实行改革开放以后，国内经济得到快速发展和进步。由于国际形势的改变，国内有一部分群众和部分干部对社会主义与国家走向信心受到了动摇，引发了"姓社还是姓资"的讨论。1992 年年初，邓小平视察南方，发表了重要谈话。正是这些实际情况的改变，推动了宪法的修正。

政治方面，面对国家未来的道路，中国人逐渐破除了围绕"姓社还是姓资"所引起的讨论，邓小平"社会主义也可以搞市场经济"的思想深入人心。② 民众认识到计划经济和市场经济都只是一种经济调节手段，其本身并不意味着社会基本制度的差别，资本主义也有计划和国有经济，社会主义也可以接纳市场和私有经济。同时，在保持社会主义制度信仰不变的基础上，逐渐走出了一条创新性的社会主义市场经济道路，各种不同的所有制混合或并存，国家干预和市场调节等多种手段混合或并存。这种建立在混合经济基础上的社会主义经济形态，极大地发展了生产力。

经济方面，改革开放和市场的初步建立使我国经济发展得到极大的解放。1987 年年初，中共中央在《关于把农村改革引向深入的决定》中提出，对于私人企业"也应当允许存在、加强管理、兴利除弊、逐步引导的方针"，③ 这是中共中央第一次重新提出允许私营企业存在。1993 年，党的十四届三中全会通过的《中共中央关于建立社会主义市场经济体制若干问题的决定》，会议进一步明确和发展了以公有制为主体的所有制结构理论。

---

① 参见董和平：《宪法修改的基本经验与中国宪法的发展》，《中国法学》2012 年第 4 期。
② 参见《邓小平文选》第二卷，人民出版社 1994 年版，第 231 页。
③ 国家体改委办公厅编：《十一届三中全会以来经济体制改革的重要文件汇编》（上），改革出版社 1990 年版，第 190 页。

在这种背景下，1992 年 10 月 12 至 18 日党的十四大在北京举行，总结了改革开放以来的实践经验，提出了"建立社会主义市场经济的任务，作为根本法的宪法应该对此予以确认和保障推行"。① 这次宪法修改，以党的十四大精神为指导，对涉及国家经济、政治、社会生活的重大问题的有关规定，必须进行修改的加以修改。修改中突出了建设有中国特色社会主义的理论和党的基本路线，并根据十多年来我国社会主义现代化建设和改革开放的新经验，着重对社会主义经济制度的有关规定作了修改和补充，使其更加符合现实情况和发展的需要。

（二）1993 年《中华人民共和国宪法》修正要解决的主要问题

1. 社会主义初级阶段和中国特色社会主义

社会主义初级阶段是特指我国生产力落后、商品经济不发达条件下建设社会主义必然要经历的特定阶段。即从 1956 年社会主义改造基本完成到 21 世纪中叶社会主义现代化基本实现的整个历史阶段。"社会主义初级阶段"的科学论断首先是在 1981 年党的十一届六中全会通过的《关于建国以来党的若干历史问题的决议》（以下简称《决议》）中提出的。该《决议》指出，"尽管我们的社会主义制度还是处于初级的阶段，但是毫无疑问，我国已经建立了社会主义制度，进入了社会主义社会"。在此之后，党的十二大报告第二次使用了"初级阶段"的概念，指出了"我国的社会主义社会现在处在初级发展阶段，物质文明还不发达"。

中国共产党关于社会主义初级阶段理论的形成，经历了一个曲折的认识过程。它是在马克思主义的指导下，经过不断实践、不断探索而逐渐形成、完善起来的。初级阶段的理论经历了长期的波折和讨论。1987 年党的十三大《沿着有中国特色的社会道路前进》的报告，第一次系统地展开论述了社会主义初级阶段的问题，指出这是建设有中国特色的社会主义的首要问题，并以此为理论基础，论述了中国共产党在现阶段的基本路线和改革、建设的基本纲领，初步形成了中国社会主义初级阶段的理论。1992 年 10 月，

---

① 王培英：《中国宪法文献通编》，中国民主法制出版社 2004 年版，第 104 页。

党的十四大第一次系统阐述邓小平建设有中国特色社会主义理论时，再一次强调了社会主义初级阶段的理论和意义，并揭示了社会主义初级阶段理论同建设有中国特色社会主义理论的内在联系。

提出社会主义初级阶段的理论是有深刻原因的。马克思认为，任何社会都存在生产和需求之间的矛盾，但由于生产目的不同，资本主义社会中生产和需求之间的矛盾和社会主义社会中生产和需求之间的矛盾具有不同的性质。资本主义的生产目的是为了满足资本家对利润的追求，而社会主义的生产目的则是为了满足人民的需要。只有社会主义生产方式确立之后，才能始终根据人民的需要来调节生产；正是我国社会主义初级阶段生产力比较落后的实际情况，决定了这种"调节"实质上是要不断解决人民日益增长的物质文化需要同落后的社会生产之间的矛盾。因此必须创制并丰富社会主义初级阶段的理论，适应时代的需求。

中国特色社会主义，是在党的领导下根据中国的国情实行的社会主义。它既不同于传统的社会主义，又不同于资本主义。"中国特色社会主义"的"中国特色"，主要体现在两个方面：一方面是中国特色社会主义道路，另一方面是中国特色社会主义初级阶段的社会形态。对这两个方面特色的理论认识，构成了中国特色社会主义理论。"建设有中国特色的社会主义"，是邓小平 1982 年 9 月在党的十二大开幕词中提出的一个新概念。中国特色社会主义道路是在不断地回应时代的挑战中，科学地总结十月革命以来社会主义的历史经验的基础上，通过富有创造性的实践而开拓的。中国特色社会主义本质上是在马克思主义的指导下，在不断地科学把握国际形势和时代特征的变化中，结合中国的实际，走自己的路。[①] 中国特色社会主义的"特色"特指马克思主义基本原理的共性同中国的建设和改革的实际、中国的历史和中国的文化的个性相结合。而马克思主义中国化还包括马克思主义基本原理与中国革命相结合。中国特色社会主义是马克思主义中国化过程的一个十分重要的组成部分和重要阶段。当前中国社会主义处于转型时期，就是

---

① 参见侯惠勤：《改革开放是决定当代中国命运的关键抉择》，《北京大学学报》（哲学社会科学版）2009 年第 1 期。

"中国特色社会主义初级阶段社会形态"，转型期可能延续几十年乃至数百年的时间。

党的十一届三中全会以后，邓小平带领我们走进了改革开放新时代。作为新中国发展总设计师的邓小平清醒地认识到当时的中国的国内情况与国际地位，在总结我国历史经验教训的基础上，对我国的国情进行了全新的认识，明确我们要清醒地坚持走社会主义道路不能一味地照搬苏联模式。1987年4月，邓小平在会见西班牙工人社会党副总书记（政府副总理）格拉时指出："中国是这么大的国家，我们做的事是前人没有做过的。中国有自己的特点，所以我们只能按中国的实际办事，别人的经验可以借鉴，但不能照搬。"① 党的十三大正式提出了社会主义初级阶段论，抛弃了对社会主义错误的认识与教条式理解，是社会形态理论的重大突破。因此，当时的中国寻找属于自己的中国特色社会主义道路和理论成为了一个迫切需要解决的问题。

2. 国营经济和国营企业

国营经济是生产资料归国家所有的一种经济形式。社会主义国营经济是以生产资料的全国人民所有制为基础的，它为新生的中华人民共和国民主专政奠定了可靠的经济基础，成为新中国发展生产，繁荣经济，建国立业的主要物质基础。国营经济在当时国民经济中的占主导地位，国营经济对于中国共产党在新中国成立初期稳定政治大局，克服经济困难，是极为重要的保障。它促使中华人民共和国在新中国成立初期，能够依靠自己的力量战胜困难，突破帝国主义的经济封锁和战争的威胁，粉碎特务的破坏活动，维持国家的独立和民族的尊严。

国营经济的出现是有其深刻原因的，当时我国的国营经济作为新民主主义革命的成果，是在继承、发展以前根据地和解放区的公营经济的基础上，通过没收官僚资本，将一些外资企业转归国有后建立起来的，并随着三大改造的胜利完成得到进一步发展和壮大，成为经济发展和社会进步不可或缺的重要力量。社会主义国营经济的建立，是社会主义性质的经济的建立，国营经济在国民经济中处于领导地位保证了我国经济发展的社会主义方向，

---

① 《邓小平文选》第三卷，人民出版社1993年版，第229页。

保证中国走向社会主义。同时，社会主义国营经济的建立，也使国家牢牢地掌握国民经济的领导权。国家对国民经济的领导权的掌握，国家主导调整社会需求，稳定市场物价，打击投机资本，扶持正当工商业，组织和发展工农业生产，统一财政经济工作，迅速恢复被战争破坏的国民经济，并为有计划地经济建设和逐步向社会主义过渡奠定了经济基础。

由于国营经济是国家垄断社会主义经济体制，随着市场的进一步完善，国家垄断生产经营与社会化大生产产生了巨大的矛盾，生产力的发展需要与之相适应的生产关系相适应，因此必须改革经济体制以适应新时期的国家经济发展要求，所以国营经济的改革问题亟待解决。

社会主义国营企业是在原解放区公营商业的基础上，通过建立各级商业领导机构，没收、接管帝国主义和官僚资本主义商业而逐步建立起来的国家经营企业。国营企业的产权性质为具有中华人民共和国国籍的全体公民的共同财产，委托国家经营而产权归具有中华人民共和国国籍的全体公民。国营企业的发展是国营经济实施的重要依托。① 实现社会主义现代化还需要艰巨的长期奋斗，当时我国社会生产力水平仍然很低，而且发展很不平衡。国营企业虽然掌握着国家大部分生产资料，统一管理，但是生产活力不足，无法完全满足市场发展的需要，国营企业承担着国家经济发展的重大压力。因此，国营企业的改革问题成为我国经济发展需要解决的重大问题。

3. 农村人民公社

农村人民公社是政社合一的组织，是我国社会主义社会在农村中的基层单位，又是我国社会主义政权在农村中的基层单位。农村人民公社是适应生产发展的需要，在高级农业生产合作社的基础上联合组成的。它在一个很长的历史时期内，是社会主义的集体经济组织，实行各尽所能、按劳分配、多劳多得、不劳动者不得食的原则。

1958年至1984年实行的人民公社制度是当代中国农村一项影响重大的制度。农村人民公社制度是在农业生产合作社的基础上为适应大规模的农田

① 参见赵丽颖：《农村人民公社基本核算单位演变研究（1958—1984）》，湘潭大学哲学与历史文化学院2009年硕士学位论文，第58页。

水利基本建设及大步地建设社会主义而迅速建立起来的。1953年春，全国范围内的土地改革基本结束，广大农民获得了土地、牲畜、农具等生产资料，实现了"耕者有其田"的夙愿。在此基础上，开展了对农业的社会主义改造。经过改造，中国农民走上了合作化道路，建立了农业生产合作社，实现了包括土地、牲畜、农具等在内农村人民公社，是在高级农业生产社的基础上联合起来组成的劳动群众集体所有制的经济组织。①国家采取人民公社运动时期的公社所有制初创于1958年年初的小社并大社运动。人民公社时期的所有制以生产小队为基本生产和核算单位，较为灵活，相对适合当时的生产力和农民的觉悟水平。人民公社所有制指的是指1962年初创立至1982年正式解体的，以"三级所有、队为基础"为主要特征的人民公社、生产大队、生产队三级集体所有制。农村人民公社所有制的创建及其调整，均不是经济规律的内在要求，而是靠行政力量的强力推动，因此，无论是"一大二公"的公社运动时期的所有制，还是"三级所有、队为基础"的公社所有制都带有鲜明的行政色彩，表现为所有权对行政权的严重依附性。②

　　对于人民公社的历史评价，1981年6月党的十一届六中全会通过的《关于建国以来党的若干历史问题的决议》（下文简称《决议》）概括为："由于对社会主义建设经验不足，对经济发展规律和中国经济基本情况认识不足，更由于毛泽东、中央和地方不少领导同志在胜利面前滋长了骄傲自满情绪，急于求成，夸大了主观意志和主观努力的作用，没有经过认真的调查研究和试点，就在总路线提出后轻率地发动了'大跃进'运动和农村人民公社化运动，使得以高指标、瞎指挥、浮夸风和'共产风'为主要标志的'左'倾错误严重地泛滥开来。"③因此，人民公社的问题是一个当时需要进行解决的问题。

　　4. 计划经济

　　计划经济是以国家指令性计划来配置资源的经济形式。关于计划经济

---

①　参见王令金：《农村人民公社制度的建立与废除》，《党史博采》2000年第10期。

②　参见辛逸：《农村人民公社所有制述论》，《山东师大学报》（人文社会科学版）2001年第1期。

③　《十一届三中全会以来重要文献选编》上，人民出版社1987年版，第311页。

体制，又称指令型经济，是一种经济体系，这种体系下，国家在生产、资源分配以及产品消费各方面，都是由政府事先进行计划。由于几乎所有计划经济体制都依赖政府的指令性计划，因此计划经济也被称为"指令性经济"。[1]计划经济体制是从苏联引进并得以发展的，经过第一个五年计划（1953—1957年）的运行实践，于20世纪50年代中后期全面形成。[2] 新中国成立后直至1979年开始改革30年期间的主要经济体制是计划经济。毛泽东同志在探索社会主义建设道路的过程中之所以选择高度集中的计划经济体制，不仅是在理论上遵循了马克思主义关于社会主义基本特征的理论，也是在实践中学习苏联成功经验的结果。[3] 即把计划经济同社会主义联系在一起，把市场经济同资本主义联系在一起。

　　计划经济的实施主要是因为当时工农业发展水平极端低下，常规的市场经济体制难以在较短时间内实现国家工业化的历史任务而决定的。战后的中国各行各业处于百废待兴的状态。此时召开了党的七届二中全会，这次大会是在中国新民主主义革命即将取得全国性胜利的历史转折关头的一次重要的会议，具有划时代的重大意义。全会指出旧中国是一个社会经济十分落后的国家，工业和农业在国民经济中的比重，就全国范围来说，大约现代工业只占10%左右，农业和手工业占90%左右，这是旧中国半殖民地半封建社会性质在经济上的表现，这是中国革命和革命胜利以后一个相当长时期的一切问题的基本出发点。为了迅速恢复国民经济，实现对生产资料私有制的社会主义改造，有计划地建设社会主义，需要建立起集中统一的经济体制。为了建立独立的工业体系，需要建立全国集中统一的经济体制，以实现从新民主主义向社会主义制度的过渡。当时中国中央政府统一了全国的财经工作，将税收和物资集中起来进行统一调配，大大提高了财政资金和物资的使用

---

[1]　参见韩非：《中国计划经济体制历史变迁研究》，吉林大学马克思主义学院2014年硕士学位论文，第3页。

[2]　参见陈甬军：《中国为什么在50年代选择了计划经济体制》，《中国经济史研究》2004年第3期。

[3]　参见廖心：《从计划经济体制向社会主义市场经济体制的转变——试论毛泽东、邓小平对我国经济体制的探索》，《党的文献》2008年第6期。

效率。

另外，新中国成立时，国际上是社会主义和帝国主义两大阵营冷战对峙的格局，以美国为首的资本主义国家对新中国采取的是包围和封锁政策，只有以苏联为首的社会主义国家向中国伸出援助之手。在这样的国际环境下，新中国在外交上实行了"一边倒"，即倒向以苏联为首的社会主义阵营的政策，在经济建设上提出了向苏联学习的口号。在经济体制上，苏联提供的经验是实行高度集中的计划经济体制。不可否认，计划经济体制在当时取得了一定的成功。正如邓小平所指出的："中国建国三十年来，不论在农业方面、工业方面，还是其他方面，都建立了社会主义的初步基础。"① 以社会化大生产为前提，在生产资料公有制的基础上，由社会主义国家根据客观经济规律的要求，特别是有计划按比例发展规律的要求，通过指令性和指导性计划来进行管理和调节的国民经济。它不仅是一种管理国民经济的方法和体制，而且是一种经济制度，是社会主义社会的基本特征之一。不可否认，中国计划经济体制在恢复和发展国民经济，建立完整的民族工业体系中发挥了巨大的作用，为中国改革开放奠定了重要的物质基础，虽然计划经济已经不适宜现代经济的发展，但是其历史作用是不可抹去的。计划经济如何改革是当时国家发展一个极其重要的问题。

5. 人民代表大会的任期

人民代表大会制度是中华人民共和国的政权组织形式，国家的根本政治制度，人民代表任期是制度中一个方面。党的十一届三中全会开启了改革开放的新阶段，伴随社会主义市场经济体制的建立，迫切需要与之相适应的制度体系和法律建设，人民代表大会制度的发展与完善成为必然的趋势。1993 年宪法修正案将第 98 条"省、直辖市、设区的市的人民代表大会每届任期五年。县、不设区的市、市辖区、乡、民族乡、镇的人民代表大会每届任期三年"修改为"省、直辖市、县、市、市辖区的人民代表大会每届任期五年。乡、民族乡、镇的人民代表大会每届任期三年"。

全国人民代表大会每届任期五年，每年举行一次会议。如果全国人民

---

① 《邓小平文选》第二卷，人民出版社 1994 年版，第 311 页。

代表大会常务委员会认为必要，或者有五分之一以上的全国人民代表大会代表提议，可以临时召集全国人民代表大会会议。全国人民代表大会会议于每年第一季度举行，由全国人民代表大会常务委员会召集。全国人民代表大会举行会议时，选举主席团主持会议。地方各级人民代表大会每届任期五年。地方各级人民代表大会每年至少举行一次会议。经五分之一以上的代表提议，可以临时召集本级人民代表大会会议。县级以上的地方各级人民代表大会会议由本级人民代表大会常务委员会召集。乡、民族乡、镇的人民代表大会会议由上次人民代表大会主席团召集。地方各级人民代表大会举行会议时，选举主席团，由主席团主持会议。人民代表大会任期的问题是关系着人民利益的重大问题。

人民代表大会任期的改革是出于对人民利益保护和人民当家作主的需要，也是稳固国家政权，完善政治制度的需求。人民代表大会任期问题是建设富强民主文明的中国的一个重要问题。

(三) 1993 年《中华人民共和国宪法》修正案对上述问题的回应

1. 增加"社会主义初级阶段""中国特色社会主义"和"改革开放"的规定

以全新的视野深化了 1993 年宪法修正案第 3 条，将宪法序言第七自然段后两句"今后国家的根本任务是集中力量进行社会主义现代化建设。中国各族人民将继续在中国共产党领导下，在马克思列宁主义、毛泽东思想指引下，坚持人民民主专政，坚持社会主义道路，不断完善社会主义的各项制度，发展社会主义民主，健全社会主义法制，自力更生，艰苦奋斗，逐步实现工业、农业、国防和科学技术的现代化，把我国建设成为高度文明、高度民主的社会主义国家"修改为"我国正处于社会主义初级阶段。国家的根本任务是，根据建设有中国特色社会主义的理论，集中力量进行社会主义现代化建设。中国各族人民将继续在中国共产党领导下，在马克思列宁主义、毛泽东思想指引下，坚持人民民主专政，坚持社会主义道路，坚持改革开放，不断完善社会主义的各项制度，发展社会主义民主，健全社会主义法制，自力更生，艰苦奋斗，逐步实现工业、农业、国防和科学技术的现代化，把我国建设成为富强、民主、文明的社会主义国家"。

社会主义初级阶段是指我国在生产力落后、商品经济不发达条件下建设社会主义必须要经历的特定阶段。这个初级阶段，是整个建设中国特色社会主义漫长的历史过程的起始阶段。简而言之，中国特色社会主义就是结合中国特色的社会主义，是特指我国社会主义必然要经历的特定阶段，而不是泛指任何国家经历的起始阶段。该论断包括两个方面："一是我国已进入社会主义，只能坚持而不能离开社会主义；二是我国的社会主义还处在初级阶段，只能从实际出发，而不能超越这个阶段。"这个科学论断一是强调社会主义初级阶段的性质，既不是资本主义社会或过渡形态的社会，也不是未来的共产主义，而是社会主义社会；二是强调其社会发展程度，是不发达的阶段，表明初级阶段是社会历史时期的一个阶段。这反映了我国社会生产力还不发达，生产关系、上层建筑、意识形态等方面都还不完善、不成熟的实际。①我们必须从这个实际出发，而不能超越这一阶段。明确社会主义初级阶段是我国生产力落后、商品经济不发达条件下建设社会主义必然要经历的特定阶段，即从1956年社会主义改造基本完成到21世纪中叶社会主义现代化基本实现的整个历史阶段。

社会主义初级阶段是一个很长的历史阶段，至少要经历上百年的时间。初级阶段的总目标是到21世纪中叶基本实现社会主义现代化，实现中华民族的伟大复兴。社会主义初级阶段也是中国特色社会主义全部工作的立足点和出发点。社会主义初级阶段是我国最大实际，是最基本的国情，而中国特色社会主义奠基于中国基本国情这个现实的基础而充满了科学真理的力量，使当代的中国特色社会主义生机焕发。邓小平说，"马克思主义必须是同中国实际相结合的马克思主义，社会主义必须是切合中国实际的有中国特色的社会主义"②。

我国社会主义初级阶段具有几个基本特征：一是经济文化落后的国家由于与生产力发展水平与发达资本主义国家相差悬殊，需要经过相当长的时间，

① 参见韩振亮：《牢记社会主义初级阶段的基本国情》，《思想理论教育导刊》2008年第1期。
② 《邓小平文选》第三卷，人民出版社1993年版，第63页。

才能赶上以至超过发达的资本主义国家。二是在社会主义初级阶段，应该坚持以公有制为主体、多种所有制经济共同发展的基本经济制度。三是在社会主义初级阶段，要坚持按劳分配为主体、多种分配方式并存的制度。把按劳分配和按生产要素分配结合起来，坚持效率优先、兼顾公平的原则。这样做有利于优化资源配置，促进经济发展，保持社会稳定。四是在社会主义初级阶段，剥削阶级作为一个完整的阶级已经消灭，但阶级斗争还将在一定范围内长期存在，在一定条件下还有可能激化。但是，社会的主要矛盾已经不是阶级斗争，而是人民日益增长的物质文化需要同落后的社会生产之间的矛盾。

社会主义初级阶段作为建设富有中国特色的社会主义的起始阶段，它是我国特殊的国情下所特有的阶段形态，是我国政治、经济、文化等社会各个层面发展到一定阶段的产物，是新民主主义社会质的飞跃，是马克思主义世界历史思想的发展，是马克思跨越思想的深化。①

中国特色社会主义，就是在中国共产党领导下，立足基本国情，以经济建设为中心，坚持四项基本原则，坚持改革开放，解放和发展社会生产力，建设社会主义市场经济、社会主义民主政治、社会主义先进文化、社会主义和谐社会、社会主义生态文明，促进人的全面发展，逐步实现全体人民共同富裕，建设富强民主文明和谐的社会主义现代化国家。中国特色社会主义道路就是在不断地回应时代的挑战中，科学地总结十月革命以来社会主义的历史经验的基础上，通过富有创造性的实践而开拓的。②

建设有中国特色的社会主义是由中国改革开放的总设计师邓小平提出的。建设中国特色社会主义，总依据是社会主义初级阶段，总布局是"五位一体"，总任务是实现社会主义现代化和中华民族伟大复兴。中国特色社会主义，既坚持了科学社会主义基本原则，又根据时代条件赋予其鲜明的中国特色，对共产党执政规律、社会主义建设规律、人类社会发展规律的认识，结合理论和实践系统地回答了在中国这样人口多、底子薄的东方大国建设什

① 参见宋文生：《社会主义初级阶段理论研究》，华中师范大学马克思主义学院 2014 年博士学位论文，第 69 页。
② 参见侯惠勤：《改革开放是决定当代中国命运的关键抉择》，《北京大学学报》（哲学社会科学版）2009 年第 1 期。

么样的社会主义、怎样建设社会主义这个根本问题，使我们国家快速发展起来，使我国人民生活水平快速提高起来。实践充分证明，中国特色社会主义是当代中国发展进步的根本方向，只有中国特色社会主义才能发展中国。①发展中国特色社会主义是一项长期的艰巨的历史任务。中国特色社会主义是中国共产党对现阶段纲领的概括，把马克思主义的普遍真理同本国的具体实际结合起来，走适合中国特点的道路，逐步实现工业、农业、国防和科学技术现代化，把中国建设成为富强、民主、文明、和谐的社会主义国家，即一方面要坚持马克思主义的基本原理，走社会主义道路；另一方面必须从中国的实际出发，不照抄、照搬别国经验、模式，而是走具有中国特色的路。

改革开放是 1978 年 12 月党的十一届三中全会通过的中国开始实行的对内改革、对外开放的一项政策。改革开放是关系到当代中国举什么旗、走什么路的历史性选择。改革开放也是中国国情所决定的发展社会主义必由之路。改革开放是决定当代中国命运的关键抉择，是发展中国特色社会主义，实现中华民族伟大复兴的必经之路；只有改革开放才能救中国，只有改革开放才能发展中国，改革开放是我国的强国之路，我们要毫不动摇地坚持改革开放。从 1978 年开始的改革开放是带动中国社会发生全局性变革的重大事件。它开启了当代中国社会飞速发展的新时代，被邓小平称作"是一个新的历史发展阶段的开端"。②

中国的改革开放，是在毛泽东等中共第一代领导集体开拓的社会主义制度基础上进行探索，却不是原先道路的简单重复，更不是照搬任何现成社会主义模式，它从一开始就是一条崭新的社会主义发展道路。

2."国有经济"和"国有企业"

1993 年宪法修正案第 5 条将宪法第 7 条"国营经济是社会主义全民所有制经济，是国民经济的主导力量。国家保障国营经济的巩固和发展"修改为"国有经济，即社会主义全民所有制经济，是国民经济中的主导力量。国

---

① 参见张明：《中国特色社会主义是当代中国发展进步的伟大旗帜》，《长春市委党校学报》2013 年 1 期。

② ［匈］雅诺什·科尔奈：《社会主义体制——共产主义政治经济学》，张安译，中央编译出版社 2006 年版，第 45 页。

家保障国有经济的巩固和发展"；修正案第 8 条将宪法第 16 条"国营企业在服从国家的统一领导和全面完成国家计划的前提下，在法律规定的范围内，有经营管理的自主权"，"国营企业依照法律规定，通过职工代表大会和其他形式，实行民主管理"修改为"国有企业在法律规定的范围内有权自主经营"，"国有企业依照法律规定，通过职工代表大会和其他形式，实行民主管理"。

将"国营经济""国营企业"全部改为"国有经济""国有企业"说明了国家不再是国有企业的经营者，而是所有者。这样的改动是具有其内在原因的。首先，这样改动有利于约束政府权力，顺应市场经济的发展要求。出于发展的需求，通过把企业推向市场，利用市场竞争的优胜劣汰可以激发企业活力，可以进一步的解放并发展生产力。其次是由于国营企业服务于国家发展战略，原来的经济体制下居民的人均收入较低，同时这种完全由国家掌控经济体制扭曲了产品的价格，造成工业所生产产品与当时消费者需求之间的脱节，急需市场调节供需，减少国家的过度介入，解决生产力的不发达与人民的物质需求日益增长之间的矛盾。

3. 农村家庭联产承包为主的责任制

1993 年宪法修正案第 6 条将宪法第 8 条第 1 款"农村人民公社、农业生产合作社和其他生产、供销、信用、消费等各种形式的合作经济，是社会主义劳动群众集体所有制经济。参加农村集体经济组织的劳动者，有权在法律规定的范围内经营自留地、自留山、家庭副业和饲养自留畜"修改为"农村中的家庭联产承包为主的责任制和生产、供销、信用、消费等各种形式的合作经济，是社会主义劳动群众集体所有制经济。参加农村集体经济组织的劳动者，有权在法律规定的范围内经营自留地、自留山、家庭副业和饲养自留畜"。家庭联产承包责任制是 20 世纪 80 年代初期在中国的农村推行的一项重要的改革，是指农户以家庭为单位向集体组织承包土地等生产资料和生产任务的农业生产责任制形式。这是农村土地制度的重要转折，也是现行农村的一项基本经济制度。党的十一届三中全会以来，国家推行改革，而改革最早始于农村改革，农村改革的标志为"包产到户"，即后来被称为"家庭联产承包责任制"。

4. 将"计划经济"改为"市场经济"

1993 年宪法修正案第 7 条将宪法第 15 条"国家在社会主义公有制基础上实行计划经济。国家通过经济计划的综合平衡和市场调节的辅助作用，保证国民经济按比例地协调发展"，"禁止任何组织或者个人扰乱社会经济秩序，破坏国家经济计划"修改为"国家实行社会主义市场经济"，"国家加强经济立法，完善宏观调控"，"国家依法禁止任何组织或者个人扰乱社会经济秩序。"

1993 年宪法修正案将"计划经济"改为"市场经济"是时代进步的需要也是国家发展的要求。新中国成立初期我国采取计划经济是有深刻历史原因的，由于新中国力量还很薄弱，面临战后的积贫积弱的国家重建和外部严峻的国际局势的压力，不得不集中全国的力量集中发展经济，学习苏联模式，走计划经济的道路，尽快脱离贫穷落后大国的状况。从历史的眼光来看，这种选择在当时是完全正确的。而随着商品经济的发展，市场的逐步完善，高度集中的计划经济体制发展到后来，不适应新时代要求，阻碍了生产力的发展。新中国成立后，毛泽东就曾提出要重视价值规律的作用、发展商品生产和商品交换等思想。并指出："商品生产同社会主义制度相联系就是社会主义的商品生产。"① 经济体制改革的最关键在于怎样理解与处理计划经济和市场经济的关系。在我国的改革开放获得了更大的发展之后，市场调节发挥了更大的作用，实行"社会主义市场经济"对个体经济和私人经济等非公有制经济的蓬勃发展具有重大意义。因为私营经济的存在和发展，与公有制基础之上的计划经济之间存在矛盾，而私营经济与社会主义市场经济不存在矛盾。市场经济，又称自由市场经济，是产品和服务的生产及销售完全由自由市场的自由价格机制所引导，政府仅仅起辅助作用的经济体制。建立社会主义市场经济体制，就是要使市场在国家宏观调控下对资源配置起基础性作用。为保证国民经济的健康运行，要建立以按劳分配为主体，效率优先，兼顾公平的收入分配制度。鼓励一部分地区一部分人先富起来，走共同富裕的道路。建立多层次的社会保障制度，为城乡居民提供同我国国情相适应的

① 《毛泽东文集》第七卷，人民出版社 1999 年版，第 439 页。

社会保障促进经济发展和社会稳定。这是构成相互联系和相互制约的社会主义市场经济体制的基本框架。

5.地方人民代表大会每届任期由 3 年改为 5 年

1993 年宪法修正案第 11 条将宪法第 98 条"省、直辖市、设区的市的人民代表大会每届任期五年。县、不设区的市、市辖区、乡、民族乡、镇的人民代表大会每届任期三年"修改为"省、直辖市、县、市、市辖区的人民代表大会每届任期五年。乡、民族乡、镇的人民代表大会每届任期三年"。这种延长县级人民代表大会的任期的规定，表明国家对县级人大代表能力的认可。

人民代表大会制度是以人民代表大会为核心和主要内容的国家政权组织形式，是我国的根本政治制度，是实现人民当家作主的根本制度保证和最高形式，是发展社会主义民主政治的重要内容。1993 年宪法修正案为了贯彻党提出的建设有中国特色社会主义市场经济和加强社会主义民主与法制的精神，延长了县级人民代表大会任期。增强了稳定性，避免县级人大选举的次数过于频繁，耗费人力、物力和财力。人民代表大会是人民主权的直接、充分体现，人民通过这种途径实现当家作主的权利。延长县级人大任期体现了党从稳定发展为角度，充分保障公民的经济、政治、社会文化权利。

**附：《中华人民共和国宪法修正案》文本（1993 年 3 月 29 日）**

### 《中华人民共和国宪法修正案》（1993 年）
（1993 年 3 月 29 日第八届全国人民代表大会第一次会议通过）

**第三条**　宪法序言第七自然段后两句："今后国家的根本任务是集中力量进行社会主义现代化建设。中国各族人民将继续在中国共产党领导下，在马克思列宁主义、毛泽东思想指引下，坚持人民民主专政，坚持社会主义道路，不断完善社会主义的各项制度，发展社会主义民主，健全社会主义法制，自力更生，艰苦奋斗，逐步实现工业、农业、国防和科学技术的现代化，把我国建设成为高度文明、高度民主的社会主义国家。"修改为："我国正处于社会主义初级阶段。国家的根本任务是，根据建设有中国特色社会主

义的理论，集中力量进行社会主义现代化建设。中国各族人民将继续在中国
共产党领导下，在马克思列宁主义、毛泽东思想指引下，坚持人民民主专
政，坚持社会主义道路，坚持改革开放，不断完善社会主义的各项制度，发
展社会主义民主，健全社会主义法制，自力更生，艰苦奋斗，逐步实现工
业、农业、国防和科学技术的现代化，把我国建设成为富强、民主、文明的
社会主义国家。"

**第四条**　宪法序言第十自然段末尾增加："中国共产党领导的多党合作
和政治协商制度将长期存在和发展。"

**第五条**　宪法第七条："国营经济是社会主义全民所有制经济，是国民
经济中的主导力量。国家保障国营经济的巩固和发展。"修改为："国有经
济，即社会主义全民所有制经济，是国民经济中的主导力量。国家保障国有
经济的巩固和发展。"

**第六条**　宪法第八条第一款："农村人民公社、农业生产合作社和其他
生产、供销、信用、消费等各种形式的合作经济，是社会主义劳动群众集体
所有制经济。参加农村集体经济组织的劳动者，有权在法律规定的范围内经
营自留地、自留山、家庭副业和饲养自留畜。"修改为："农村中的家庭联产
承包为主的责任制和生产、供销、信用、消费等各种形式的合作经济，是社
会主义劳动群众集体所有制经济。参加农村集体经济组织的劳动者，有权在
法律规定的范围内经营自留地、自留山、家庭副业和饲养自留畜。"

**第七条**　宪法第十五条："国家在社会主义公有制基础上实行计划经济。
国家通过经济计划的综合平衡和市场调节的辅助作用，保证国民经济按比例
地协调发展。""禁止任何组织或者个人扰乱社会经济秩序，破坏国家经济计
划。"修改为："国家实行社会主义市场经济。""国家加强经济立法，完善宏
观调控。""国家依法禁止任何组织或者个人扰乱社会经济秩序。"

**第八条**　宪法第十六条："国营企业在服从国家的统一领导和全面完成
国家计划的前提下，在法律规定的范围内，有经营管理的自主权。""国营企
业依照法律规定，通过职工代表大会和其他形式，实行民主管理。"修改为：
"国有企业在法律规定的范围内有权自主经营。""国有企业依照法律规定，
通过职工代表大会和其他形式，实行民主管理。"

**第九条**　宪法第十七条："集体经济组织在接受国家计划指导和遵守有关法律的前提下，有独立进行经济活动的自主权。""集体经济组织依照法律规定实行民主管理，由它的全体劳动者选举和罢免管理人员，决定经营管理的重大问题。"修改为："集体经济组织在遵守有关法律的前提下，有独立进行经济活动的自主权。""集体经济组织实行民主管理，依照法律规定选举和罢免管理人员，决定经营管理的重大问题。"

**第十条**　宪法第四十二条第三款："劳动是一切有劳动能力的公民的光荣职责。国营企业和城乡集体经济组织的劳动者都应当以国家主人翁的态度对待自己的劳动。国家提倡社会主义劳动竞赛，奖励劳动模范和先进工作者。国家提倡公民从事义务劳动。"修改为："劳动是一切有劳动能力的公民的光荣职责。国有企业和城乡集体经济组织的劳动者都应当以国家主人翁的态度对待自己的劳动。国家提倡社会主义劳动竞赛，奖励劳动模范和先进工作者。国家提倡公民从事义务劳动。"

**第十一条**　宪法第九十八条："省、直辖市、设区的市的人民代表大会每届任期五年。县、不设区的市、市辖区、乡、民族乡、镇的人民代表大会每届任期三年。"修改为："省、直辖市、县、市、市辖区的人民代表大会每届任期五年。乡、民族乡、镇的人民代表大会每届任期三年。"

# 四、1999 年《中华人民共和国宪法》的修正

（一）1999 年《中华人民共和国宪法》修正的背景

1999 年 3 月，在全国人大九届二次会议上，根据中国共产党十五大的提议，全国人大修改了宪法，通过了宪法修正案，并于 1999 年 3 月 15 日公布施行。此次修正案更进一步地对实践的问题在宪法层面上予以规定，为新时期的发展奠定了坚实的法律基础。

20 世纪 90 年代末以来，在经济全球化以及市场工业化、信息化、国际化的新形势下，我国经济、政治生活都发生了显著的变化，这些变化对作为诸法之母法的宪法提出了适应新形势的要求。

　　经济方面，党的十三届四中全会后，提出建立适应有计划商品经济发展的计划经济与市场调节相结合的经济体制和运行机制。1992 年党的十四大确定了社会主义市场经济体制的改革目标，特别是 1992 年邓小平南方谈话，对社会主义可以搞市场经济问题，作了透彻、精辟的阐述，使我们在计划和市场关系问题上的认识有了新的重大突破。在党的十四大报告中，我们提出社会主义经济体制改革的目标是建立社会主义市场经济体制，并在1993 年八届全国人大一次会议上将宪法第 15 条"国家在社会主义公有制基础上实行计划经济"修改为"国家实行社会主义市场经济"。国家大步推进各方面的改革，制定了一系列适应社会主义市场经济发展的法律、法规，加强了执法、司法和法律监督工作。

　　政治方面，1996 年 2 月在中央领导同志法制讲座上，我们提出了"实行和坚持依法治国"的方针；八届人大四次会议把"依法治国，建设社会主义法制国家"的目标列入国家"九五"计划和 2010 年远景目标纲要之中。1997 年 9 月召开的党的第十五次全国代表大会，高举邓小平理论伟大旗帜，总结改革开放和社会主义现代化建设的新经验，对建设有中国特色社会主义事业的跨世纪发展作出全面部署，对邓小平理论的历史地位、指导意义、科学体系和时代精神作了新的阐述，对社会主义初级阶段的长期性，对国家在社会主义初级阶段的基本经济制度和分配制度，以及治国的基本方略等这些建设有中国特色社会主义的基本问题的认识达到了新的高度，充分反映了全国人民的共同意愿。[1]

　　政治、法律发展应该适应经济发展的需要，政治、法律生活的原则应该与经济生活的原则相匹配——这是马克思主义的一个基本原理。中国共产党与政府对我国宪政理论的认识的新发展，需要用国家根本大法予以肯定和保障。于是，党的十五大召开之后，各方面纷纷要求根据十五大精神对宪法作出修改和完善，以适应把建设有中国特色社会主义事业全面推向 21 世纪的发展需要。正是在这种背景下，宪法修改工作被提到了党和国家的议事日程

---

①　参见范进学：《中国特色社会主义宪政发展论》，上海世纪出版集团 2010 年版，第 370、371 页。

上来。

　　1998 年 11 月中共中央宪法修改小组正式成立，由李鹏任组长。宪法修改小组在学习党的十五大报告和近几年来党的一系列方针、政策，总结改革开放的新经验，收集、研究各方面对宪法修改提出的意见的基础上，草拟了关于修改宪法部分内容的初步意见。初步意见经中共中央政治局常委审定并经中央政治局会议原则通过后，广泛征求各方面的意见。一是向各省、自治区、直辖市党委，中央各部委，国家机关各部委党组或党委，军委总政治部，各人民团体党组和中央委员、候补中央委员征求意见；二是召开党外人士座谈会，征求各民主党派中央、全国工商联负责人和无党派代表人士的意见；三是修改小组召开座谈会向法律专家和经济专家征求意见。中共中央认真研究了各方面的意见，对初步意见又作了修改，经中共中央政治局常委和政治局会议讨论通过，形成了中共中央关于修改中华人民共和国宪法部分内容的建议。

　　（二）1999 年《中华人民共和国宪法》修正要解决的主要问题

　　1. 社会主义初级阶段

　　马克思、恩格斯曾设想未来的社会发展将经历三个阶段：从资本主义到共产主义的革命转变时期即"过渡时期""共产主义第一阶段（或初级阶段）"和"共产主义高级阶段"。列宁也根据这个理论，在社会主义实践的经验上，他提出落后国家的无产阶级取得政权后走向社会主义，但是由于生产力发展水平等的限制，落后国家的"过渡时期"不仅比马克思设想的漫长，同时也不可能立即进入马克思设想的第一阶段。他提出"发达的社会主义""完整的社会主义""完全的社会主义国家"等概念。① 但是，尽管这样，经典作家们与苏共领导人对社会主义社会所处的发展阶段估计仍然偏高，对社会主义社会发展的多阶段和长期性估计不足。

　　新中国刚成立之后，对于我国的新民主主义制度存在时间长短问题在

---

① 　参见刘毅强：《社会主义初级阶段论是中国特色社会主义理论体系的基石》，《中共珠海市委党校珠海市行政学院学报》2009 年第 1 期。

中央领导层中发生了意见分歧。对于我国社会主义社会所处发展阶段问题的认识上，长期以来"左"的超越阶段的理论占据主导地位，表现为：一是对本国经济文化的落后性认识不足，在发展生产力上急于求成；二是对生产关系的调整和完善，脱离生产力的实际水平，盲目求纯；三是对本国社会主义发展阶段的复杂性认识不够，缺乏对建设社会主义的长期性和艰巨性的足够思想准备。正是这样的错误理论和认识，在此后的很长一段时间，出现了许多"左"的运动：1958 年"大跃进"期间，脱离生产力实际，进行"一大二公"的人民公社化运动，强调拉平贫富，并认为很快可以进入共产主义阶段；在"文化大革命"期间，搞"穷过渡"、平均主义等等，这些运动犯了超越历史阶段的错误，我国的社会主义建设因此遭受了巨大损失。

党的十一届三中全会的召开，重新恢复和确立了党的"解放思想、实事求是"的思想路线，使得对于我国所处的社会主义发展阶段的认识问题有了正确的思想基础。而这种认识主要体现在对基本国情和对社会主义再认识两个方面。

在基本国情方面，1979 年 3 月，邓小平在《坚持四项基本原则》一文中指出，要使中国实现四个现代化，至少有两个特点必须看到：一个是底子薄；另一个是人口多、耕地少；并强调现在中国仍然是世界上很贫穷的国家之一。1987 年党的十三大明确提出中国处于社会主义初级阶段理论，使我们党的工作重心转到以经济建设为中心的轨道上来，使得社会经济飞速发展。从 1979 年到 1991 年，我国国民生产总值，居世界第二位，仅次于韩国；从 1992 年到 1996 年，年平均增长达 12.1%，不仅是新中国历史上发展最快的时期，也是同期世界发展最快的国家。1996 年我国国内生产总值在世界排位已由 1991 年的第十位上升到第七位，更为可喜的是，我们提前 5 年实现了国民生产总值比 1980 年翻两番的目标。然而，我们仍然不能忘记，我们还是发展中国家，还处于社会主义初级阶段。从总量上看，我国不少指标位居世界前列，但人口数字庞大，使我们的人均指标只能位居中游。人口膨胀、自然资源的不合理利用，造成生态环境恶化和自然生态的失衡，环境污染不断加剧，原材料消耗强度比发达国家普遍高五至十倍以上，当时我国人均国民生产总值也排在世界 100 位国家以后，农村贫困人口、城镇失业人口和富余职工仍有许多，占总人口的较大比例，另外科技成果转化生产力效率不高，经济与科技脱节的状况还没有完全解决。

在社会主义再认识方面，第一次提出"社会主义初级阶段"这个概念是在 1981 年 6 月党的十一届六中全会上。1987 年 9 月，党的十三大报告系统地阐述了社会主义初级阶段的特定含义、基本内容、主要矛盾以及党在这个历史阶段的基本路线，从而形成了关于社会主义初级阶段的完整理论体系。党的十三大报告指出：我国处在社会主义初级阶段包括两层含义：一是我国社会已经是社会主义社会，我们必须坚持而不能离开社会主义；二是我国的社会主义社会还处在初级阶段，我们必须从这个实际出发，而不能超越这个阶段。这是我国在生产力落后、商品经济不发达条件下建设社会主义必然要经历的特定阶段。从时间上来看，"我国从五十年代生产资料私有制的社会主义改造基本完成，到社会主义现代化的基本实现，至少需要上百年时间，都属于社会主义初级阶段"。邓小平在总结新中国成立以来的历史教训时说："不要离开现实和超越阶段采取一些'左'的办法，这样是搞不成社会主义的。"所以，我们讲一切从实际出发，最大的实际就是中国处于并长期处于社会主义初级阶段。

2. 建设社会主义法治国家

建设社会主义法治国家，首先要了解法治的含义。法治最早来自有西方的理论，亚里士多德关于法治的经典论述："法治应包含两层含义：已成立的法律获得普遍的服从，而大家所服从的法律本身又应该是制定得良好的法律。"这其中包含了法治的重要原则，意即首先法治的核心、基础和出发点是保障人权；其次，法为良法、法律至上；最后，政府须在宪法和法律规定的范围内进行运作，国家权力必须受到宪法和法律的规范和限制，以切实有效地保护公民权利。法治的重要原则决定了法治之于人治具有不可替代的优越性，法治不仅是西方社会的治理模式，法治也是现代中国社会治理的必然选择。①

---

① 参见乔晓阳：《关于这次修宪的背景、过程、原则、内容及意义》，《中国法学》1999 年第 2 期。

经过改革开放 30 多年的发展，我国已经成为世界第二大经济强国，但是，仅仅是 GDP 的提升并不等于民富国强。中华民族的复兴、国力的富强，很大程度上取决于我们是否有符合中国实际需要的法律制度，通过制度的有效运行来实现社会治理，化解各种矛盾和冲突，使社会保持稳定、和谐。正如有学者所指出的，经济是一个国家的血肉，但法治是国家的骨架和脊梁。必须在发展经济的同时通过法治建设维护社会稳定，为实现社会的长治久安提供制度保障。邓小平明确提出，要"两手抓、两手都要硬"，"所谓两手，即一手抓建设，一手抓法制"。这就精辟地概括了中国要实行法治的原因。

第一，法治是中国进入现代社会的必然要求。我国有几千年的人治历史，从历史发展的惯性规律来讲，这种社会治理模式中有不少可援用的经验。但是，人类社会已经进入现代化时期，过去的一些做法已经不合时宜。比如，在封建社会，一个县官可以仅带着一两个随从去治理有着十余万人的大县，这与当时农业社会的"超稳定结构"、无讼的乡土观念以及自治结构等是相适应的。但从社会发展状况来看，我国在逐步进入工业社会乃至所谓后工业社会后，社会关系的性质与状况发生了重大的变迁，在现代化进程中遇到了一些前所未有的新的矛盾和挑战，传统的农业社会和计划经济时代的治理结构很难应对这些矛盾和挑战，以法治为中心的规则之治对于社会的治理和发展便至关重要。

第二，法治促进社会正义的实现。我国在经济高速发展的同时，贫富差距逐渐拉大，基尼系数甚至已经超出了国际公认的"警戒线"。实践中出现的分配不公、劳动者权益不能得到充分保障、因行政权力产生的"暴利"和利用垄断地位产生的"暴富"等问题，其重要原因就在于规则的缺失或者是对现有规则的漠视。古罗马法学家乌尔比安认为"法律乃善良公正之术"，①无论法律如何变化，其终极目的仍是实现社会公平正义。为了有效地实现社会正义，我们应当进一步加强社会立法，完善有关医疗卫生、养老保险、社会救助、义务教育等方面的立法。通过法治解决社会成员的后顾之

---

① 孙国华主编：《马克思主义法理学研究》，群众出版社 2007 年版，第 78 页。

忧，从根本上维护社会公平，奠定维护、保障社会稳定的基石。

第三，法治保障市场经济的发展。市场经济本质上是法治经济，市场和法治是同一硬币的两面，缺一不可。与计划经济时代不同，市场经济对资源的配置是通过竞争机制实现的，这就必须依循一套完善的规则，以实现通过市场"看不见的手"对经济的调整。另外，法治是可以提供有效的、可信服的纠纷解决机制。市场是交易的综合，其中充满了平等主体间的利益冲突。面对这些冲突，最有效的解决方法就是通过规则来解决纷争。

正因法治具有优越性和必要性，党的十五大报告把"依法治国，建设社会主义法治国家"作为领导人民治理国家的基本方略加以确认，标志着其领导方式、执政方式和治国方式的重大进步。

那么，什么是社会主义法治国家呢？

首先，社会主义法治国家的基本内容包括：一是具有人们可遵循的代表人民利益、反映人民的利益，体现社会发展客观规律、富有时代精神和切实可行的比较完备的法律体系的国家；二是具有健全的民主制度、完善的行政制度、公正的司法制度和有力的监督制度，有着高素质的国家公务员、司法和法律监督人员、人民群众的法律意识强的国家；三是具有崇高的权威，立法机关依法立法，行政机关依法行政，司法机关依法独立司法，公民依法活动，国家权力受到法律的可靠保证和有效制约，公民的权利和自由有充分和切实保障的国家；四是人民当家作主，国家的一切权力属于人民，人民通过各种途径和形式，依法享有最广泛的管理国家事务和社会各项事务的权力，法律代表和反映人民根本利益的国家；五是维护社会主义公有制为主体，多种所有制经济共同发展的基本经济制度，维护以按劳分配为主体、多种分配方式并存，追求共同富裕的国家。

其次，社会主义法治国家的基本特征还应表现在：一是维护公有制为主体，以国有经济为主导的社会主义经济基础的法治；二是维护以工人阶级为领导、工农联盟为基础的人民民主专政的国家性质的法治；三是维护马列主义、毛泽东思想、邓小平理论和"三个代表"重要思想指导地位的法治；四是维护中国共产党领导地位的法治。

### 3. 经济制度和分配制度

党的十五大郑重提出，要坚持和完善社会主义公有制为主体、多种所有制这是我们党经过长期的社会主义建设实践总结出来的基本经验，是历史的正确选择。

自从 1956 年社会主义改造基本完成以后，长期受"左"的干扰，我国片面追求公有化程度的提高，"文化大革命"又"继续革命"，"割私有制尾巴"，形成了纯而又纯的公有制格局。[①] 由于公有制是当时唯一的经济基础，所以在"文化大革命"进入第九年颁布的"七五宪法"中，不可能有个体经济、私营经济的内容。"七八宪法"，虽略有改变，但也只是规定"允许非农业的个体劳动者"在许可范围内从事"不剥削他人的个体劳动"。而事实是，私营经济那时并不存在，个体工商业亦近乎绝迹。党的十一届三中全会后，情况才有改变。1982 年，个体经济在新颁布的宪法上获得了反映。由于个体工商户在党的十一届三中全会后已较快发展起来，个体经济的积极作用日益显著，因此"八二宪法"根据实际情况和客观需要，规定个体经济"是社会主义公有制经济的补充"。这是符合实际，适应经济发展的需要的。另外，私营经济虽然亦已经存在，但当时尚处于萌芽状态，所以仍不可能有宪法上的地位。

而事实上，全国的私营企业已从 1990 年的 9.8 万户发展到了 1997 年的 96.1 万户，个体工商户已从 1990 年的 1328.3 万户增长到了 1997 年的 2850.9 万户。1997 年非公有制经济所占工业总产值，私营企业为 3.2%，工业产值达到 3559 亿元；个体经济为 15.9%，其产值达到 17852 亿元。可以说，私营、个体经济税收已成为地方各级财政收入的重要来源，对改善财政状况，振兴当地的经济有着不可低估的影响。[②] 所以，在公有制为主导的情况下，我们需要确立多种所有制共同发展的新道路，否则不符合实际发展规律也会重回过去"全民所有等于全民都没有"的老路。

在分配制度问题上，对其的认识也曾一度出现偏差，偏离了生产关系

---

①　参见王景新：《中国农村土地制度的世纪变革》，中国经济出版社2001年版，第13—14页。

②　参见顾准：《试论社会主义制度下的商品生产和价值规律》，载《顾准文集》，中国市场出版社 2007 年版，第 361—368 页。

一定要适应生产力发展这一马克思主义的基本原理，搞平均主义，实行大锅饭、铁饭碗，干好干坏一个样，结果造成资源浪费严重，生产效率低下，经济发展停滞，人民生活贫困。党的十一届三中全会以后，实行改革开放，允许个体经济、私营经济存在和发展，引进外资，对公有制的实现形式进行改革，允许多种分配方式存在，允许一部分人和一部分地区先富起来，带动和帮助后富，逐步走向共同富裕，逐步消除了所有制结构和分配制度的不合理状况，出现了多种所有制经济成分共同发展和以按劳分配为主体、多种分配形式并存的局面，极大地促进了社会生产力的发展，国家综合国力显著增强，人民生活得到明显改善。

4. 农村集体经济组织经营体制

家庭承包经营责任制是 20 世纪 70 年代末和 80 年代初广大农民的创造，1993 年宪法修正案，删去"人民公社、农业生产合作社"，增加规定农村中的家庭联产承包为主的责任制，肯定了这种责任制。在继续肯定和保护家庭承包经营的同时，把"统分结合的双层经营体制"列入宪法的保护范围。但是，1993 年的宪法修正案只是针对"人民公社"的提法，肯定家庭联产承包责任制的集体所有制性质，而没有表明农村应实行什么样的经营体制。也就是说，当时只从所有制的角度对家庭联产承包制作出法律界定，而没有明确它是农村社会主义集体经济所有制的实现形式。

1998 年《中共中央关于农业和农村工作若干重大问题的决定》中认为，"实行土地集体所有、家庭承包经营，使用权同所有权分离，建立统分结合的双层经营体制，理顺了农村最基本的生产关系。这是能够极大促进生产力发展的农村集体所有制的有效实现形式"。可以看出，我党对农村经济形式的认识是随着实践逐步深入的，在 1992 年以前，一直是以家庭联产承包为基础，其思路仍带有坚持集体经济形式为主的色彩，强调农民对集体和国家的义务。[1] 但是，此后则不再提"联产"二字了，代之以"家庭承包经营"的新用语，需要在宪法中予以新的体现。

---

[1]　参见乔晓阳：《关于这次修宪的背景、过程、原则、内容及意义》，《中国法学》1999 年第 2 期。

5. 个体经济和私营经济的定位

个体经济和私营经济二者都是非公有制经济，同时也是我国社会主义市场经济的重要组成部分。个体经济，指在劳动者个人占有生产资料的基础上，从事个体劳动和个体经营的私有制经济；私营经济，是以生产资料私人占有和雇佣劳动为基础，以谋取利润为生产经营目的的私有制经济。虽然我国公有制经济在国民经济中占据着绝对的主导地位，但是作为私有制经济的个体经济和私营经济却是一直都存在着，并且占据着一席之地。所以，私有制经济的持续发展对整个国民经济的都有着深远的影响，私有制经济的发展经历了几个阶段，才在我国得以确立。党的十一届三中全会前后我们党和国家对个体经济和私营经济等非公有制经济的认识是大相径庭的。在党的十一届三中全会以前的相当长一段时间里，我们把非公有制有制经济看作是与社会主义计划经济中不相容的部分。党的十一届三中全会从中国的国情出发，强调了经济建设的重要性，重新对个体经济和私营经济等非公有制经济进行定位，1978 年 12 月在党的十一届三中全会公报提出："社员自留地、家庭副业和集市贸易是社会主义经济的必要补充部分。"

1978 年之后非公有制经济在国民经济中的比重不断提高，呈现蓬勃发展的状态，对国民经济的快速发展起到了至关重要的作用。虽然经过这几次的修订，个体经济和私营经济等非公有制经济的地位得到了明显的提高，但它们只是从属地位（私营经济是社会主义公有制经济的补充），没得到真正的平等与应当的重视。故而，我们应当在非公有制经济发展的如此迅速的时候，尊重市场经济的特性（平权性），重新考量它与公有制经济的关系以及在国民经济中的地位。

6. 反革命活动

镇压反革命运动，是 1950 年 12 月至 1951 年 10 月在全国范围内进行的清查和镇压反革命分子的政治运动，是新中国成立初期同抗美援朝、土地改革并称的三大运动之一。为了加强对运动的领导，1951 年 2 月 12 日，中央人民政府颁布了《中华人民共和国惩治反革命条例》（以下简称《惩治反革命条例》），规定了处理反革命案件的原则和方法，为镇压反革命运动提供了法律武器和量刑标准。在《惩治反革命条例》的指导下，镇压反革命运动 1952 年年底基本结束。但是在 1952 年至党的十一届三中全会前的一段时间中，由于一些特殊的国情我们错误地将"阶级斗争为纲"作为了口号，将政治斗争作为国家的中心任务，扩大了政治打击范围，很多原本不是犯罪或者普通的犯罪行为被安上了"反革命罪"进行了处理。在这种情况下造成了整个国家秩序的混乱与民主的严重倒退，把社会主义社会中一定范围内存在的阶级斗争扩大化和绝对化。所以说反革命活动是一项与政治紧密相关的运动，它一般是在新生革命政权刚刚建立或者诞生初期才会存在的一种现象，当新生人民政权稳定之后其就没有存在的基础。

关于"反革命活动"的法律规定一直在不断地完善，经历了宪法从 1950 年的"镇压反革命活动"到现在的"危害国家安全活动"的转变，刑法的"反革命罪"到"危害国家安全罪"的转变。修改"反革命活动"具有多重的基础。①

第一，从政治基础角度看，1951 年中央人民政府颁布了《惩治反革命条例》对反革命罪进行了明确的规定，可以看出它具有特殊的使命——巩固刚刚建立的人民民主政权。而 1956 年我国建立了社会主义制度，革命时期已经过渡到建设时期，但是这个时期，由于错误的认识，我们仍以阶级斗争为纲，使得社会中一定范围内的内部阶级斗争呈现扩大化和绝对化的趋势，把很多普通罪行上升到了"反革命罪"的高度进行处罚，对我国的社会稳定与法治建设造成了严重的破坏。党的十一届三中全会重新确立了马克思列宁主义的思想路线、政治路线和组织路线，开始全面地认真地纠正"文革"中及其以前的"左"倾错误，果断地停止使用"以阶级斗争为纲"的口号，实现了工作重点的战略转变，走上了建设经济为中心的正确轨道。在实事求是和解放思想的正确思想指导下，1979 年刑法对"反革命罪"的规定就进行了修改，取消了一些不符合时代发展的罪名和修改了一些罪名，但是仍然有一定的局限性，应当与时俱进地做出调整。

第二，从社会角度看，如前所说的一样"反革命罪"对巩固刚刚建立的政权是十分必要的，但是在国内国情与世界形势发生巨大变化时，"反革

---

① 参见刘远：《论全面修改"反革命罪"的必然性》，《河北法学》1997 年第 5 期。

命罪"的规定是否还合适？随着改革开放这一重大举措的实施，对内我国的中心任务转移到经济建设上，形成了以公有制为基础多种所有制经济共同发展的基本经济制度，传统的公私区别也不是那么明显，二者融为一体相互促进、相互影响，阶级斗争也在逐渐地消失。对外我国以开放的态度对待世界各国，慢慢地融入了世界这个大家庭里，形成了你我难舍难分的态势，但是毕竟是不同文化思想、政治制度的国家，在现实的竞争中，不仅敌视我国社会主义制度的国家会对我国国家安全构成威胁，就是同我国一直保持友好关系的国家，也往往由于经济和科技利益的冲突对我国构成威胁，在新的历史条件下，国外"敌情"发生了巨大的变化。所以"反革命罪"并不能起到很好的效果。

第三，在法律环境方面，宪法与刑法是两个相互联系紧密的规范，二者相互影响相互促进。1978 年的宪法修改为 1979 年刑法的制定提供了坚实的依据，虽然 1978 年的宪法对过去的错误修改的不彻底具有一定的局限性，但对 1979 年刑法的"反革命罪"的修改还是提供了一定的政治与法律基础。"八二宪法"的制定，是我国人民政治生活中的大事。它用国家根本法的形式，把各族人民取得的革命和建设的成就固定下来，特别是把党的十一届三中全会以来国家和社会生活各方面取得的伟大成果固定下来，尤其是加强了人民代表大会制度，健全了国家体制。该宪法强调了党必须遵守宪法和法律，以宪法为根本的活动准则。这为 1997 年刑法将"反革命罪"修改为"危害国家安全罪"提供了最重要的法律环境，也进一步为宪法把"反革命活动"修改为"危害国家安全活动"提供依据。

（三）1999 年《中华人民共和国宪法》修正案对上述问题的回应

1. 规定"长期处于"社会主义初级阶段

1999 年 3 月 15 日第九届全国人民代表大会第二次会议通过《中华人民共和国宪法修正案》第 12 条将宪法序言第七自然段："中国新民主主义革命的胜利和社会主义事业的成就，都是中国共产党领导中国各族人民，在马克思列宁主义、毛泽东思想的指引下，坚持真理，修正错误，战胜许多艰难险阻而取得的。我国正处于社会主义初级阶段。国家的根本任务是，根据建设有中国特色社会主义的理论，集中力量进行社会主义现代化建设。中国各族人民将继续在中国共产党领导下，在马克思列宁主义、毛泽东思想指引下，坚持人民民主专政，坚持社会主义道路，坚持改革开放，不断完善社会主义的各项制度，发展社会主义民主，健全社会主义法制，自力更生，艰苦奋斗，逐步实现工业、农业、国防和科学技术的现代化，把我国建设成为富强、民主、文明的社会主义国家"修改为"中国新民主主义革命的胜利和社会主义事业的成就，是中国共产党领导中国各族人民，在马克思列宁主义、毛泽东思想的指引下，坚持真理，修正错误，战胜许多艰难险阻而取得的。我国将长期处于社会主义初级阶段。国家的根本任务是，沿着建设有中国特色社会主义的道路，集中力量进行社会主义现代化建设。中国各族人民将继续在中国共产党领导下，在马克思列宁主义、毛泽东思想、邓小平理论指引下，坚持人民民主专政，坚持社会主义道路，坚持改革开放，不断完善社会主义的各项制度，发展社会主义市场经济，发展社会主义民主，健全社会主义法制，自力更生，艰苦奋斗，逐步实现工业、农业、国防和科学技术的现代化，把我国建设成为富强、民主、文明的社会主义国家"。

其中最大的特点就是将过去的"我国正处于社会主义初级阶段"修改成为"我国将长期处于社会主义初级阶段"，中国处于社会主义初级阶段是当代中国的最大国情，在《宪法》根本法中对我国这一基本国情的再次确定，指导我们观察处理一切问题都要以这一国情为出发点，一切从社会主义初级阶段的实际出发，而不能超越这个阶段。正如邓小平所说："我们搞社会主义才几十年，还处在初级阶段。巩固和发展社会主义制度，还需要一个很长的历史阶段，需要我们几代人、十几代人，甚至几十代人坚持不懈地努力奋斗，决不能掉以轻心。"这是在经历了已有的失败经验上的总结，是血泪教训，通过宪法规定使这一国情具有宪法效力。

2. 确立建设社会主义法治国家

1999年《中华人民共和国宪法修正案》第13条将宪法第5条增加一款，作为第一款，规定："中华人民共和国实行依法治国，建设社会主义法治国家。"把"中华人民共和国实行依法治国，建设社会主义法治国家"写入宪法第5条。

　　自此"依法治国"不仅是一个重要的政治规范，而且上升为重要的宪法规范。这一转变的核心，是"依法治国"不仅具有政治上的约束力，同时还具有了宪法上的效力。即：不"依法治国"既同党的方针、政策背道而驰，更是违背宪法的行为，必须承担违宪责任。依法治国是社会主义现代化建设的一个根本任务和原则，也是建设中国特色社会主义政治的一个基本目标。依法治国的重大意义主要表现在以下四个方面：

　　第一，实行依法治国是加强和改善党的领导的重要措施。中国共产党的主张是代表和体现人民的意志与利益的。依法治国把坚持党的领导、发扬人民民主和严格依法办事统一起来，从制度和法律上保证党的基本路线和基本方针的贯彻实施，保证党始终发挥总揽全局、协调各方的领导核心作用。正是在中国共产党的领导下，20 世纪 90 年代，我们果断开启社会主义市场经济建设，进一步奠定了法治建设的经济基础，使中国的法治建设进入了新的更高的发展阶段。进入 21 世纪，中国的法治建设在中国共产党领导下继续向前推进，社会主义民主更加完善、社会主义法制更加完备，将"国家尊重和保障人权"载入宪法，依法治国基本方略得到全面落实，成为全面建成小康社会的重要目标。

　　第二，实行依法治国是发展社会主义市场经济的客观需要。社会主义市场经济体制的建立和完善，必须有完备的法制来规范和保障。法治在市场经济中的作用具体体现在：一是法治构建了交易正常进行的法律基础。[①] 市场经济本质上是交易的总和，物权法、知识产权法等确定了明晰的产权，为交易确立了前提；合同法等法律则明确了正常的交易秩序和交易规则；侵权法、刑法则为产权的保护提供了法律依据，从而基本建构了正常的市场秩序。二是维护正常的市场秩序。在市场经济条件下，市场主体为利益所驱动而相互竞争，彼此间有密切的利害关系。这种利害关系有损人利己的倾向，从而破坏了正常的市场秩序。如果没有事先安排的规则去抑制彼此可能造成的损害，经济就难以正常运行。这就有必要通过法治明确政府对市场的干预

---

① 　参见彭真：《论新时期的社会主义民主与法制建设》，中央文献出版社 1989 年版，第 171 页。

权力和界限，通过政府依法适当干预形成正常有序的市场经济秩序。三是维护市场的合理预期。无论是房地产市场、商品市场、劳动力市场，还是证券市场以及货币市场，其稳定的基础在于制度的构建，尤其是金融市场建构的虚拟经济极其脆弱，更是依赖于人们对规则、制度的信心与预期。四是有效防治市场经济发展所带来的负外部化效应。我国在市场经济发展过程中，产生了诸如环境污染、资源掠夺和生态破坏等一系列副作用。其深刻的原因在于未严格的依法办事及政府部门的不作为。因此，只有依法治国，建设社会主义法治国家，才能充分发挥社会主义市场经济的优势，最大限度地调动亿万人民创造财富的积极性，推动生产力不断发展，从根本上解决生产力落后的状况。

第三，实行依法治国是社会主义文明进步的重要标志。依法治国不是从来就有的，而是一种与市场经济、民主政治、相当发达的社会文化共存亡同兴衰的社会现象。真实意义与成熟形态的依法治国，即法治国家，是以市场经济的相当发展为经济基础、以民主政治的相当完善为政治基础、以发达的权利义务观为核心的精神文明为思想文化基础的。从这种意义上说，虽然依法治国作为一种理论学说古已有之，但当时实行的所谓依法治国也往往不过是专制与人治的陪衬而已。滥用权力、野蛮擅断、枉法裁判，在生产力和文化不发达的奴隶制与封建制时代几乎是不可避免的，这是那种不发达社会的内在痼疾。依法治国，建设社会主义法治国家，是社会文明进步的重要标志，是建设社会主义精神文明的重要标志。

第四，实行依法治国是国家长治久安的重要保障。依法治国事关党执政兴国、事关人民幸福安康、事关党和国家长治久安。依法治国唤起的制度力量，必将有力提升国家治理体系和治理能力现代化，为建设中国特色社会主义法治国家，实现中华民族伟大复兴中国梦提供有力保障。社会稳定、国家长治久安，是人民的最高利益。依法治国，建设社会主义法治国家，是社会稳定，国家长治久安的根本保证。

3. 增加"多种形式的经济制度和多种分配方式并存的分配制度"的规定

党的十五大总结改革开放 20 年来的实践经验，对我国分配制度问题进行了系统的阐述，提出一系列新观点、新论断，丰富和发展了社会主义经济理论。根据党中央的建议，这次宪法修改，把经实践检验证明适应我国社会主义初级阶段生产力发展要求的经济制度和分配制度写进宪法，在宪法第6条增加规定，"中华人民共和国的社会主义经济制度的基础是生产资料的社会主义公有制，即全民所有制和劳动群众集体所有制。""社会主义公有制消灭人剥削人的制度，实行各尽所能，按劳分配的原则。"修改为："中华人民共和国的社会主义经济制度的基础是生产资料的社会主义公有制，即全民所有制和劳动群众集体所有制。社会主义公有制消灭人剥削人的制度，实行各尽所能、按劳分配的原则。""国家在社会主义初级阶段，坚持公有制为主体、多种所有制经济共同发展的基本经济制度，坚持按劳分配为主体、多种分配方式并存的分配制度。"

这样修改，就使得宪法更加符合社会主义初级阶段的实际，更加清楚地表明在整个社会主义初级阶段，公有制、按劳分配为主体不是权宜之计，必须长期坚持和完善；多种所有制经济共同发展、多种分配方式并存也不是权宜之计，也必须长期坚持和完善。这对于坚持和完善我国在社会主义初级阶段的基本经济制度和分配制度，深化改革开放，进一步解放和发展社会生产力，具有极其重要的积极作用。同时需要指明的是，宪法第6条原来的规定"中华人民共和国的社会主义制度的基础是生产资料的社会主义公有制，即全民所有制和劳动群众集体所有制。""社会主义公有制消灭人剥削人的制度，实行各尽所能，按劳分配的原则。"并没有修改，而是作为第6条的第1款。

另外这次修改，解决了此前中国经济体制的两大问题：第一是以"基本经济制度"来代替"主体"一词。就其意义而言，没有"宪定"主体的经济通常就是平等者的经济，也即市场经济。同时，以"共同发展"的字样定义各种经济成分，说明这些经济成分在此后的经济活动中都处于平等的参与者地位上，满足了市场经济的一个基本要素；其中"基本"二字在中国宪法学用语中与德国基本法的"自由民主基本秩序"中的用法类似，具有"普遍基础"之意，从而保证了私有经济的继续发展。第二，"多种分配方式并存"以及取消"七五宪法"和"七八宪法"中的"不劳动者不得食"的分配方式限定语，表明在分配制度上也与西方相同。这样，至少自1999年起，中国经济制度在本质上已经完成了从权力经济向自由经济的过渡。①

4. 确立农村集体经济组织实行双层经营体制

1999 年《中华人民共和国宪法修正案》第 15 条将宪法第 8 条第 1 款："农村中的家庭联产承包为主的责任制和生产、供销、信用、消费等各种形式的合作经济，是社会主义劳动群众集体所有制经济。参加农村集体经济组织的劳动者，有权在法律规定的范围内经营自留地、自留山、家庭副业和饲养自留畜。"修改为："农村集体经济组织实行家庭承包经营为基础、统分结合的双层经营体制。农村中的生产、供销、信用、消费等各种形式的合作经济，是社会主义劳动群众集体所有制经济。参加农村集体经济组织的劳动者，有权在法律规定的范围内经营自留地、自留山、家庭副业和饲养自留畜。"

新的宪法修正案增加规定："农村集体经济组织实行家庭承包经营为基础、统分结合的双层经营体制。"相应地删去"家庭联产承包为主的责任制"的提法。统分结合的双层经营体制，是指在农村集体经济组织内部实行的集体统一经营和家庭承包经营相结合的经营体制。"双层经营"包含了两个经营层次：一是家庭分散经营层次，二是集体统一经营层次，家庭承包经营是双层经营体制的基础。双层经营体制的关键是土地承包关系。土地是农业最基本的生产要素，又是农民最基本的生活保障。稳定土地承包关系，使农民长期有保障的土地使用权，是促进农业、农村经济发展和农村社会稳定的重要政策。因此，双层经营体制的核心是土地承包制度。依法实行土地承包经营制度的农村土地，包括"农民集体所有和国家所有由农民集体使用的耕地、林地、草地以及其他用于农业的土地"，其中既有农民集体所有的农业用地，也有国家所有依法由农民集体使用的农业用地。这里的"用于农业的土地"，除主要指耕地、林地和草地外，还有一些其他用于农业的土地，如山岭、荒地、滩涂等。

这一经营体制的修改，是我国八亿多农民的伟大创举。它是在农村土地集体所有的前提下，生产资料与劳动者结合的一种恰当方式，是社会主义劳动群众集体所有制经济的一种好形式，并且是现阶段农村中农业生产合作

---

① 参见王子正、邱艳：《市场经济法律规则》，辽宁人民出版社 2007 年版，第 1—3 页。

经济的主要形式。① 实行这一经营体制，极大地解放了农村生产力，为我国社会主义农业注入了极大的生机和活力。这一双层经营体制，有一个不断探索和发展的过程，因此1993年宪法修正案只规定实行家庭联产承包为主的责任制，还未能全面表达双层经营体制的内容。新的宪法修正案，在进一步总结实践经验的基础上，对这一体制作出了更为科学、全面和准确的表述。在宪法中对家庭承包经营为基础、统分结合的双层经营体制作出规定，将这一农业生产的基本制度载入国家根本大法，这无疑是给了广大农民一颗"定心丸"，将极大地稳定农村的经济政策和广大农民的心理，极大地调动广大农村干部群众的积极性和主动性，十分有利于这一经营制度的长期稳定、不断完善和农村集体经济的健康发展。这次宪法修正案明确规定"农村集体经济组织实行家庭承包经营为基础、统分结合的双层经营体制"。它一方面明确了家庭联产承包经营的"基础"地位和作用（过去是"为主"，现在是"基础"，地位和作用加强了），另一方面说明随着生产力的发展、农村合作经济、股份合作经济等集体经济的实现形式进一步多样化。以宪法的形式把农村行之有效的经营体制确定下来，有利于农村经济经营体制的长期稳定、不断完善和农村经济持续健康发展。

修正案第8条的意义在于：一是家庭承包为农业的基础，而不再是以集体为农业基础；二是双层经营体制其实已经排除了集体组织在农业生产中的组织者地位，所谓的"合作"或者集体本身，已经在实践中恢复到了1958年"公社化"前的自愿加入的性质，也就是说，现在不是在集体的组织下进行生产、供销等的合作了，而是农民自愿进行合作，然后把这些合作通过宪法和法律命名为"集体"。

5. 重新定位个体经济和私营经济

1999年《中华人民共和国宪法修正案》第16条"在法律规定范围内的个体经济、私营经济等非公有制经济，是社会主义市场经济的重要组成部分。国家保护个体经济、私营经济的合法的权利和利益。国家对个体经济、

---

① 参见周其仁：《中国农村改革：国家和所有权关系的变化（下）——一个经济制度变迁史的回顾》，《管理世界》1995年第4期。

私营经济实行引导、监督和管理"。

个体经济和私营经济都是我国市场经济的组成部分，在整个国民经济中占有很高的比重，它们都是社会主义市场经济的重要组成部分。如果不重视它们的地位对整个市场经济的繁荣都会产生不利影响，所以我们在重视与保护公有制经济的同时，也应当保护个体经济、私营经济的合法的权利和利益。与国有的大型企业不同，国有企业资本雄厚，在融资、税务、技术支持、政策等方面都有优势，而个体经济和私营经济则存在融资难，技术不足、政策不到位等问题，所以国家应当对个体经济、私营经济实行引导、监督和管理。

1999 年宪法修正案对个体经济和私营经济进行重新定位的意义在于：[1]

第一，有利于我国所有制结构的完善和调整。在新中国成立至今这段时间里公有经济在整个国民经济中占据着极大的比重，虽然改革开放之后国家对个体经济和私营经济的发展给予了一定的重视，但私营经济地位仍然相对薄弱。因此，对个体经济和私营经济再次进行定位可以进一步完善和调整我国的所有制结构，进一步地解放被束缚的生产力，提高个体经济和私营经济在国民经济中的比重，与公有经济进行互补互励。

第二，有利于推动国有企业改革。如前所述个体经济和私营经济与公有经济进行互补互励，这不仅体现在所有制结构上的，也体现在对国有经济的深刻影响。在公有制经济占据如此高的比重的国民经济下，而国有企业又是公有制经济的关键部分，如果这个重要部分能发挥好作用，对整个国民经济的发展都起到了巨大的影响。现今个体经济和私营经济的蓬勃与迅速发展对国有企业的经营与改革方面有很大的启示作用，如它们的经营模式、管理模式和下岗职工的吸纳等。

第三，有益于促进我国市场经济趋向成熟。虽然市场经济是一个复杂体，它包括了很多不同政治制度形态的国家的经济，竞争是市场经济最为显著的特征。市场经济是一种需要充分发挥竞争机制的经济，竞争越充分市场

---

[1]    参见黄新建、刘雪斌：《面向新世纪发展我国个体私营经济的战略意义》，《赣南师范学院学报》2001 年第 4 期。

经济就越发达。在我国经济建设初期的计划经济中竞争被严重地限制了，出现了公有制经济占大比重但经济总量却不理想的情形，人们生产与创造的积极性都得不到很好的发挥。而个体经济和私营经济与竞争有天然的联系，它们自主经营、自负盈亏，如果想生存下来就必须适应市场的需要，因而它们推动着竞争，推动着生产力与生产效率的提高，有利于繁荣市场经济。个体经济和私营经济对公有制经济起到了刺激作用，激励国有企业的改革与发展，这样就促进整个社会主义市场经济的发展。

6. 将"反革命活动"修改为"危害国家安全活动"

1999 年《中华人民共和国宪法修正案》第 17 条"国家维护社会秩序，镇压叛国和其他危害国家安全的犯罪活动，制裁危害社会治安、破坏社会主义经济和其他犯罪的活动，惩办和改造犯罪分子"。这项修改体现了在社会主义现代化建设的历史新时期维护国家安全与镇压危害国家安全的犯罪活动的艰巨任务。

该宪法修正案将"反革命活动"修改为"危害国家安全活动"的意义体现在：

第一，顺应时代要求。在新中国成立初期，为了维护革命的胜利果实，我们必须镇压一切不利于革命的活动。1951 年 2 月 21 日颁发的《惩治反革命条例》对巩固新生的人民政府与革命成果发挥了重要。但是随着党的十一届三中全会以后，我国恢复了实事求是的正确思想路线，把党的工作重心转移到"以经济建设为中心"的正确道路上来，找到我国社会的主要任务。因而，将"反革命活动"修改为"危害国家安全活动"顺应了时代的要求。

第二，更好地与其他法律相衔接。如前所述在新生人民政权需要维护时，我们制定了《惩治反革命条例》，这在当时是符合我国的国情与民意的。但是在后面的"文化大革命"时期，这条法律并未起到好的作用反而造成了社会的不安与倒退。1979 年刑法第 90 条对反革命罪进行了十分严格的界定并对其类型具体化，而后又做了相关的解释与规定。在刑法这基本法发生如此大转变的情形下，作为国家根本法的宪法也应当在符合国情的条件下做出相应的调整，与整个法律系统达成协议和谐与衔接，以便促进国家的法制建设。

　　第三，符合国际惯例，有利于维护国家主权。"反革命罪"是一个典型的政治概念，具有一定的历史性，所以存在的时间一般也不会太长，在法律上一般也会作为临时性的概念而存在或者用性质相同的罪代替，如"危害国家安全罪"等同类性质的犯罪。同前面所讲"反革命"是个政治概念，而在国际法中"政治犯不引渡"是一项基本的原则，在实际法律适用中不利于维护国家利益与主权。将"反革命罪"更名为"危害国家安全罪"，不仅利于维护国家的独立与主权，而且利于国际间的刑事司法协助。

**附：《中华人民共和国宪法修正案》文本（1999 年 3 月 15 日）**

## 《中华人民共和国宪法修正案》（1999 年）

（1999 年 3 月 15 日第九届全国人民代表大会第二次会议通过）

　　**第十二条**　宪法序言第七自然段："中国新民主主义革命的胜利和社会主义事业的成就，都是中国共产党领导中国各族人民，在马克思列宁主义、毛泽东思想的指引下，坚持真理，修正错误，战胜许多艰难险阻而取得的。我国正处于社会主义初级阶段。国家的根本任务是，根据建设有中国特色社会主义的理论，集中力量进行社会主义现代化建设。中国各族人民将继续在中国共产党领导下，在马克思列宁主义、毛泽东思想指引下，坚持人民民主专政，坚持社会主义道路，坚持改革开放，不断完善社会主义的各项制度，发展社会主义民主，健全社会主义法制，自力更生，艰苦奋斗，逐步实现工业、农业、国防和科学技术的现代化，把我国建设成为富强、民主、文明的社会主义国家。"修改为："中国新民主主义革命的胜利和社会主义事业的成就，是中国共产党领导中国各族人民，在马克思列宁主义、毛泽东思想的指引下，坚持真理，修正错误，战胜许多艰难险阻而取得的。我国将长期处于社会主义初级阶段。国家的根本任务是，沿着建设有中国特色社会主义的道路，集中力量进行社会主义现代化建设。中国各族人民将继续在中国共产党领导下，在马克思列宁主义、毛泽东思想、邓小平理论指引下，坚持人民民主专政，坚持社会主义道路，坚持改革开放，不断完善社会主义的各项制度，发展社会主义市场经济，发展社会主义民主，健全社会主义法制，自力更生，艰苦奋斗，逐步实现工业、农业、国防和科学技术的现代化，把我国建设成为富强、民主、文明的社会主义国家。"

**第十三条**　宪法第五条增加一款，作为第一款，规定："中华人民共和国实行依法治国，建设社会主义法治国家。"

**第十四条**　宪法第六条："中华人民共和国的社会主义经济制度的基础是生产资料的社会主义公有制，即全民所有制和劳动群众集体所有制。""社会主义公有制消灭人剥削人的制度，实行各尽所能，按劳分配的原则。"修改为："中华人民共和国的社会主义经济制度的基础是生产资料的社会主义公有制，即全民所有制和劳动群众集体所有制。社会主义公有制消灭人剥削人的制度，实行各尽所能、按劳分配的原则。""国家在社会主义初级阶段，坚持公有制为主体、多种所有制经济共同发展的基本经济制度，坚持按劳分配为主体、多种分配方式并存的分配制度。"

**第十五条**　宪法第八条第一款："农村中的家庭联产承包为主的责任制和生产、供销、信用、消费等各种形式的合作经济，是社会主义劳动群众集体所有制经济。参加农村集体经济组织的劳动者，有权在法律规定的范围内经营自留地、自留山、家庭副业和饲养自留畜。"修改为："农村集体经济组织实行家庭承包经营为基础、统分结合的双层经营体制。农村中的生产、供销、信用、消费等各种形式的合作经济，是社会主义劳动群众集体所有制经济。参加农村集体经济组织的劳动者，有权在法律规定的范围内经营自留地、自留山、家庭副业和饲养自留畜。"

**第十六条**　宪法第十一条："在法律规定范围内的城乡劳动者个体经济，是社会主义公有制经济的补充。国家保护个体经济的合法的权利和利益。""国家通过行政管理，指导、帮助和监督个体经济。""国家允许私营经济在法律规定的范围内存在和发展。私营经济是社会主义公有制经济的补充。国家保护私营经济的合法的权利和利益，对私营经济实行引导、监督和管理。"修改为："在法律规定范围内的个体经济、私营经济等非公有制经济，是社会主义市场经济的重要组成部分。""国家保护个体经济、私营经济的合法的权利和利益。国家对个体经济、私营经济实行引导、监督和管理。"

**第十七条**　宪法第二十八条："国家维护社会秩序，镇压叛国和其他反革命的活动，制裁危害社会治安、破坏社会主义经济和其他犯罪的活动，惩办和改造犯罪分子。"修改为："国家维护社会秩序，镇压叛国和其他危害国家安全的犯罪活动，制裁危害社会治安、破坏社会主义经济和其他犯罪的活动，惩办和改造犯罪分子。"

# 五、2004 年《中华人民共和国宪法》的修正

（一）2004 年《中华人民共和国宪法》修正的背景

2004 年 3 月 14 日，中华人民共和国第十届全国人民代表大会第二次会议通过了《中华人民共和国宪法修正案》（2004 年），共 14 条。它确立了"三个代表"指导思想和社会保障制度，增加了推动物质文明、政治文明和精神文明协调发展、"社会主义建设者""尊重和保障人权""国歌"等内容和"紧急避险"的规定，明确了非公有制经济的发展方针，提出了"私有财产受到保护"、完善了全国人民代表大会组成和国家主席职权的规定、修改了乡镇政府任期。在对"八二宪法"第四次修改过程中，始终坚持中国共产党对修改宪法工作的领导；充分发扬社会民主，广泛听取各方面意见；坚持依照法定程序办事等工作方针。

2002 年 12 月 26 日，《中央政治局常委会 2003 年工作要点》明确提出，要根据新形势下党和国家事业发展的要求，着手进行宪法修改工作。2003 年，第十届全国人大第一次会议和全国政协十届一次会议期间，全国人大代表和全国政协委员共提出 28 件修宪提案，建议根据党的十六大精神，对宪法作适当的修改。2003 年全国"两会"期间，要求根据"切实加强党的领导，充分发扬民主，广泛听取各方面的意见，严格依法办事"的要求，明确了这次修宪的工作方针。

在这种背景下，中共中央鼓励各省、自治区、直辖市人大党委会组在调查研究的基础上提出建议，修宪小组在听取各界专家、学者的意见的基础上形成了《中共中央关于修改宪法部分内容的建议》，并于 2004 年 3 月 14

日，出席会议的代表采用无记名投票方式，表决通过了宪法修正案草案。

（二）2004 年《中华人民共和国宪法》修正要解决的主要问题

1.“三个代表”指导思想

“三个代表”是指中国共产党代表着中国先进生产力的发展要求，代表着中国先进文化的前进方向，代表着最广大人民的根本利益，并制定了正确的方针政策，为实现国家和人民的根本利益而奋斗。开创中国特色社会主义事业新局面，必须高举邓小平理论伟大旗帜，坚持贯彻“三个代表”重要思想。“三个代表”重要思想是对马克思列宁主义、毛泽东思想和邓小平理论的继承和发展，反映了当代世界和中国的发展变化对党和国家工作的新要求，是加强和改进党的建设、推进我国社会主义自我完善和发展的强大理论武器，是全党集体智慧的结晶，是党必须长期坚持的指导思想。始终做到“三个代表”，是我们党的立党之本、执政之基、力量之源。贯彻“三个代表”重要思想，关键在坚持与时俱进，核心在坚持党的先进性，本质在坚持执政为民。中国共产党员要牢牢把握这个根本要求，不断增强贯彻“三个代表”重要思想的自觉性和坚定性。“三个代表”重要思想的确立经历了三个阶段：2000 年 2 月，江泽民在广东省考察工作时提出这一思想；2002 年中国共产党十六大正式把它确立为全党的指导思想；2004 年宪法修正案把它确立为整个国家的指导思想。

改革开放以后，我国在政治、经济、文化等各个方面全面发展，经济的发展是对生产力的要求，文化的继承和发扬变现在对先进文化方面的发展，而社会各个方面的发展都是以人民的根本利益为出发点。因此，确立“三个代表”重要思想是历史的必然。此外，确立“三个代表”重要思想为整个国家的指导思想，有着其特殊的理论、现实基础和群众认同感。首先，“三个代表”重要思想的理论基础表现在对马克思列宁主义、毛泽东思想、邓小平理论的继承和发展，“三个代表”重要思想对马克思列宁主义、毛泽东思想、邓小平理论的继承和发展，表现在世界观、方法论和基本原理两个方面。① “三

---

① 　参见王真：《论“三个代表”的历史定位》，《数学与研究》2003 年第 4 期。

个代表"重要思想对马克思主义的继承，表现在生产力、思想文化和人民利益方面。列宁指出："劳动生产率，归根到底是使新社会制度取得胜利的最重要最主要的东西。"[①] 毛泽东认为，社会历史中，最根本的问题是生产力向上发展的问题。[②] 邓小平认为发展生产力是社会主义的根本原则，生产力标准是检验一切工作成败得失的标准之一。因此，马克思列宁主义，毛泽东思想，邓小平理论为"三个代表"重要思想的提出奠定了理论基础。其次，党的艰辛探索和伟大实践经验是"三个代表"重要思想的实践基础。改革开放 20 多年来特别是党的十三届四中全会以来 13 年的伟大实践，是"三个代表"重要思想形成的现实基础。最后，全党和全国人民的意愿表现出"三个代表"具有广泛的群众认同感。从这个意义上说，"三个代表"重要思想确立为党的指导思想，是党和人民的历史性选择。从根本上说，就是由于它是代表中国最广大人民根本利益的思想。

2. *物质文明、政治文明和精神文明的协调发展*

建设物质文明是"文化大革命"后提出的目标，实现"四个现代化"主要是为了建设物质文明。1979 年提出了建设社会主义精神文明的问题。政治文明是指人类社会政治文化、政治制度、政治行为中的优良结晶，它充分体现尊重人、保障人的基本价值体系。1986 年党的十二届六中全会作出的《关于社会主义精神文明建设指导方针的决议》和 1996 年党的十四届六中全会作出的《关于加强社会主义精神文明建设若干重要问题的决议》，是专门针对加强社会主义精神文明建设的决议，强调精神文明和物质文明一起抓。党的十六大报告指出，"不断促进社会主义物质文明建设、政治文明建设和精神文明建设的协调发展"，表现了共产党对执政规律、对社会主义建设规律和人类社会发展规律认识的深化，既是对社会主义文明内涵的丰富，又是对社会主义现代化建设理论的重大发展。把"三个文明"及其相互关系写入宪法，就是要把它作为国家总的发展任务确定下来。

物质文明建设、政治文明建设、精神文明建设实质上是我国国家基本

---

① 《列宁选集》第四卷，人民出版社 1995 年版，第 16 页。

② 参见《毛泽东文集》第三卷，人民出版社 1996 年版，第 109 页。

制度建设，即经济制度、政治制度、文化制度和社会制度建设。国家基本制
度是规范国家行为和社会行为并由宪法所确立的基本原则、基本规则和基本
规范的总和。它是国家制度的重要组成部分，集中体现宪法的指导思想、基
本原则以及国家性质的要求。它不仅为国家政权的有序运转以及国家经济、
文化和社会等职能的有效发挥提供稳定、普遍的依据和保障，而且对宪法规
定的国家根本任务和社会目标的实现具有重要作用。社会主义制度是中华人
民共和国的根本制度，以此为前提和基础，宪法需要对国家各项基本制度作
出规定。社会主义精神文明是中国特色社会主义的重要特征。必须立足中国
现实，继承民族文化优秀传统，汲取外国文化有益成果，建设社会主义精神
文明，不断提高全民族的思想道德素质和科学文化素质，为现代化建设提供
强大的精神动力和智力支持。

　　物质文明、政治文明和精神文明的协调发展有其理论和现实基础作为
支撑。首先，从物质文明建设上看，早期资本主义国家通过保护私有财产和
契约自由维护资产阶级私有制和资本主义经济秩序，进入 20 世纪以后，为
加强对经济制度的保护，西方国家开始采用法律章节的形式对经济制度作出
专门的规定。针对经济制度的保护，社会主义国家也不例外，需要用专有的
方式给予确定。因此，社会主义国家的宪法在确立新经济制度方面起到积极
作用。1956 年社会主义改造基本完成，我国社会结构发生变化，社会主义
经济成分占绝对优势，社会主义制度基本确立。经过曲折的探索和实践，逐
渐形成了符合我国国情的经济制度。其次，从政治文明建设上看，宪法与政
治制度密切相关，但区别明显。宪法是国家政治制度根本性的法律依据，但
政治制度的法律依据不仅包括宪法和有关政治生活领域的法律，而且包括经
过宪法和法律调整所形成的政治关系。一般而言，国家的基本政治制度都由
宪法确定，其他非基本的政治制度，是在一般法律或者执政党的党章、政协
的章程等文件中予以确认。最后，从精神文明建设上看，宪法主要通过规定
文化制度，对各种文化生活进行规范和引导。文化制度属于上层建筑的范
畴，同一定社会的经济基础紧密相连。文化制度具有阶级性、时代性、民族
性三个方面的特征。在全国范围内进行精神文明建设实质上就是进行文化制
度的建设和完善。这是结合文化作为一种意识形态以及我国特殊文化背景的

情况下，概括出进行精神文明建设的重要性。物质文明、政治文明、精神文明都是我国不可或缺的基本制度，因此，应当协调发展。

### 3. 社会主义建设者

坚持团结一切可以团结的力量，不断增强中华民族的凝聚力。高举爱国主义、社会主义的旗帜，加强全国各族人民的大团结，巩固和发展最广泛的爱国统一战线。加强同民主党派和无党派人士的团结，做好民族工作、宗教工作和侨务工作，坚持"一国两制"方针，调动一切积极因素，为完成祖国统一大业和实现中华民族的伟大复兴而共同奋斗。随着改革的深入、开放的扩大和经济文化的发展，我国的统一战线不断扩大。党的十六大报告明确指出，在社会变革中出现的新的社会阶层"都是中国特色社会主义事业的建设者"。将此写入宪法，统一战线包括的"劳动者""建设者"和两种"爱国者"，一层比一层更广泛，社会主义事业的建设者包括全体社会主义劳动者和在社会变革中出现的新的社会阶层。这样修改，被认为是有利于于最广泛、最充分地调动一切积极因素。新的社会阶层包括民营企业家阶层、社会服务行业阶层等。增加"社会主义建设者"实质上是扩大统一战线的范围。

改革开放以来，我国的社会阶层构成发生了新的变化，出现了民营科技企业的创业人员和技术人员、受聘于外资企业的管理技术人员、个体户、私营企业主、中介组织的从业人员、自由职业人员等社会阶层。"这些新的社会阶层中的广大人员，通过诚实劳动和工作，通过合法经营，为发展社会主义社会的生产力和其他事业作出了贡献。他们与工人、农民、知识分子、干部和解放军指战员团结在一起，他们也是有中国特色社会主义事业的建设者。"现行宪法将"社会主义事业的建设者"列入爱国统一战线，这是适合改革开放以来社会阶层结构新变化的客观现实需要，是对我国爱国统一战线的重要发展。党的十七大强调，要壮大爱国统一战线，团结一切可以团结的力量。在新的历史条件下壮大爱国统一战线，要进一步促进政党关系、民族关系、宗教关系、阶层关系、海内外同胞关系的和谐，最大限度地调动一切积极因素，增进团结、凝聚力量，努力把统一战线建设成为坚持以人为本、具有强大凝聚力的统一战线，建设成为具有空前广泛性和巨大包容性的统一战线，不断巩固全体社会主义劳动者、社会主义事业建者、拥护社会主义的爱国者和拥护祖国统一的爱国者的最广泛的联盟。当前，我国爱国统一战线的范围比以往任何时候都更广泛，社会主义和爱国主义在统一战线方面显示出极大的一致性。无论何种阶级、阶层，无论何种党派、团体和个人，只要其行为有利于国家建设，有利于祖国统一，愿意为振兴中华出力，都成为统一战线的团结对象。因此，增加"社会主义建设者"是我国特殊时期的统一战线的范围的扩张。

4. 土地征用制度

土地征收，是指国家为了社会公共利益的需要。将农民集体所有土地变为国有土地的行为，其法律后果是土地所有权在国家和集体之间发生变动。征收的主体是国家，具体由政府代表国家执行征收。征收是为公共利益而限制和剥夺集体或私人财产权利的行为，只有国家拥有的公共权力才可以在代表公共利益的目的范围内限制或者剥夺集体或私人的财产权利。征收是依据行政命令发生所有权变动的行政法律关系，征收主体与被征收主体之间是命令与服从的关系。征收的目的是为了公共利益的需要，为了公共利益而强制限制或剥夺私人的财产所有权或其他物权是征收制度的正当性依据。征收具有严格的法律程序。土地征收补偿是征地问题的核心，财产征收的内容是政府以行政行为强制地转移集体土地所有权或者单位、个人的房屋及其他不动产的所有权，并给予被征收人补偿费、安置补助费和社会保障等费用。

2004 年宪法修正案提出国家为了公共利益的需要，可以依照法律规定对土地实行征收或者征用并给予补偿。此处有征收和征用两个概念。根据《中共中央修改宪法部分内容的说明》，两个概念的共同之处都是为了公共利益需要，都要经过法定程序，都要给予补偿。不同的是"征收"是所有权的改变，"征用"只是使用权的变化。这两个概念在过去行政法上的解释是，征收是指国家无偿强制性地从公民、社会组织取得财产但要给予补偿的行为。1998 年修改的《土地管理法》没有区分征收和征用，但对土地征用程序和补偿办法作了具体规定。改革开放以后，我国城市建设进程加快，城乡二元结构发展，原有的国有土地无法满足我国城镇化发展带来的城市人多地少的问题。在 2004 年之前，宪法规定了土地的所有权属性，国家所有权和集体所有权的明确分离，在城市建设中矛盾就表现得尤为突出。我国特殊的土地政策使得不同性质的土地有不同的土地用途。城市建设需要土地，而国有土地不足以满足城市建设的需要，这就需要扩展土地，而改变土地法律上的性质则是解决城市发展土地缺乏的重要方法之一。但把集体所有的土地转变为国家所有的土地需要对土地的原有利益者进行补偿，并要求以特定的目的，正当的程序和标准才允许转变。因此，2004 年宪法修正案就增加了国家为了公共利益的需要，可以依照法律规定对土地实行征收或者征用并给予补偿的规定。总之，增加土地征用制度是符合我国当时国内现状，是在理论和现实综合考量之后的制度建设。

5. 非公有制经济的发展

在法律规定范围内的个体经济、私营经济等非公有制经济，是社会主义市场经济的重要组成部分。个体经济是生产资料归劳动者个人所有并由劳动者个人支配和使用的一种所有制形式。私营经济是企业资产属于私人所有、存在一定雇佣关系的所有制形式。外资经济是经过中国政府批准，尊重中国主权，接受中国政府的监督和监管的独资、合资、合作经营形式的外资形式。除此之外，在遵守我国宪法和法律，符合我国实际经济生活，始终坚持公有制经济主体地位的基础上，创新的经济发展新形式。各种非公有制经济对于活跃市场经济、发掘社会生产力、调整产业结构、优化资源配置、增加企业竞争能力、解决就业矛盾、维护社会稳定起着不容忽视的作用。因此，国家保护个体经济、私营经济等非公有制经济合法的权利和利益。国家鼓励、支持和引导非公有制经济的发展，并对非公有制经济依法实行监督和管理，这体现了既鼓励、支持和引导非公有制经济，又依法监督、管理以促进非公有制经济健康发展的态度。

党的十一届三中全会以后，中国共产党总结社会主义建设的经验和教训，深刻分析中国社会经济发展现状，作出中国正处于社会主义初级阶段的科学论断。1993 年宪法修正案指明我国处于社会主义初级阶段，1999 年宪法修正案指出我国将长期处于社会主义初级阶段。本质上阐明了我国社会主义社会的性质和初级的社会主义发展程度。社会主义初级阶段论是把马克思主义关于社会主义发展阶段理论和中国特色社会主义相结合的认识，是党和国家制定路线、方针和政策的基础出发点与依据。非公有制经济是社会主义市场经济的重要组成部分，这是社会主义初级阶段生产力发展的必然要求。社会主义初级阶段生产力发展水平不高的特定历史阶段。这个阶段是逐渐摆脱落后的生产力，建立现代社会生产力基础的阶段。人民日益增长的物质文化需要同落后的社会生产之间的矛盾，是社会主义初级阶段的主要矛盾。解决这一矛盾，仅仅依靠公有制的发展远远不够，因此需要非公有制的发展。坚持公有制经济的主体地位，多种所有制经济共同发展，这是解决我国社会主义初级阶段主要矛盾的主要方式。

### 6. 私有财产

公民的合法的私有财产不受侵犯。国家依照法律规定保护公民的私有财产权和继承权。国家为了公共利益的需要，可以依照法律的规定对私有财产实现征收或者征用并给予补偿。2004 年宪法修正案规定公民的合法私有财产不受侵犯，表明不仅保护公民生活资料，也保护公民生产资料，也进一步明确了私有财产权的宪法地位，为保护合法的私有财产提供了宪法基础。但与其他社会经济权利一样，宪法对于公民私有权利的保护不是绝对的，宪法规定国家为了公共利益的需要，通过一定的条件和程序可以对公民的私有财产进行征收或者征用。宪法的这一规定是在权衡公权力和私权利的基础上作出的利益取舍并在私有财产与公共财产之间确定了合理的界限。明确了对公民财产权的限制以公共利益为前提，即社会公共建设等社会整体利益，国防、外交等国家利益，不同于社会团体利益或者商业利益等，对于公共利益的考虑也应当进行严格限制。

随着经济的发展和人民生活水平的提高，公民拥有的私有财产不断增多，特别是越来越多的公民有了私人的生产资料，公民对于私有财产的保护意识不断提高，关于私人财产纠纷不断增多，根据党的十六大关于"完善保护私有财产的法律制度"，最终，2004 年宪法修正案扩大了公民私有财产的保护范围。长期以来，社会主义制度不承认私有财产权，认为私有财产权是资本主义的万恶之源。西方国家对财产权的保护坚持"财产权受法律保护"的表述，不区分公有财产和私有财产。随着我国社会经济的不断变化，我国把"私有财产权"写入宪法顺应社会发展趋势。确立"私有财产权"的宪法地位不仅是社会发展的要求，而且是社会主义国家对"私有"观念转变的结果。

7. 社会保障制度

社会保障制度是为保障全体社会成员的基本生存与生活需要而制定的有关社会福利、社会保险、社会救助、社会优抚和社会安置等一系列规则和原则的总称。"国家建立健全同经济发展水平相适应的社会保障制度"，这既体现了社会主义制度的本质要求，也使这项制度获得国家基本国策的法律地位，有利于加强对公民基本权利的保护。建立社会保障制度是市场经济发展的重要条件。社会保障制度对保障公民基本生活需要，增进全体社会成员的物质和文化福利，促进社会和谐稳定，具有重要作用。建立健全社会保障制度，是深化经济改革、完善社会主义市场经济体制的重要内容，是发展社会主义市场经济的客观要求，是社会稳定和国家长治久安的重要保证。① "社会保障制度"一般包括四个方面：一是社会保险，这是社会保障的核心，包括养老、医疗、失业保险等。二是社会补偿，包括因战争、暴力等造成的损害政府给予的补偿。三是政府津贴、住房津贴、养老津贴与养育子女的津贴等促进社会发展的制度。四是社会救济，为无法从社会保障其他项目中获得待遇或者获得的待遇不足，而又没有足够资金保障生活的人提供生活救济。改革开放以来，我国逐渐建立与社会主义市场经济制度相适应的社会保障制度框架。

严格意义上来说，在古代我国社会保障制度就已经存在。中国经历了社会保障制度的创建阶段、调整阶段、停滞阶段、恢复和发展阶段。1979年至今是我国社会保障制度恢复和发展阶段。2004年宪法修正案确立了社会保障制度的宪法依据，有国外先进的理论借鉴。社会保障制度产生于19世纪末期的欧洲，在20世纪80年代，我国提出"社会保障制度"之时，西方发达国家对社会保障制度研究相当成熟，这给我国社会保障制度的恢复和发展提供了经验。另外，科学发展观为社会保障制度的发展提供了理论准

---

① 2004年中共中央《关于修改宪法部分内容的建议》。

备。党的十六届三中全会提出了"以人为本"的科学发展观，强调以人为本，加快社会发展，建设和谐社会，就必须保障人民群众安居乐业，持续地做好社会保障工作。同时，确立社会保障制度的宪法地位体现了对理论界提出的社会保障权的肯定和为我国社会保障法的出台提供了立法依据。

8. 尊重和保障人权

人权，是指在一定的社会历史条件下，每个人根据自身的基本状况自由、平等的生存和发展的基本权利。尊重和保障人权是我们党和国家的一贯方针，为更好地贯彻和执行提供宪法保障。尊重和保障人权是社会主义制度的本质要求的体现，促进我国社会主义人权事业的发展，加强国际人权事业的交流与合作。人权的目标是实现生存和发展，自由和平等是为了实现生存和发展而存在的。从社会发展的历程上来看，人权的发展可以分为三个阶段：一是西方资产阶级革命中发展起来的人权，表现为三大自由，即人身自由、精神自由和经济自由。二是 19 世纪末倡导的权利，即公平、正义和平等等权利。三是第二次世界大战以后的民族独立和解放运动过程中形成的权利，即国家独立权、发展权和民族自决权等。

1991 年 11 月 1 日，《中国的人权状况》白皮书第一次肯定了人权在社会主义政治发展中的地位。1997 年 9 月，党的十五大将"尊重和保障人权"写入党章，作为执政党的工作目标。党的十六大再次提出"尊重和保障人权"。2004 年宪法修正案增加"国家尊重和保障人权"。自此，在我国人权由政治概念转变为法律概念，从党的意志上升为国家的意志。我国尊重和保障人权离不开对人权自然天赋性质的认可。美国《独立宣言》被马克思认为是第一个人权宣言。《独立宣言》认为，人人生而平等，他们都从他们的造物主那里被赋予某些不可转让的权利，其中包括人的生命权、自由权和追求幸福的权利。为了这些权利，才在人们中间设立政府。同时，法国的《人权宣言》也有相似的规定。当前，人权已经是国际社会普遍承认的准则。虽然不同的社会制度导致的人权的范围有所不同，但人权的基本要素是大体一致的。新中国成立以后，我国将人权的普遍性与中国历史、文化和中国实际相结合，形成了中国特色的社会主义人权观，人权是公民权利产生的源泉，是其合理性的基础，公民基本权利来源于人权，在我国的具有体现就是我国的

"公民的基本权利"制度。中华人民共和国公民在法律面前一律平等。任何公民享有宪法和法律规定的权利，同时必须履行宪法和法律规定的义务。这是人权观在我国宪法中的具体体现。

9. 紧急状态

紧急状态，是指突发性的现实危机或者预期可能发生的危机，在较大空间范围或者较长时间内威胁到公民生命、财产安全，影响国家政权机关正常行使权力，必须采取特殊的应急措施才能恢复正常秩序的特殊状态。"八二宪法"对"戒严"作了规定，但没有规定"紧急状态"。

对"紧急状态"一词最准确的表述还是体现在宪法领域当中，由于紧急状态在各国立法上名称不一，因此在各国宪法中都有明确规定"紧急状态"一词。从紧急状态这一制度的运用可以看出，自从有了国家，就有了国家为了应对威胁其生存的紧急情况的应对制度。其目的是为了在紧急状态下更好地保卫统治阶级的国家政权，维护最基本的社会秩序，同时给予公民基本权利及社会组织、法人的活动等最低限度的保障。

纵观各国法律，各国关于紧急状态制度存在着很大的差别，有的国家规定紧急情况的应对制度主要是戒严，有的则是统一的紧急状态制度，但不管是何种规定，紧急状态法律制度作为非正常状态下的法律制度，如何看待它与宪法两者之间的关系；如何维持紧急状态下国家的自身生存与人权的保障实现之间的平衡度，以及我国在全球范围内应该如何来建立我国的紧急状态法律制度，已成为紧急状态设计与运行的主要内容。紧急状态制度是近代民主宪政的产物，是一种民主宪政制度下国家应对紧急情况的制度安排，力图从制度上最大限度地减小国家生存与人权保障之间的内在紧张，因此从民主宪政的角度出发，将其纳入宪法规范中既具有合理性又具有必要性。

10. 全国人民代表大会

我国"八二宪法"第59条规定："全国人民代表大会由省、自治区、直辖市和军队选出的代表组成。""各少数民族都应当有适当名额的代表。"全国人民代表大会作为全国人民代表行使国家权力的机关，应当包括代表各个地区领域的人民代表。当时由于香港、澳门尚未回归祖国，因此排除了将其作为全国人民代表大会的组成。随着香港、澳门的回归，我国宪法理应作出修改完善，将其纳入全国人民代表大会的组成中，既是尊重现实的需要，也是维护香港、澳门同胞的利益的需要。

11. 国家主席的职权

当今世界，元首外交是国际交往中的一种重要形式。所谓国事活动，主要是出访外国，接待来访外宾，就国际重大问题与外国领导人交换意见等。我国"八二宪法"恢复了设立国家主席，完善了国家的领导体制。根据宪法的规定，国家主席属于虚权，没有独立的决定权，只是在全国人大或者全国人大常委会对国家事务作出决定后，予以宣布或者执行，实际上是履行特定的法律程序，使国家事务的处理更加完备。但是国家主席进行国事活动事实上一直都在进行，因此考虑到我国宪法对国家主席职权规定的局限，为了更好地符合现实需要，在宪法中对国家主席的职权赋予相应的空间具有一定的必要性。

12. 乡镇政府的任期

我国 1993 年修改过的宪法第 98 条规定"省、直辖市、县、市、市辖区的人民代表大会每届任期五年。乡、民族乡、镇的人民代表大会每届任期三年"。"五四宪法"规定，全国人民代表大会每届任期四年，省人民代表大会每届任期四年，直辖市、县、市、市辖区、乡、民族乡、镇的人民代表大会每届任期两年。"七五宪法"将全国人大和省、直辖市的人大任期调整为五年，地区、市、县的人大任期为三年，农村人民公社、镇的人大任期仍为两年。"七八宪法"与"七五宪法"规定基本一致，"八二宪法"则将县级以上人大任期统一为五年，县级和县级以下人大任期统一为三年。1993 年宪法修正案又将县级人大任期延长至五年，乡镇人大任期仍是三年。至此，我国的四级人大，即中央、省、市、县级人大，任期全部统一为五年，只有乡级人大任期仍为三年。

考虑到各级人民代表大会任期一致，有利于换届选举的统一部署和地方经济的持续发展，而且延长乡镇人大任期也有利于节约其换届选举的经费开支，因此未来我国乡镇一级人大的任期也应当作出调整。

13. 国歌

国歌是国家的重要象征，通常在庄严集会、国家庆典和国际交往仪式上演奏或歌唱。① 它通常由政府组织专门创造，但也有采用传统歌曲的，或古老歌词谱以新曲，或以旧曲重新填词。国歌的歌词内容在形式上有赞美本国历史的，有歌唱祖国的，有祝福国家元首的，有反映反侵略、争取民族独立的，有歌颂宪法、国旗、国徽的等；但实质上它又反映出一国的国体、政体、国家结构及民族传统、宪法体系等特点，同时国歌又是历史的产物，是近代宪政运动和建立民族主权国家的实际需要。

我国的国歌史就是一部我国的近现代宪政史，它的坎坷经历折射出我国人民追求民族独立和国家富强、探索有中国特色的宪政发展道路的曲折历程，并清晰地反映出封建君主专制、资产阶级民主共和制、北洋军阀军事独裁制、大地主大资产阶级专制和人民民主专政由五类不同社会阶级与政治力量争相主导国家政权的我国不同宪政模式的博弈史。

(三) 2004 年《中华人民共和国宪法》修正案对上述问题的回应

1. 确立"三个代表"思想

2004 年 3 月十届全国人大二次会议通过的宪法修正案增加了"三个代表"重要思想这一指导思想。"三个代表"重要思想是指，中国共产党始终代表中国先进生产力的发展要求，始终代表中国先进文化的前进方向，始终代表中国最广大人民的根本利益。高举邓小平理论伟大旗帜，准确地把握时代特征，科学地判断我们党所处的历史方位，围绕建设中国特色社会主义这个主题，集中全党智慧，对马克思主义的理论进行理论创新，形成了"三个代表"重要思想。"三个代表"重要思想是马克思主义在中国发展的最新成果，是面向 21 世纪的中国化的马克思主义。这一科学理论在建设中国特色社会主义的思想路线、发展道路、发展阶段和发展战略、根本任务、发展动力、依靠力量、国际战略、领导力量和根本目的等重大问题上取得了丰硕成果，用一系列紧密联系、相互贯通的新思想、新观点、新论断，进一步回答

---

① 参见张庆福：《宪法学基本理论》（上），社会科学文献出版社 1999 年版，第 483 页。

了什么是社会主义、怎样建设社会主义的问题，创造性地回答了建设什么样的党、怎样建设党的问题。"三个代表"重要思想是引导全党全国人民为实现新世纪、新阶段的发展目标和宏伟蓝图而奋斗的根本指针。"将'三个代表'重要思想载入宪法，不仅以根本法的形式确立了'三个代表'重要思想在国家政治和社会生活中的指导地位，实现了执政党指导思想与时俱进的宪法化，而且由于'三个代表'重要思想优秀的内在精神品格和外在感染气质，它的入宪还为新时期中国宪政建设提供了宝贵的精神指南，贡献了适宜的宏观框架——规定了科学的主旨，创设了妥善的模式，确立了恰当的重心。"①

2. 增加推动物质文明、政治文明和精神文明协调发展的内容

宪法修正案在宪法序言第七自然段中增加了"推动物质文明、政治文明和精神文明协调发展"的内容。这项修改具有重要意义，反映了我们党对共产党执政规律、社会主义建设规律和人类社会发展规律认识的深化。社会主义社会是经济、政治、文化全面发展的社会。推动物质文明、政治文明和精神文明协调发展，体现了社会主义社会的本质要求。生产力是社会发展的最根本的决定性因素。社会主义的根本任务是发展生产力。处在社会主义初级阶段的当代中国，发展生产力的任务尤为突出。我们必须始终把集中力量发展社会生产力摆在首位，始终把经济建设作为党和国家工作的中心任务。在大力发展社会主义经济的基础上，要发展社会主义民主政治，建设社会主义政治文明。发展社会主义民主政治，最根本的是要把坚持党的领导、人民当家作主和依法治国有机统一起来。党的领导是人民当家作主和依法治国的根本保证，人民当家作主是社会主义民主政治的本质要求，依法治国是党领导人民治理国家的基本方略。在建设中国特色社会主义伟大事业中，精神文明建设具有非常重要的战略地位。全面建设小康社会，必须大力发展社会主义文化，建设社会主义精神文明。在社会主义条件下，物质文明、政治文明和精神文明彼此紧密联系而又有各自的发展规律。物质文明的发展处于基础

① 邓联繁：《新时期宪政建设的精神指南与宏观框架——论"三个代表"重要思想入宪的宪政意义》，《社会主义研究》2004 年第 3 期。

地位。物质文明不断发展，政治文明和精神文明才有必要的物质条件。政治文明为物质文明的发展提供政治保证和法律保障。精神文明为物质文明的发展提供思想保证、精神动力和智力支持，它们对物质文明的发展能够产生巨大的促进作用。总而言之，建设中国特色社会主义，是经济、政治、文化全面建设，物质文明、政治文明和精神文明全面协调发展的进程。

3. 扩大爱国统一战线，增加"社会主义建设者"的内容

宪法修正案在宪法序言中关于统一战线的表述修改为："在长期的革命和建设过程中，已经结成由中国共产党领导的，有各民主党派和各人民团体参加的，包括全体社会主义劳动者、社会主义事业的建设者、拥护社会主义的爱国者和拥护祖国统一的爱国者的广泛的爱国统一战线，这个统一战线将继续巩固和发展。"党的十六大报告就曾指出："在社会变革中出现的民营科技企业的创业人员和技术人员、受聘于外资企业的管理技术人员、个体户、私营企业主、中介组织的从业人员、自由职业人员等社会阶层，都是中国特色社会主义事业的建设者。"从 2004 年宪法修正案这一新的规定中可以看出，统一战线包括社会主义劳动者、社会主义事业的建设者以及拥护社会主义的爱国者和拥护祖国统一的爱国者，从"劳动者"到"建设者"，再到两种"爱国者"，一层比一层更广泛。在"社会主义事业的建设者"中，既包括全体社会主义劳动者，又包括在社会变革中出现的新的社会阶层。在爱国统一战线中增加"社会主义事业的建设者"，反映了新的历史条件下社会阶层的新变化，有利于最广泛、最充分地调动一切积极因素，团结一切可以团结的力量，更全面地凝聚各个方面的积极性和创造性，更好地发挥新的社会阶层在社会主义现代化建设事业中的作用。

4. 完善土地征收征用制度

宪法修正案第 20 条"国家为了公共利益的需要，可以依照法律规定对土地实行征收或者征用并给予补偿"这一规定具有重大意义。首先，将原来的"土地征用"扩充为"土地征收或土地征用"。这里将征收和征用两个概念予以区分，厘清了因征收、征用而发生的不同的财产关系和法律关系，使我国的立法更规范和严谨，为我国在今后进一步具体规范土地征收征用提供了宪法依据。其次，宪法修正案第 20 条首次规定了土地征收征用补偿条款，

通过宪法来规定被征地者的合法利益更加有利于对被征地者的保护，并且能够在全社会范围内提高对农耕土地的重视程度。

5.明确非公有制经济的发展方针

宪法修正案第 21 条将宪法第 11 条第 2 款修改为"国家保护个体经济、私营经济等非公有制经济的合法的权利和利益。国家鼓励、支持和引导非公有制经济的发展，并对非公有制经济依法实行监督和管理"。这一修改表明，我国对发展非公有制经济的方针更加明确、更加完善。首先，这次宪法修正案将宪法第 11 条第 2 款"国家保护个体经济、私营经济的合法的权利和利益"修改为"国家保护个体经济、私营经济等非公有制经济的合法的权利和利益"，这是对非公有制经济概念作的进一步明确，表明包括"三资"企业和其他形式的非公有制经济，都将一样受到法律的保护。其次，这次宪法修正案将原来"国家对个体经济、私营经济实行……监督和管理"修改为"国家对非公有制经济依法实行监督和管理"。这有助于清除非公有制经济发展过程中的人治现象，将非公有制经济的发展拉到法治化的轨道上来，响应了我国的法治化道路的发展要求，并将切实促进各种所有制经济的共同发展。"十届全国人大二次会议审议通过的宪法修正案，是历次修宪中涉及非公有制经济内容最多的一次，既有对非公有制经济人士的政治定位问题，也有国家对发展非公有制经济的方针问题，还涉及包括非公有制经济人士在内的公民合法的私有财产的保护问题。这次修宪是国家发展非公有制经济的又一个里程碑，必将促进非公有制经济持续、快速发展。"①

6.明确提出"私有财产受到保护"

宪法修正案第 22 条"公民的合法的私有财产不受侵犯"。该条文用"财产权"代替原来的"所有权"，明确提出了"私有财产"这个概念，使之对权利的保护更加明确、更加全面。私有财产，简而言之就是指个人、家庭对其财产所享有的全部权利。私有财产是神圣的，因此，作为国家根本法的宪法有必要对其进行规定以实现对私有财产的更好保护。并且，通过宪法的规

---

① 江良高：《我国非公有制经济宪法地位的新提升》，《中央社会主义学院学报》2004 年第 6 期。

定，使得民法、刑法、行政法等对私有财产权的保护有了宪法上的依据，从而更加有利于保障公民的私有财产权。2004 年宪法的这一修正满足了社会主义市场经济发展的内在要求，顺应了建设现代法治国家的现实需要，有利于促进非公有制经济的发展，有利于促进社会个人的自由发展，具有十分深远的意义。

### 7. 确立社会保障制度

宪法修正案第 23 条规定：宪法第 14 条增加一款，作为第 4 款："国家建立健全同经济发展水平相适应的社会保障制度。""社会保障"（Social Security）一词最早出现在美国 1935 年颁布的《社会保障法》。国际劳工组织在 1942 年出版的文献中给社会保障下的定义是：通过一定的组织对这个组织的成员所面临的某种风险提供保障，为公民提供保证金、预防或治疗疾病、失业时资助并帮助他重新找到工作。此定义的延伸含义即，社会通过一系列的公共措施向其成员提供保护，以便与由于疾病、生育、工伤、失业、伤残、年老和死亡等原因造成停薪或大幅度减少工资而引起的经济贫困进行斗争。社会保障制度既是一种社会制度，也是一种社会形态，它往往通过国家立法或者行政措施来实现，其中也包括社会企业、团体和公民个人提供的各类保障。

随着社会的进步和发展，市民社会与政治国家对立关系的缓和，20 世纪兴起了法团主义、国家干预主义和积极法治的观念。在这种观念下，维护社会公共利益、促进社会公平、保障公民的社会权利成为国家的重要职责。[①] 最早在宪法中明确规定社会保障权的是德国 1919 年颁布的《魏玛宪法》。该宪法第 151 条第 1 款规定"经济生活的秩序必须适合社会正义的原则，而所谓社会正义，则在于保障所有社会成员能够过上体现人的价值、体现人的尊严的生活"。社会保障权正是保障人的生存权以及发展权的权利。该宪法第 161 条又规定"为了维持健康和劳动能力、保护母性、防备老年、衰弱和生活突变，国家在被保险者的协力下，设置包括各种领域的

---

① 刘茂林、王从峰：《社会建设的宪法学意义——兼记中国宪法学的未来发展趋势》，《河南省政法管理干部学院学报》2009 年第 3 期。

社会保险制度"。第 163 条规定"国家给予全体劳动者以通过经济性劳动获得生活来源的机会，如果一时没有这种机会，应考虑给予必要的生活保障，具体实施方法，由国家另外通过立法规定"。二战以后，社会保障权作为法定权利在各国宪法中普遍被确认。在中国，社会保障作为一项宪法制度或权利并非自古有之。同西方很多国家一样，也是经历了"从以家庭和慈善功能为主要援助手段的'残补观念'演进到国家提供广泛社会经济保护的'制度概念'"。①

社会保障权作为一种基本权利，在我国宪法中得到明确规定。比如宪法第 44 条规定"国家依照法律规定实行企业事业组织的职工和国家机关工作人员的退休制度。退休人员的生活受到国家和社会的保障"。第 45 条又规定"中华人民共和国公民在年老、疾病或者丧失劳动能力的情况下，有从国家和社会获得物质帮助的权利"，"国家和社会保障残疾军人的生活，抚恤烈士家属，优待军人家属"，"国家和社会帮助安排盲、聋、哑和其他有残疾的公民的劳动、生活和教育"。从宪法的规定中可以看出：退休者的生活保障权、公民的物质帮助权、特殊人员的优抚权以及残疾公民的合法权益保障权，共同构成公民的社会保障权利。特别是 2004 年宪法修正案第 23 条，增加"国家建立健全同经济发展水平相适应的社会保障制度"作为宪法总纲第 14 条的重要组成部分，更是具有里程碑意义。

我们可以发现，在我国的宪政建设过程中，宪法对于社会保障的设定主要是由国家提供一种"制度性保障"。如我国台湾公法学者陈新民所言："由于宪法制度保障是宪法特别要保障的制度，对于社会已有之制度——如人民私有财产制及宪法已明白提及之制度——如公务员制度，可以导入宪法的制度保障理论来讨论。"②

### 8.增加"尊重和保障人权"的内容

宪法修正案首次将"人权"概念引入宪法，明确规定"国家尊重和保障人权"。尊重和保障人权由中国共产党和中国政府文件的政策性规定上升

---

① 邓炜辉：《从文本到实践：中国社会保障的宪法学透视》，《甘肃政法学院学报》2013 年第 2 期。

② 陈新民：《德国公法学基础理论》，山东人民出版社 2001 年版，第 697 页。

为国家根本大法的一项原则。

中国共产党在领导民主革命时期颁布的《中华苏维埃共和国宪法大纲》《陕甘宁边区施政纲领》《陕甘宁边区宪法原则》等宪法性文件，都规定了保障人民权利的内容，特别是在抗日战争时期，各根据地人民政府普遍制定了包含保障"人权、政权、财权"内容的施政纲领，普遍颁布和实施了专门的保障人权的条例。1949 年人民民主革命胜利，9 月召开的中国人民政治协商会议通过的在当时具有临时宪法性质的《共同纲领》确立了中华人民共和国的政治法律制度、建国大政方针和保障人民权利的原则。1954 年，在全民讨论的基础上制定了第一部《宪法》，以"公民基本权利和义务"专章规定了公民在政治、经济、社会、文化、人身等方面的权利。20 世纪 80 年代末90 年代初，中共中央总结当代中国和世界人权发展的实践，对人权问题进行再认识，并提出社会主义中国要把人权旗帜掌握在自己手中。1991 年 11月 1 日，中国国务院新闻办公室发表《中国的人权状况》白皮书，这是中国政府向世界公布的第一份以人权为主题的官方文件。首次以政府文件的形式正面肯定了人权概念在中国社会主义政治发展中的地位。白皮书将人权的普遍性原则与中国的历史与现实相结合，以"生存权是中国人民长期争取的首要人权"等基本观点，树立起中国的人权观。1997 年 9 月，中国共产党第十五次全国代表大会上的报告指出："共产党执政就是领导和支持人民掌握管理国家的权力，实行民主选举、民主决策、民主管理和民主监督，保证人民依法享有广泛的权利和自由，尊重和保障人权。"人权首次被写入党的正式文件，此后，尊重和保障人权被作为中国共产党执政的基本目标，同时作为政治体制改革和民主法制建设的一个重要主题，"在理念层面上已经达到了现代人权保障的标准"。①

2006 年 6 月，中国政府在联合国人权理事会首届会议上提出五项主张：一是享受人权需要和平的环境；二是享受人权需要可持续的发展；三是享受人权需要和谐包容的社会；四是享受人权需要建设性对话与合作；五是享受人权需要有效的机制保障。以胡锦涛为总书记的中央领导集体提出以人为本

---

① 韩大元主编：《公法的制度变迁》，北京大学出版社 2009 年版，第 65 页。

的科学发展观和构建社会主义和谐社会的重大战略思想，将尊重和保障人权提到了空前的高度。中国共产党的十六届三中、四中、五中、六中等文件中都记载了尊重和保障人权概念。并进一步提出了发展为了人民、发展依靠人民、发展成果由人民共享；关注人的价值、权益和自由，关注人的生活质量、发展潜能和幸福指数，致力于实现人的全面发展；注重社会公平，保护弱势群体的利益等思想。

### 9. 增加"紧急状态"的规定

宪法修正案将宪法第 67 条规定的全国人大常委会职权第二十项"决定全国或个别省、自治区、直辖市的戒严"修改为"决定全国或者个别省、自治区、直辖市进入紧急状态"，并相应地将宪法第 80 条规定的中华人民共和国主席根据全国人民代表大会和全国人大常委会的决定"发布戒严令"修改为"宣布进入紧急状态"；将宪法第 89 条规定的国务院职权第十六项"决定省、自治区、直辖市的范围内部分地区的戒严"修改为"依照法律规定决定省、自治区、直辖市的范围内部分地区进入紧急状态"。这样修改，"紧急状态"包括"戒严"又不限于"戒严"，适用范围更宽，而且同国际上通行的做法相一致。

紧急状态，是指突发性的现实危机或者预期可能发生的危机，在较大空间范围或者较长时间内威胁到了公民的生命、健康和财产安全，影响国家政权机关正常行使权力，必须采取特殊的应急措施才能恢复正常秩序的特殊状态。导致出现紧急状态的因素主要包括严重自然灾害、重大人为事故、突发公共卫生事件、社会动乱、恐怖事件等。根据戒严法的有关规定，戒严是"在发生严重危及国家的统一、安全或者社会公共安全的动乱、暴乱或者严重骚乱，不采取非常措施不足以维护社会秩序、保护人民的生命财产安全的紧急状态时"，国家决定采取的一种非常措施。"戒严"和"紧急状态"两者的适用范围是不同的。"八二宪法"对"戒严"作了规定，但没有规定"紧急状态"。总结 2003 年防治非典型性肺炎的经验教训，借鉴国际上的普遍做法，需要完善应对严重自然灾害、重大人为事故、突发公共卫生事件、严重经济危机等紧急状态的法律制度。现行的防震减灾法、传染病防治法、防洪法等单行法律中规定的有关措施，实际上也是在不同的紧急状态下采取的不同的非常措施。在紧急状态下采取的非常措施，往往需要对公民的自由和权利作不同程度的限制，这也是维护最广大人民的根本利益所需，但需要有相应的宪法和法律依据作为支撑。多数国家宪法中都有关于"紧急状态"的规定。宪法修正案对紧急状态制度的有关规定，主要包括以下几项内容：

第一，是明确了紧急状态的范围。各国在对紧急状态的宪法和法律表述略有不一致的地方，相近的提法有"紧急情况""特别状态""非常状态"等，但其内容大致相近。都是指一种特别的、迫在眉睫的危机或者危险局势，影响全体公民，并对整个社会的正常生活和管理秩序构成威胁。特别说明，我国在此次宪法修改中确立了紧急状态制度，特指非战争因素引起的紧急状态。由战争引起的紧急状态，仍应依据宪法和国防法、兵役法、国防交通条例等有关法律、行政法规的相关规定加以应对。

第二，是明确了紧急状态的决定机关和权限。紧急状态的决定是指在紧急情况发生后，由有关国家机关决定是否实施紧急状态。根据此次宪法修改，有权决定紧急状态的机关分别是全国人大常委会和国务院，具体权限是：全国人大常委会有权决定全国或者个别省、自治区、直辖市进入紧急状态，国务院有权依照法律规定决定省、自治区、直辖市范围内部分地区进入紧急状态。这里需要明确的是，国务院虽然无权决定全国或者个别省、自治区、直辖市进入紧急状态，但有权提请全国人大常委会作出这类决定。

第三，是明确了紧急状态的宣布机关和权限。有关机关决定实施紧急状态后，还必须经过合法的宣布程序才能进入紧急状态。宣布是以文告形式通知公众，内容一般应当包括实施紧急状态的原因、地域范围、开始时间和结束时间、实施机关、国家采取的措施、对公民权利的限制等。根据这次修改后的宪法第 80 条和第 89 条的规定，有权宣布进入紧急状态的分别是国家主席和国务院：国家主席根据全国人民代表大会和全国人大常委会的决定，宣布全国或者个别省、自治区、直辖市进入紧急状态；国务院决定并宣布省、自治区、直辖市范围内部分地区进入紧急状态。因此，对全国或者个别省、自治区、直辖市实施紧急状态，其决定机关和宣布机关是不同的，决定机关是国家的立法机关，而宣布机关是国家主席。对省、自治区、直辖市范围内部分地区实施紧急状态，由国务院作出决定并宣布。

国家遭遇了紧急情况，诸如武力威胁的战争及叛乱，或是非武力性质的财、经及自然、人力灾害，而必须为急速的、非常处置时，如何以法的制度来予以规范，就是讨论国家紧急权法制的目的所在。① 在宪法中确立紧急状态制度，为依法及时有效应对和处置各种重大突发事件提供了宪法依据，对保护广大人民群众的生命财产安全，维护社会稳定和公共利益，具有十分重大的意义。

10. 完善有关全国人民代表大会组成的规定

宪法修正案在宪法第 59 条第 1 款关于全国人民代表大会组成的规定中增加"特别行政区"，将这一款修改为："全国人民代表大会由省、自治区、直辖市、特别行政区和军队选出的代表组成。各少数民族都应当有适当名额的代表。"在香港、澳门回归祖国后，做这样的修改，符合全国人民代表大会组成的实际情况。

人民代表大会制度作为国家的根本政治制度，在我国民主政治生活中发挥着重要的作用。历史的经验启发我们，人民代表大会制度的建立和完善，很大程度上得益于宪法的保障和促进，从人大制度萌芽到初步建立，再到正式写入宪法以及对国家机构的组织活动发挥重要作用，都离不开宪法的支撑和保护。同时，人民代表大会制度也会在不同程度上影响宪法。全国人民代表大会是我国最高的国家权力机关，代表着全国人民行使着国家权力。人大代表的产生，除军队代表外，采取地域代表制，即宪法第 59 条第 1 款规定的："全国人民代表大会由省、自治区、直辖市和军队选出的代表组成。各少数民族都应当有适当名额的代表。"这个规定在"八二宪法"公布的时候是符合实际情况的。当时在全国人大代表里虽然也有来自港、澳的代表，但由于香港、澳门尚分别处于英、葡占领下，因此他们只能以广东省全国人大代表的身份出席会议。后来，中国政府先后恢复对香港、澳门行使主权，1997 年 7 月 1 日香港特别行政区宣告成立，1999 年 12 月 20 日澳门特别行政区宣告成立，因此，港、澳两个特别行政区的全国人大代表成立了香港代表团和澳门代表团，而不再作为广东省人大代表团的成员了。

① 参见陈新民：《德国公法学基础理论》（下册），山东人民出版社 2000 年版，第 663 页。

　　此次宪法修改在关于全国人大组成中增加"特别行政区"是十分有必要的。由于"一国两制"，特别行政区不设本地方的人民代表大会，因此特别行政区的人大代表的产生方式不可能与内地相同，但特别行政区的人大代表同省、自治区、直辖市和军队人大代表的地位与作用是等同的。按照香港特别行政区基本法第21条规定："香港特别行政区居民中的中国公民依法参与国家事务的管理。根据全国人民代表大会确定的名额和代表产生办法，由香港特别行政区居民中的中国公民在香港选出香港特别行政区的全国人民代表大会代表，参加最高国家权力机关的工作。"澳门特别行政区基本法也有类同的规定。此次修改将进一步给予特别行政区居民中的中国公民参加最高国家权力机关工作以宪法保障，必将增强港澳同胞和全国人民的凝聚力。

　　11. 完善有关国家主席职权的规定

　　宪法修正案将宪法第81条中"中华人民共和国主席代表中华人民共和国，接受外国使节"修改为"中华人民共和国主席代表中华人民共和国，进行国事活动，接受外国使节"。之所以这样修改，是因为当今世界，元首外交是国际交往中的一种重要形式，宪法第81条的修正，有利于更好地发挥国家主席的主动性和积极性，为元首外交提供了更广阔的空间，完全符合国家和人民的利益。

　　中华人民共和国国家主席制度经历了曲折的发展过程。大致可分为四个阶段：即1949年新中国成立时期至1954年第一部社会主义宪法的颁布；1954年国家主席的设立至"七五宪法"对国家主席的撤销；自1975年国家主席在宪法上的缺位至1982年新宪法对国家主席的恢复；以及1982年至今国家主席制度的稳步发展时期。（前文其他章节已详细阐述，此处不赘述）而且"八二宪法"关于国家主席制度方面的修改也是直接以"五四宪法"文本作为修改基础，这是对传统宪法修改理论的一次颇为重大的创新。①

　　现行宪法第81条规定了国家主席在外交方面的职权。该条文所规定的内容来源于"五四宪法"第41条。但在20世纪50年代的中国，当时国家主席由于客观情况，只限于接受外国使节，因此，这样规定是恰当的。但到

---

① 参见秦前红：《1982年〈宪法〉与中国宪政的发展》，《法学》2012年第11期。

了 21 世纪，情况有所变化。我国从党的十四大以来，进行元首外交的实践给国家带来了很多的裨益。例如，国家主席代表中华人民共和国参加重要的国际会议；同外国的国家元首举行会谈并达成重要协议；代表国家做出某些国际承诺等。因此，新的宪法修正案把宪法第 81 条规定的"中华人民共和国主席代表中华人民共和国，接受外国使节"修改为"中华人民共和国主席代表中华人民共和国，进行国事活动，接受外国使节"这就适应了客观实际的发展需要。增加"进行国事活动"的规定，也就是宪法给予国家主席的直接授权。根据宪法的该项授权，国家主席进行国事活动同"接受外国使节"一样，无须像行使其他职权那样要"根据全国人大或者全国人大常委会的决定"。所以宪法第 81 条的修正，有利于更好地发挥国家主席的主动性和积极作用，为元首外交的顺利开展提供法制空间，完全符合国家和人民的利益。

12. 修改乡镇政府任期

宪法修正案把乡、镇人大的任期由三年改为五年，将宪法第 98 条"省、直辖市、县、市、市辖区的人民代表大会每届任期五年。乡、民族乡、镇的人民代表大会每届任期三年"修改为"地方各级人民代表大会每届任期五年"。

从新中国成立以来，我国各级人大的每届任期时间经历了几次变化。"五四宪法"规定："全国和省的人大，每届任期四年，直辖市、县、市、市辖区、乡、民族乡、镇的人大，每届任期二年。""七五宪法"规定："全国和省级人大的任期为五年，自治州、市、县、自治县、市辖区的人大，每届任期为三年，农村人民公社、镇的人大的任期为二年。""七八宪法"与"七五宪法"的规定相同。"八二宪法"规定："县、乡人大的任期为三年，县级以上的各级人大的任期为五年。"为了保持县级领导班子的相对稳定，1992 年党的十四大修改党章时，将县级党委的任期由三年修改为五年。1993 年八届全国人大一次会议修改宪法时，为了使县级人大每届任期与中共县级委员会每届的任期一致，使县级领导班子保持相对稳定，根据中共中央的建议，相应地将县级人大的任期由三年改为五年。

1993 年以后，出现了县、乡两级人大任期不一致的情况。过去县、乡两级人大任期相同，县、乡两级人大代表的选举同步进行。县级人大任期改为五年，乡级人大任期仍然维持三年不变，县、乡两级人大换届选举不能同步进行，一些地方反映，县、乡两级人大换届选举不同步，使直接选举的次数过于频繁，耗费大量人力、财力。同时，县、乡两级人大换届选举不能同时进行，对县、乡两级领导班子的配备、经济和社会发展计划的安排也带来诸多不便之处。各地纷纷要求将县、乡两级人大的任期改为一致，使直接选举同步进行，以便于乡镇人大同地方各级人大的工作相衔接。

2002年党的十六大修改党章，将党的基层委员每届任期三年或者四年改为三年至五年，以把乡镇党委和其他有关基层党委的任期与上级党委的任期衔接一致。根据这一精神，这次宪法修正案把乡、镇人大的任期由三年改为五年，将宪法第98条"省、直辖市、县、市、市辖区的人民代表大会每届任期五年。乡、民族乡、镇的人民代表大会每届任期三年"修改为"地方各级人民代表大会每届任期五年"作这样的修改，使各级人大任期一致，有利于协调经济社会发展规划、计划和人事安排。

13. 增加有关国歌的规定

宪法修正案将宪法第四章的章名"国旗、国徽、首都"修改为"国旗、国歌、国徽、首都"；并在这一章第136条中增加一款，作为第2款："中华人民共和国国歌是《义勇军进行曲》。"国歌与国旗、国徽一样，都是一个国家的重要象征。将其明确规定在宪法内容中，赋予国歌的宪法地位，有利于维护国歌的稳定性和权威性，对于增强全国各族人民的国家荣誉感和国家认同感有重要的意义。

**附：《中华人民共和国宪法修正案》文本（2004年3月14日）**

## 《中华人民共和国宪法修正案》（2004年）

（2004年3月14日第十届全国人民代表大会第二次会议通过）

第十八条　宪法序言第七自然段中"在马克思列宁主义、毛泽东思想、邓小平理论指引下"修改为"在马克思列宁主义、毛泽东思想、邓小平理论和'三个代表'重要思想指引下"，"沿着建设有中国特色社会主义的道路"修改为"沿着中国特色社会主义道路"，"逐步实现工业、农业、国防和科学技术的现代化"之后增加"推动物质文明、政治文明和精神文明协调发展"。

这一自然段相应地修改为："中国新民主主义革命的胜利和社会主义事业的成就，是中国共产党领导中国各族人民，在马克思列宁主义、毛泽东思想的指引下，坚持真理，修正错误，战胜许多艰难险阻而取得的。我国将长期处于社会主义初级阶段。国家的根本任务是，沿着中国特色社会主义道路，集中力量进行社会主义现代化建设。中国各族人民将继续在中国共产党领导下，在马克思列宁主义、毛泽东思想、邓小平理论和'三个代表'重要思想指引下，坚持人民民主专政，坚持社会主义道路，坚持改革开放，不断完善社会主义的各项制度，发展社会主义市场经济，发展社会主义民主，健全社会主义法制，自力更生，艰苦奋斗，逐步实现工业、农业、国防和科学技术的现代化，推动物质文明、政治文明和精神文明协调发展，把我国建设成为富强、民主、文明的社会主义国家。"

**第十九条**　宪法序言第十自然段第二句"在长期的革命和建设过程中，已经结成由中国共产党领导的，有各民主党派和各人民团体参加的，包括全体社会主义劳动者、拥护社会主义的爱国者和拥护祖国统一的爱国者的广泛的爱国统一战线，这个统一战线将继续巩固和发展。"修改为："在长期的革命和建设过程中，已经结成由中国共产党领导的，有各民主党派和各人民团体参加的，包括全体社会主义劳动者、社会主义事业的建设者、拥护社会主义的爱国者和拥护祖国统一的爱国者的广泛的爱国统一战线，这个统一战线将继续巩固和发展。"

**第二十条**　宪法第十条第三款"国家为了公共利益的需要，可以依照法律规定对土地实行征用。"修改为："国家为了公共利益的需要，可以依照法律规定对土地实行征收或者征用并给予补偿。"

**第二十一条**　宪法第十一条第二款"国家保护个体经济、私营经济的合法的权利和利益。国家对个体经济、私营经济实行引导、监督和管理。"修改为："国家保护个体经济、私营经济等非公有制经济的合法的权利和利益。国家鼓励、支持和引导非公有制经济的发展，并对非公有制经济依法实行监督和管理。"

**第二十二条**　宪法第十三条"国家保护公民的合法的收入、储蓄、房屋和其他合法财产的所有权。""国家依照法律规定保护公民的私有财产的继承权。"修改为："公民的合法的私有财产不受侵犯。""国家依照法律规定保护公民的私有财产权和继承权。""国家为了公共利益的需要，可以依照法律规定对公民的私有财产实行征收或者征用并给予补偿。"

**第二十三条**　宪法第十四条增加一款，作为第四款："国家建立健全同经济发展水平相适应的社会保障制度。"

**第二十四条**　宪法第三十三条增加一款，作为第三款："国家尊重和保障人权。"第三款相应地改为第四款。

**第二十五条**　宪法第五十九条第一款"全国人民代表大会由省、自治区、直辖市和军队选出的代表组成。各少数民族都应当有适当名额的代表。"修改为："全国人民代表大会由省、自治区、直辖市、特别行政区和军队选出的代表组成。各少数民族都应当有适当名额的代表。"

**第二十六条**　宪法第六十七条全国人民代表大会常务委员会职权第二十项"（二十）决定全国或者个别省、自治区、直辖市的戒严"修改为"（二十）决定全国或者个别省、自治区、直辖市进入紧急状态"。

**第二十七条**　宪法第八十条"中华人民共和国主席根据全国人民代表大会的决定和全国人民代表大会常务委员会的决定，公布法律，任免国务院总理、副总理、国务委员、各部部长、各委员会主任、审计长、秘书长，授予国家的勋章和荣誉称号，发布特赦令，发布戒严令，宣布战争状态，发布动员令。"修改为："中华人民共和国主席根据全国人民代表大会的决定和全国人民代表大会常务委员会的决定，公布法律，任免国务院总理、副总理、国务委员、各部部长、各委员会主任、审计长、秘书长，授予国家的勋章和荣誉称号，发布特赦令，宣布进入紧急状态，宣布战争状态，发布动员令。"

**第二十八条**　宪法第八十一条"中华人民共和国主席代表中华人民共和国，接受外国使节；根据全国人民代表大会常务委员会的决定，派遣和召回驻外全权代表，批准和废除同外国缔结的条约和重要协定。"修改为："中华人民共和国主席代表中华人民共和国，进行国事活动，接受外国使节；根据全国人民代表大会常务委员会的决定，派遣和召回驻外全权代表，批准和废除同外国缔结的条约和重要协定。"

第二十九条　宪法第八十九条国务院职权第十六项"（十六）决定省、自治区、直辖市的范围内部分地区的戒严"修改为"（十六）依照法律规定决定省、自治区、直辖市的范围内部分地区进入紧急状态"。

第三十条　宪法第九十八条"省、直辖市、县、市、市辖区的人民代表大会每届任期五年。乡、民族乡、镇的人民代表大会每届任期三年。"修改为："地方各级人民代表大会每届任期五年。"

第三十一条　宪法第四章章名"国旗、国徽、首都"修改为"国旗、国歌、国徽、首都"。宪法第一百三十六条增加一款，作为第二款："中华人民共和国国歌是《义勇军进行曲》。"

# 六、2014 年中共中央十八届四中全会中有关宪法的内容

## （一）依宪治国

2014 年 10 月 23 日，中国共产党十八届四中全会在北京召开，会议一致通过了《中共中央关于全面推进依法治国若干重大问题的决定》（以下简称《决定》）。《决定》中指出："宪法是党和人民意志的集中体现，是通过科学民主程序形成的根本法。坚持依法治国首先要坚持依宪治国，坚持依法执政首先要坚持依宪执政。"关于"依宪治国"的提法，在十八届四中全会之前的几次讲话中均有所体现。早在 2002 年 3 月召开的全国人大常委会中，会议工作报告中就有关于"依宪治国"的记录。在 2012 年 9 月 5 日的全国人民代表大会成立 60 周年大会上，习近平总书记指出："宪法是国家的根本法，坚持依法治国首先要坚持依宪治国，坚持依法执政首先要坚持依宪执政。"在 2012 年 12 月纪念现行宪法公布施行 30 周年大会上，习近平强调："依法治国，首先是依宪治国；依法执政，关键是依宪执政。"

宪法拥有最高的法律地位、法律效力和法律权威。为了维护宪法的权威地位，一些国家在宪法中确立了其崇高地位。比如《孟加拉国宪法》第 7 条明确规定了宪法的至上性：共和国的所有权力属于人民，所有代表人民利

益之权力的运行，都必须根据宪法，且基于本宪法的授权；本宪法是人民意志的庄严体现，是共和国的最高法。任何与本宪法相抵触的其他法律，相抵触的部分无效。① 宪法是我国的根本大法，在今日，人们认为根本法是确立一个民族或者国家管理原则的组织法，特别指宪法，也可以称为基本法。② 宪法拥有至高无上的权力，集中体现了党和人民的意志，规定了重大、全面的国家社会事务，是全国人民最根本的行为准则，而一般法律的制定也都要以宪法为依据和基础。党的十八届四中全会的主题是建设社会主义法治国家，《决定》强调建设中国特色社会主义法治体系要建立在中国特色社会主义制度的基础上，习近平总书记就《决定》进一步指出："中国特色社会主义制度是中国特色社会主义法治体系的根本制度基础，是全面推进依法治国的根本制度保障。"一方面，既指出了我国的法治建设不能脱离社会主义制度，也强调了我国的依宪治国、依宪执政同西方国家"宪政"有着本质区别。

我们所说的依宪治国、依宪执政的"宪"，与西方宪政国家的"宪"有着本质不同。我们所依据的是中华人民共和国宪法。宪法以根本法的形式，确立了我国社会主义制度的根本任务和根本制度以及国家的指导思想和领导核心，确立了中国特色社会主义道路、理论体系和制度的发展成果，确立了我国的政治体制、国家体制以及基本的政治经济文化制度，确立了社会主义法制、民主集中制以及尊重和保障人权等原则，全面反映了我国各族人民的根本利益和共同意志，体现了社会主义民主的本质和内在的要求。"正因为宪法规定国家的根本制度和根本任务等涉及国家全局的根本问题，它便成为其他法律的立法依据，便成为法律的法律，便取得国家根本法的地位。"③ 而西方宪政的依据的是为了维护资产阶级的私有制，稳固其多党制、民主议会和三权分立体制，其宪政下的资产阶级宪法是为了确立资本主义法治和保障资产阶级人权。西方国家治理国家的政治经济制度以及社会治理模式是建立

---

① 参见孙谦、韩大元主编：《世界各国宪法》（亚洲卷），中国检察出版社 2012 年版，第392 页。

② Bryan A.Garner, Thomson Business, 2004, p.697.

③ 许崇德：《中国宪法》，中国人民大学出版社 1996 年版，第 21、22 页。

在资产阶级利益和意志基础上的，其宪法原则、宪法理念也都是建立在此基础上的。

依宪治国的含义即依照宪法规定的内容治理国家和社会，建设社会主义法治，必须把宪法放在核心位置，以此保证法制的统一性。关于和依法治国的关系，依宪治国并不是在否定依法治国概念的含义，而是通过强调依宪治国来补充依法治国概念在实现我国法治原则方面可能会出现的价值缺陷。换句话说，在很大程度上，依法治国就是依宪治国，依宪治国是依法治国的核心。检验一个国家是否是法治国家的标准，不仅在于它是否拥有完备的法制，而且最重要的在于其宪法是否在法治过程中发挥实践上的作用。

一个国家有了宪法并不代表其就是法治国家，历史上袁世凯、曹锟、段祺瑞时期都是有宪法，而其所处国家环境并无法治可言，所以，关键还是在于宪法是否发挥其积极作用。因此，在未来一段时间内，依宪治国、依宪执政的能力建设将是中国民主、法治建设的重中之重。

（二）宪法日制度

2014 年 10 月 23 日，在党的十八届四中全会通过的《决定》提出将 12 月 4 日这一天定为我国的国家宪法日。接着在同年 11 月 1 日召开的第十二届全国人民代表大会常务委员会第十一次会议上通过了《关于设立国家宪法日的决定》，以立法形式将国家宪法日予以确立。之所将 12 月 4 日这一天设立为国家宪法日，是因为现行宪法即第五届全国人民代表大会第五次会议通过的《中华人民共和国宪法》是在 1982 年 12 月 4 日开始实施的。

宪法日的设立也是经历了一个过程。早在 2001 年，中共中央、国务院转发的《中央宣传部、司法部关于在公民中开展法制宣传教育的第四个五年规划》中就已决定将我国现行宪法实施日 12 月 4 日，作为每年的全国法制宣传日。进行法制宣传教育，其首要的任务既是要进行宪法知识的普及，让广大公民了解、掌握和熟悉宪法，以加强公民的宪法观念，使其树立宪法权威。因此，将现行宪法的实施日作为全国法制宣传日，一方面充分体现了宪法在我国政治、经济、社会生活中的重要地位，另一方面也体现了法制宣传教育工作的基本任务。全国法制宣传日设立以后，我国每年都会在 11 月中下旬左右以"12·4"全国法制宣传日为契机，在广大公民之中进行各种形式的法制宣传，开展法制宣传教育活动，以弘扬法治精神。目前，"12·4"全国法制宣传日正逐步成为我国公民熟悉法律、认知法律、维护权益的有效载体，成为展示中国法治建设成就，树立我国良好法治形象的重要窗口。而且历年法制宣传日的主题也多次突出宪法的地位。比如 2001 年主题为"增强宪法观念，推进依法治国"，2002 年为"学习宣传宪法，推进民主法制建设"，2004 年为"弘扬宪法精神，增强法制观念"，2012 年为"弘扬宪法精神，服务科学发展"等。

其实，法学界的学者特别是宪法学者对设立"国家宪法日"的呼声由来已久。设置 12 月 4 日为中国的"全国法制宣传日"，因为中国现行的宪法在 1982 年 12 月 4 日正式实施。八届四中全会提出坚持法治首先必须坚持按要求运行国家的宪法，全国人大便打算立法以设立"国家宪法日"。第八届四中全会提出，法律的生命力在于实施，法律的权威也在于实施。"宪法是不是印在纸上、挂在墙上给人看，但多年来，宪法的实施和保障是不完备的"。很多人认为只有民法、刑法等是严格的法律，而宪法是很宽容的。这种"违法、违宪不可怕"的理念是相当普遍的。但从本质上说，最严重的违法行为是违反宪法。宪法是一个国家内具有最高的法律效力的根本法。从内容上来讲，宪法是公民权利的宣言书，最大限度地集中整个国家和信仰的人民的共同意志，具有至高无上的地位。

建立一个全国性的宪法日，有着十分深远的意义。国家宪法，不仅是增加一个纪念日，更使这一天成为全民的宪法"教育日、普及日、深化日"，形成整个国家尊重宪法、宪法至上、宪法保障人民权益的社会氛围。它是一个传递依宪治国、依宪执政理念的重要仪式。

（三）宪法宣誓制度

在十八届四中全会《决定》中规定："建立宪法宣誓制度，凡经人大及其常委会选举或者决定任命的国家工作人员正式就职时公开向宪法宣誓。"中华人民共和国自成立以后，一直未建立宪法宣誓制度。我国香港特别行政区、澳门特别行政区设立后，均实施了宪法宣誓制度。

宪法宣誓制度是世界上许多国家长期以来存在的制度。自 1919 年德国《魏玛宪法》第一个承认国家公职人员宣誓的宪法制度以来，许多国家如德国、意大利、新加坡、芬兰、希腊、荷兰、葡萄牙、南非和其他国家的宪法都明确规定，官员在任职前必须要宣誓效忠宪法。这些国家将举行就职仪式作为执行职务的必要条件，因此一般规定宣誓仪式在宣誓者就职之前或在就职之时，尽管各国宣誓的主要内容、主体、程序是不一样的。他们中的大多数是国家重要职务的公职人员，如国家元首、议会议员、总理、首相以及各级行政官员、司法人员和其他公职人员。例如美国宪法规定，除了总统当选后执行其职责前必须宣誓之外，国会的参议员和众议员、各州议会议员和所有行政、司法官员，都应宣誓维护宪法；挪威宪法规定，国王执政时应立即向挪威议会宣誓；新加坡宪法规定，任何国会议员在议会宣誓之前，不参与任何与立法有关的活动。

对宪法的宣誓不仅仅是一种象征性的行为，它具有重要的实质意义和功能。中国共产党领导中国人民成立了中华人民共和国，制定了宪法，以维护国家政治和法律秩序。中国共产党努力率领人民制定和遵守宪法。但不用说，因为过去相应的宪法制度安排不周密，一度出现过治理国家过程中宪法权威的丧失。改革开放以来，党和国家领导人特别强调宪法的权威性，并将其视为超越人治、走向法治的强大动力。相应的制度建设，逐步提上议事日程。习近平总书记站在国家领导人的场合，曾庄严宣誓"我将忠实履行宪法赋予的职责"。在党的十八届四中全体会议上，将依宪治国提到了前所未有的高度。

宪法是国家的根本法，是我国社会主义法制建设的基础，具有最高的法律效力。同时，宪法是社会共同体的基本法则，它体现了基本的共识和价值观。建立宪法宣誓制度具有重要意义，主要体现在：

第一，将有助于建立宪法的权威，促进法制的实施。全面贯彻落实宪法，是推进依法治国、建设社会主义法治国家的一种重要手段。任何组织或个人都必须尊重宪法和法律的权威，自觉服从宪法和法律，真正将宪法作为其行为准则。

第二，将有助于加强对公职人员的宪法理念，激励其对宪法的忠诚和支持。由人大及其常委会选举或决定的国家工作人员，在庄严的宣誓就职仪式上向选民或者代表机关宣誓，对国家法律和权力赋予者郑重承诺。通过宪法宣誓，国家工作人员可以明确的其权力来自于宪法，宪法高于权力，宪法也制约着权力，要按照宪法和法律的规定行使权力。宣誓者将为人民服务的公仆意识和承诺公开化，有一种神圣的使命感和强烈的责任感，而誓言和自身道德也将时刻约束宣誓者。

第三，将有助于提高公民的宪法意识，培养对宪法的情感。在庄严宣誓就职的时候，宣誓使宣誓者本人和民众同时从神圣的仪式中经历神圣的体验。宪法在人们心中是否具有神圣的地位与宪法权威有着密切的联系，这种感觉是宪法权威的源泉之一。因此，宣誓仪式本身就是一次很好的宪法教育，它有助于公民更好地认知宪法，从内心产生对宪法的情感寄托，使尊重和维护宪法权威成为公民的心理基础。

第四，将有助于在全社会传播宪法理念，树立对法治的信仰。开展全民宪法教育，对于全社会树立法治信仰和宪法精神具有重要意义。设立宪法日，建立宪法宣誓制度，开展关于宪法教育是普及宪法知识，以宪法凝聚社会共识的有效手段，有助于培育和塑造宪法文化，使全社会尊重宪法、热爱宪法和信仰宪法。

（四）宪法解释程序机制

党的十八届四中全会首次提出"健全宪法解释程序机制"，提出采用最高立法机关监督实施制度，即完善全国人大及其常委会宪法监督制度，就其内容来看，不仅要从实体方面健全实施机制，而且还要完善宪法实施的程序机制。

宪法解释制度是有权解释宪法的机关根据宪法的精神和原则，依照相关的解释程序，对宪法的规定，包括条文、语句和文字等的含义进行阐释和说明的制度。宪法解释制度起源于美国。1803年，在"马伯里诉麦迪逊"案中，美国联邦最高法院提出了著名的"司法审查制度"，开创了最高法院行使宪法解释权的先例。后来，许多国家宪法的宪法中都规定了宪法解释的相关问题。

宪法解释具有重要的作用。具体来说包括以下几个方面：一是阐释法条疑义。宪法规定的内容具有较高的原则性和概括性，其含义深远但不够具体，在实践中经常出现理解不一的现象，以致其难以得到较好的遵行，甚至会产生对宪法部分内容的误解。而通过对宪法条文中的词语、句子作出语言学意义上的解释和说明，可以让人们准确地理解宪法条文的含义，尤其是宪法条文中一些特定的法学名词术语具有的专门的宪法意义，为宪法的正确实施奠定了良好的基础。二是补充宪法缺漏。宪法虽是一个国家的根本大法，但它并不是万法全书，不可能对社会生活的方方面面都作出规定。由于主客观条件的限制，有些宪法条文在开始规定时就存有缺漏，而通过对宪法进行解释，就可以弥补这种缺漏，使宪法条文得到补充和完善。三是保障宪法的权威性。宪法，有人称之为"法之法""法上法"。宪法的这种"母法"地位决定了它在一国法律体系中具有最高的权威性，一切法律、法规以及国家机关及其工作人员行使职权的行为都不得与宪法相抵触。然而，有宪法，必然会有违宪。要解决违宪问题，就必须将宪法作为法律来适用，这就要求对宪法进行解释。换言之，宪法解释可以说是连接宪法与违宪之间的一座重要桥梁。[1] 宪法解释的这种桥梁作用对于保障一国宪法的权威是至关重要的。四是协调宪法规范与社会现实之间的矛盾和冲突，不断丰富宪法的内容。法律规范的内容与社会现实总有不相符的时候，宪法也是如此。主要原因是社会关系和社会经济生活总是在不断变化之中，而宪法也能是某一时期的政治、经济、文化等方面的总结。而如何解决这一矛盾是关键，在这点上美国宪法为世界各国提供了一个良好的范例。美国通过宪法解释以及修正案等方式，不断更新和优化宪法内容，使其能适应不断变化的社会经济生活。

世界各国对宪法解释制度的构建和完善都相当重视，而关于宪法解释机关，大致可以分以下三种：一是由最高国家权力机关和立法机关解释宪法，如英国、瑞士、比利时等；二是由普通法院的最高法院行使，如美国、日本、意大利由宪法法院解释；三是由专门机关行使，比如法国由宪法委员会解释。我国宪法解释制度的发展也是一个较为缓慢的过程。"五四宪法"和1976年宪法对宪法解释权的归属问题都未做任何规定。"七八宪法"中才明确规定了全国人大常委会有解释宪法的权力。"八二宪法"同样将宪法解

---

[1]　参见许崇德：《宪法与民主政治》，中国检察出版社1994年版，第98页。

释权赋予全国人大常委会。之所以把宪法解释权赋予给全国人大常委会而不是全国人大，主要是因为全国人大常委会是常设机关，而全国人大是非常设机关，若亟须修改宪法，在会议召集上会有很大困难。

从宪法解释的实践方面看，我国宪法解释工作力度也相当欠缺，这跟现行宪法规范中关于宪法解释内涵规定不明确大大相关。现行宪法关于宪法解释问题仅仅只涉及解释权归属上，即仅规定了全国人大常委会有权解释宪法，而关于其中的原则、程序以及方式都没有提及，故在实际运行中只能靠现存宪法条文去推断。因此，我国迫切需要加强和完善宪法解释制度。

（五）宪法备案审查制度

根据宪法和有关法律的规定，备案审查制度主要包括备案、审查以及纠正三方面的内容。备案就是规范性文件的制定机关在法定的时间内将规范性文件报送法定的机关进行备案；审查就是接受备案的机关根据法定权限对备案的规范性文件的合宪性、合法性或者适当性进行审查；纠正就是法定的机关依照规定的程序对备案的同宪法、法律、法规相抵触的规范性文件予以改变或者撤销。

党的十八届四中全会《决定》提出："完善全国人大及其常委会宪法监督制度，健全宪法解释程序机制。加强备案审查制度和能力建设，把所有规范性文件纳入备案审查范围，依法撤销和纠正违宪违法的规范性文件，禁止地方制发带有立法性质的文件。"从这一表述中可以得出，审查的主体是全国人大及其常委会，审查的对象是"所有规范性文件"（"把所有规范性文件纳入备案审查范围"），审查的后果具有法律效力（有权"依法撤销和纠正违宪违法的规范性文件"）。具体来说，"备案审查制度"是指现行宪法规定的一套法律、法规、规章的审查制度，如宪法第 62 条规定："全国人民代表大会有权改变或者撤销全国人民代表大会常务委员会制定的不适当的决定"；第 67 条规定全国人大常委会有权"撤销国务院制定的同宪法、法律相抵触的行政法规、决定和命令"；有权"撤销省、自治区、直辖市国家权力机关制定的同宪法、法律和行政法规相抵触的地方性法规和决议"；第 89 条规定国务院有权"改变或者撤销各部、各委员会发布的不适当的命令、指示和规章"；有权"改变或者撤销地方各级国家行政机关的不适当的决定和命令"；第 104 条规定县级以上的地方各级人民代表大会常务委员会有权"撤销本级人民政府的不适当的决定和命令；撤销下一级人民代表大会的不适当的决议"；第 108 条规定县级以上的地方各级人民政府"有权改变或者撤销所属各工作部门和下级人民政府的不适当的决定"。这个审查体系已经"把所有规范性文件纳入备案审查范围"，上至全国人大常委会制定的法律，下至乡级人民政府的决定，都在被审查之列，有关机关审查后都可以改变或者撤销。而《决定》是对这一体制的肯定，是对 30 多年来这一制度贯彻实施的肯定，并没有新增加内容，它重点强调的是"落实"——要"依法撤销和纠正违宪违法的规范性文件"。我们的备案审查长期以来不是没有制度（如上述宪法条文），而是有制度没落实，现实生活中"依法撤销和纠正"的事例并不多见，特别是全国人大及其常委会几乎没有行使过这方面的撤销权，如全国人大从来没有审查撤销过其常委会的法律或决定，全国人大常委会也从来没有审查撤销过国务院的行政法规。《决定》强调今后要把这些制度运作起来，"加强备案审查制度和能力建设"，"依法撤销和纠正违宪违法的规范性文件"，使纸上的宪法变成现实的宪法，以健全宪法监督制度，这一点是很有现实意义的。

《决定》强调要"把所有规范性文件纳入备案审查范围"，即审查对象是"所有规范性文件"。这不仅仅是指宪法规定的上述"法律性规范性文件"（非基本法律、法规、规章等），而是还应该包括"非法律性的规范性文件"，如社会团体、企事业单位、甚至政党的规范性文件。因为"规范性文件"可以分为"法律性的规范性文件"和"非法律性的规范性文件"，"所有规范性文件"应该包括这两个方面。我国宪法第 5 条第 4 款明确规定："一切国家机关和武装力量、各政党和各社会团体、各企业事业组织都必须遵守宪法和法律。一切违反宪法和法律的行为，必须予以追究。"宪法第 5 条第 4 款"任何组织或者个人都不得有超越宪法和法律的特权。"《决定》重申了这一内容："全国各族人民、一切国家机关和武装力量、各政党和各社会团体、各企业事业组织，都必须以宪法为根本的活动准则，并且负有维护宪法尊严、保证宪法实施的职责。一切违反宪法的行为都必须予以追究和纠正。"因此

"一切国家机关和武装力量、各政党和各社会团体、各企业事业组织"制定的"所有规范性文件"当然也都要符合宪法，"把所有规范性文件纳入备案审查范围"也可以说是对宪法第 5 条的贯彻和落实，这是监督宪法实施的一项重要进程。

# 附　录

1. 中共中央关于废除国民党《立法全书》和确定解放区司法原则的指示（1949 年 2 月 22 日）

2. 中国人民政治协商会议共同纲领起草小组名单（1949 年 6 月 16 日）

3. 人民政协共同纲领草案的特点（摘要）（周恩来）（1949 年 9 月 22 日）

4. 中华人民共和国宪法起草委员会名单（1953 年 1 月 13 日）

5. 关于中华人民共和国宪法草案（毛泽东）

6. 关于中华人民共和国宪法草案的报告（刘少奇）

7. 修改中华人民和国宪法起草委员会名单（1970 年 7 月 21 日）

8. 关于修改宪法的报告（1975 年 1 月 13 日）

9. 1975 年《中华人民共和国宪法》（1975 年 1 月 17 日）

10. 中华人民共和国宪法修改委员会名单（1978 年）

11. 关于修改宪法的报告（叶剑英）

12. 1979 年第五届全国人民代表大会第二次会议关于修正《中华人民共和国宪法》若干规定的决议（1979 年 7 月 1 日）

13. 1980 年第五届全国人民代表大会第三次会议关于修正《中华人民共和国宪法》若干规定的决议（1980 年 9 月 10 日）

14. 中华人民共和国宪法修改委员会名单（1980 年 9 月 10 日）

15. 中国共产党中央委员会关于修改宪法和成立宪法修改委员会的建议（1980 年 8 月 30 日）

16. 关于修改宪法和成立宪法修改委员会的决议（1980 年 9 月 10 日）

17. 关于公布《中华人民共和国宪法修改草案》全民讨论的决议（1982

年 4 月 26 日）

18. 中国共产党中央委员会关于修改中华人民共和国宪法个别条款的建议（1988 年 2 月 28 日）

19. 全国人民代表大会常务委员会关于中华人民共和国宪法修正案草案（1988 年 3 月 12 日）

20. 中国共产党中央委员会关于修改宪法部分内容的建议（1993 年 2 月 14 日）

21. 全国人民代表大会常务委员会关于中华人民共和国宪法修正案草案（1993 年 2 月 22 日）

22. 中国共产党中央委员会关于修改宪法部分内容的补充建议（1993 年 3 月 14 日）

23. 中国共产党中央委员会关于修改宪法部分内容的建议（1999 年 1 月 22 日）

24. 全国人民代表大会常务委员会关于中华人民共和国宪法修正案草案（1999 年 1 月 30 日）

25. 关于《中华人民共和国宪法修正案（草案）》的说明（田纪云）（1999 年 3 月 9 日）

26. 第九届全国人民代表大会第二次会议主席团关于《中华人民共和国宪法修正案（草案）》审议情况的说明（1999 年 3 月 14 日）

27. 中国共产党中央委员会关于修改宪法部分内容的建议（2003 年 12 月 12 日）

28. 全国人民代表大会常务委员会关于提请审议《中华人民共和国宪法修正案（草案）》的议案（2003 年 12 月 27 日）

29. 关于《中华人民共和国宪法修正案（草案）》的说明（2004 年 3 月 8 日）

30. 第十届全国人民代表大会第二次会议主席团关于《中华人民共和国宪法修正案（草案）》审议情况的报告（2004 年 3 月 12 日）

# 后　记

　　宪法是具有最高权威性的国家根本大法，决定了国家性质、国家根本任务、根本制度等根本问题。因此，宪法的发展变化是一个国家发展的缩影和折射。《中华人民共和国宪法》（以下简称《宪法》）颁布已60余年。从百年前中国思想界先辈们对宪法的渴望到《宪法》的诞生、曲折中前进，再到如今全面贯彻依宪治国，其中包含着一代又一代政治家、思想家、法学家乃至社会各阶层人士的不懈努力。值得一提的是，在2014年10月召开的十八届四中全会首次专题讨论依法治国问题并通过《中共中央关于全面推进依法治国若干重大问题的决定》，全面贯彻依法治国，强调"坚决维护宪法法律权威，依法维护人民权益、维护社会公平正义、维护国家安全稳定"，维护宪法权威、尊重宪法、回归宪法、让宪法发挥作用，这是十八届四中全会以后建设中国特色社会主义法治道路上的重大变化。因此，鉴于我国宪法学近年来不断发展所取得的令人瞩目的成就和不断深入发展的良好态势，笔者遂着手梳理我国宪法的发展历程，以期抛砖引玉。

　　以史为镜，可以知兴替。回顾我国宪法的发展脉络，1949年《中国人民政治协商会议共同纲领》的诞生为我国宪法的建构提供了框架、奠定了基础。新中国成立以来，我国总共颁布了四部宪法，第一部《宪法》于1954年9月20日在第一届全国人民代表大会第一次会议上通过，即"五四宪法"；第二部《宪法》于1975年1月17日在第四届全国人民代表大会第一次会议上通过，共30条，被称为"七五宪法"，当时仍处于"文化大革命"时期，所以带有比较浓重的时代色彩；第三部《宪法》于1978年3月5日在第五届全国人民代表大会第一次会议上通过，共4章60条，被称为"七八宪法"；

第四部宪法即现行的"八二宪法"，在颁布之后对其总共进行了四次修订。2014 年，中共中央十八届四中全会确立了宪法的相关制度，提出了依宪治国的思想和基本方针。经过 60 余年，我国宪法的发展虽有波折，但仍持续发展。

全书共分三编，其中第一编是新中国宪法的开创阶段（1949—1954），包括 1949 年《中国人民政治协商会议共同纲领》的提出过程以及 1954 年第一部宪法颁布的背景、需要解决的问题；第二编是新中国宪法的过渡阶段（1955—1981），探讨了处于 1955 年至 1981 年间的新中国宪法曲折发展的历程；第三编是新中国宪法发展的新阶段（1982—2014），对我国现行"八二宪法"的制定、修改过程及 2014 年依宪治国理念的提出进行了深入研究。笔者希望通过本书进一步理顺国家治理体系，总结经验，为今后通过宪法解决社会面临的重大核心问题提供一点参考和建议。

本书由西南大学周安平、李旭东、赵云芬教授主编，最后由周安平统稿。撰稿具体分工如下：

《共同纲领》：赵云芬、韩婷婷、梁瑞；1954 年宪法：赵云芬、安元、任培华、黄文华、青格勒、李昂、程琳；1975 年宪法：周安平、鲁幽、罗明东；1978 年宪法：周安平、谭小军、张玲；1982 年宪法：李旭东、王贝贝、申文军、马明军；1988 年宪法：李旭东、马珣、蔡颖、袁林；1993 年宪法：李旭东、邓雨薇、汪怡婷、刘永；1999 年宪法：李旭东、马欢、付良坤；2004 年宪法：李旭东、肖乃双、毛如斌、刘妍麟、刘奕君。全书编纂、编务联络工作由谭小军、鲁幽担任。

本书编纂过程中还得到西南政法大学周尚君教授、陆幸福教授、何永红副教授审读提纲或书稿，同时得力于人民出版社王萍主任的不断关心和支持，在此一并感谢！

虽然本书花了近三年的编纂时间，但仍感时间紧促，因此在内容编纂上也难免有不尽如人意的地方，恭请诸君批评指正。

2017 年 1 月 9 日

项目策划:王　萍
责任编辑:邓创业
封面设计:徐　晖
责任校对:吕　飞

**图书在版编目(CIP)数据**

新中国宪法的历程:问题、回应和文本/周安平,李旭东,赵云芬 主编.
　—北京:人民出版社,2017.5
ISBN 978－7－01－017293－4

Ⅰ.①新⋯　Ⅱ.①周⋯②李⋯③赵⋯　Ⅲ.①宪法-汇编-中国
　Ⅳ.①D921.09

中国版本图书馆 CIP 数据核字(2017)第 015358 号

**新中国宪法的历程:问题、回应和文本**
XINZHONGGUO XIANFA DE LICHENG WENTI HUIYING HE WENBEN

周安平　李旭东　赵云芬　主编

人民出版社 出版发行
(100706　北京市东城区隆福寺街 99 号)

北京墨阁印刷有限公司印刷　新华书店经销

2017 年 5 月第 1 版　2017 年 5 月北京第 1 次印刷
开本:710 毫米×1000 毫米 1/16　印张:19.5　字数:300 千字

ISBN 978－7－01－017293－4　定价:58.00 元

邮购地址 100706　北京市东城区隆福寺街 99 号
人民东方图书销售中心　电话 (010)65250042　65289539